亂世終結者 司馬懿

大陰謀家？國之柱石？真實歷史中的司馬懿！

羅華彤、陳虎——編

目次

前言　司馬懿「火」了　5

權變應世

司馬懿的沉浮騰達　孫立群　11
司馬懿出山／足智多謀／山雨欲來／高平陵之變／父子專權

司馬懿其人　王廣仁　99
形象不佳／英雄誰屬／風水寶地／少年大志／文武雙全／尊老愛賢／
韜晦入仕／善抓機遇／家庭婚姻／任人評說

司馬懿的處事特徵　傅鵬　123
適／智／謹／勇／謙

司馬懿是如何崛起的　楊曉東　133
「亂世奸雄」與「異日雄豪」／太子四友／主弱臣強／宗室與異姓功
臣的明爭暗鬥

兵動若神、謀無再計的司馬懿 毛元佑 149
工於心計，雄略內斷／兵動若神，謀無再計
司馬懿早就有篡逆之心嗎？ 欒文潔 155
被迫入仕／狡詐自隱，權變應世／始有豪志，終成權臣

權傾天下

曹氏司馬氏之鬥爭 周一良 165
曹爽被殺與司馬懿「營立家門」／淮南三叛與竹林七賢的分化／兩黨之爭與思想界之分化／聚訟「浮華」與「才性四本」之爭
司馬懿與曹魏政治 王曉毅 187
司馬懿父兄與曹操／司馬懿與曹爽的矛盾與鬥爭／高平陵之變的實質
司馬懿與曹魏的忠信恩仇 聶世軍 213
司馬懿對曹魏的盡忠與大功／曹魏對司馬懿的信與忌／司馬氏對曹魏何以能李代桃僵

司馬懿、曹爽之爭的是是非非 李志民、柳春藩 231
能臣司馬懿／驕侈昏瞶的曹爽集團／功過自有後人評説

司馬懿殺曹爽的因緣際會 馬植傑 249
曹叡在確定皇位繼承人及輔政大臣方面的問題／司馬懿發動政變與曹爽被殺／司馬懿、曹爽兩派之優劣

司馬懿政變的幾個問題 楊耀坤 269
魏明帝時期的政治／曹爽與司馬懿之輔政／曹爽集團之正始改制／曹爽之用人

司馬懿的功與過 鄭欣、楊希珍 297
司馬懿是如何專權的／司馬懿的歷史功績／司馬懿的軍事才能／司馬懿的功過是非

附錄

《晉書・宣帝紀》 323
歷代對司馬懿的評價 365

前言
司馬懿「火」了

最近，司馬懿「火」了，是由於《大軍師司馬懿》電視劇的輪番播出？不是的！

其實，作為文學作品《三國演義》中的司馬懿，早就「火」了幾百年了。他是作為「鞠躬盡瘁，死而後已」的忠臣典範諸葛亮的陪襯，成為世人茶餘飯後的話頭，是大奸大惡的代表。《三國演義》中，司馬懿是這樣一個「牛人」：他是諸葛亮的第一對手，隱忍、狡猾，不僅熬死了老對手諸葛亮，還耐心地等待著曹操、曹丕和曹叡的死亡，並在長期的隱忍中積聚實力，最後司馬氏成功奪取政權，建立西晉皇朝，並完成了三國後歷史上短暫的統一。但這還不是真實的司馬懿。

真實的司馬懿，對中國古代歷史發展的貢獻，絲毫也不亞於「秦皇漢武，唐宗宋祖」，所以更應該「火」。事實上，司馬懿在世的時候，在魏國就已有了相當高的威望，史書上稱其使「天下欣賴」、「天下大悅」。即使在其死後，毋丘儉、文欽討伐其子司馬師時，檄文中依然對司馬懿有「故相國懿，匡輔魏室，歷事忠貞」等讚譽。至西晉初年，司馬炎在位期間做到了「天下無窮人」的「太康之治」時，司馬懿依然在當時「譽流於天下」。

司馬懿的名聲毀敗，是從「永嘉之禍」晉室南渡後開始的。一方面，其不肖子孫為爭奪皇權，自相殘殺，帶來諸多浩劫；另一方面，偏安的東晉皇朝又是「王與馬共天下」，政權長期被世家大族把持，於是司馬懿在人心中的地位便逐漸下降。至唐代官修《晉書》，唐太宗說司馬懿「受遺二主，佐命三朝，既承忍死之託，曾無殉生之報。天子在外，內起甲兵，陵土未乾，遽相誅戮，貞臣之體，寧若此乎！盡善之方，以斯為惑。夫征討之策，豈東智而西愚？輔佐之心，何前忠而後亂？故晉明掩面，恥欺偽以成功；石勒肆言，笑奸回以定業。古人有云『積善三年，知之者少，為惡一日，聞於天下』，可不謂然乎！雖自隱過當年，而終見嗤後代。亦猶竊鐘掩耳，以眾人為不聞；銳意盜金，謂市中為莫睹」。一代聖主對其的蓋棺定論，引領了世人對司馬懿好惡的輿論導向。此後，民間說書戲曲日盛，司馬懿便以大奸大惡的面目呈現於世人面前。到《三國演義》出現之後，「空城計」、「火熄上方谷」、「見木雕魏都督喪膽」等演義不實的司馬懿形象便廣傳於民間。

司馬懿作為三國時期魏國傑出的政治家、軍事家、戰略家、西晉皇朝的奠基人，曾任過曹魏的大都督、大將軍、太尉、太傅，是輔佐魏國三代的託孤輔政重臣，後期成為掌控魏國朝政的權臣。他善謀奇策，多次征伐有功，其中最顯著的功績是：兩次率大軍成功抵禦諸葛亮北伐和遠征平定遼東；對屯田、水利等農耕經濟發展有重要貢獻；隱忍經略，知人拔善，為西晉皇朝的建立以及統一天下奠定了堅實的基礎。正是由於其獨特的歷史地位，所以歷史上對其評價是毀譽參半。為將一個真實的司馬懿展現在當代人的面前，我們精選了周一良、柳春藩、王曉毅、毛元佑等當代歷史學者在司馬懿研究方面的一系列論文，力圖還原司馬懿的歷史真面目，幫助廣大讀者正確認識歷史上真實的司馬懿。

權變應世

司馬懿的沉浮騰達

孫立群

司馬懿出山

一

說起司馬氏，人們最熟悉的可能就是司馬懿了。看過京劇《空城計》的人都知道，那個率領軍隊攻打諸葛亮西城的大花臉就是司馬懿。不過這個故事在歷史上並沒有發生過，是羅貫中在《三國演義》中編的。

在這齣戲中，司馬懿率軍攻打西城，軍隊抵達城下，只見諸葛亮在城頭上悠閒地撫琴，而城門大開，只有幾個老兵懶散地站在城邊，並無軍隊把守，司馬懿心生疑慮，怕中埋伏，急忙撤軍。誰知這是諸葛亮設下的空城計！這齣戲故意神化諸葛亮貶低司馬懿，將司馬懿刻劃成頭腦簡單的人。歷史上的司馬懿，可不是這麼簡單就欺騙得了的。

司馬懿是司馬氏家族中里程碑式的人物，司馬氏家族在司馬懿之後開始崛起，把持了曹魏大權。

司馬氏是一個歷史悠久的家族。

在中國古代，追溯家族起源時往往從上古講起，司馬氏家族也有較長的歷史。《晉書·宣帝紀》說，司馬氏「其先出自帝高陽之子重黎，為夏官祝融，歷唐、虞、夏、商，世序其職。及周，以夏官為司馬」。這裡「帝高陽」，也稱高陽氏，就是顓頊，華夏族的五帝之一，重黎是他的後裔。夏官祝融是官名，夏官，傳說黃帝設春、夏、秋、冬等官。司馬是西周最高的軍事長官，其下有小司馬、軍司馬等。司馬氏就是以官名為姓的。

這樣說司馬氏家族的歷史未免太遙遠，真實脈絡也搞不清楚。在司馬氏家族的標誌性人物司馬懿之前，值得一提的先祖有三個人。一位是秦、漢之際的司馬卬，他原是趙國將領，後隨項羽入關中滅秦，封為殷王，都朝歌（今河南淇縣東北）。後司馬卬背叛項羽投降劉邦，漢以其地為河內郡。後來，司馬氏世代居住在這裡——河內溫縣（今河南溫縣）。

第二位是司馬鈞。他在東漢任職，曾參加兩次對羌人的戰爭。一一五年，司馬鈞任征西將軍，率領八千多人與羌人作戰，起初取得勝利，但後來與其他軍隊配合不力，陷入重圍，士兵戰死三千多人，回朝後，被下獄治罪，自殺。司馬鈞在晉代被稱為征西府君，位列宗廟祭祀之首。

第三位是司馬防（一四九—二一九），為司馬鈞的孫子（其父司馬儁，任潁川太守）。司馬防少仕州郡，歷任洛陽令、京兆尹（這都是負責京師治安的官）。司馬防有八個兒子，即司馬朗（字伯達）、司馬懿（字仲達）、司馬孚（字叔達）、司馬馗（字季達）、司馬恂（字顯達）、司馬進（字惠達）、司馬通（字雅達）、司馬敏（字幼達），由於他們每個人的字都有一個「達」字，並且都有些名氣，因此被稱為「八達」。

「八達」此類的稱呼具有很強的時代特徵。東漢末年，士人關心政治，常常聚在一起議論朝政，並互相標榜，喜歡用古代賢人或美好的字眼稱呼，比如「八元」、「八凱」。東漢政治腐敗、宦官專權，一些官僚與在洛陽讀書的太學生結成聯盟，反對宦官和朝政腐敗，在這個群體中，人們推崇有影響而且情操高潔的人，並給他們起了不少雅號，如「三君」、「八俊」、「八顧」、「八及」、「八廚」等。如果一個家族中人才濟濟，當時人也喜歡用一個好詞概括他們，如潁川荀淑的八個兒子被人稱為「八龍」、襄陽馬良五兄弟被稱為「五常」——司馬氏家的「八達」也是這個意思。

在司馬懿以前，這個家族有以下幾個特點：

第一，世代為官。從司馬鈞到司馬懿，三代（鈞、儁、防）均為兩千石以上的高官，可謂高門望族，遠近聞名，屬於士族階層。

第二，司馬家族有一定的文化傳承。司馬防雅好《漢書》，名臣列傳所諷誦數十萬言。司馬懿「博學洽聞，伏膺儒教」，其家風受禮教影響較深。司馬防對子女教育要求嚴格，以家庭模擬朝廷，「諸子雖冠成人，不命曰進不敢進，不命曰坐不敢坐，不指有所問不敢言，父子之間肅如也」[1]。不過，後來隨著司馬氏政治地位的變化，其所作所為與儒家標準的距離愈來愈遠。

第三，司馬懿的父兄與曹操關係密切。其父司馬防（字建公），早在熹平三年（一七四）任尚書右丞時，就推薦了二十歲的曹操為洛陽北部尉。曹操對司馬防的薦舉一直懷著感激之情，四十二年後的建安二十一年（二一六）五月，曹操為魏王後，專門將司馬防請到鄴城敘舊。司馬懿的長兄司馬朗，自建安元年（一九六）起便應辟為曹操掾屬，官至兗州刺史，是建安時期曹操集團的重要人物，與曹操關係不錯。

二

司馬懿（一七九—二五一），字仲達，是司馬防的次子。他自幼聰明，遠近聞名。南陽太守楊俊素以知人善任著稱，司馬懿年輕時，楊俊曾見過他，說他絕非尋常之人。尚書崔琰與司馬懿的兄長司馬朗是好朋友，曾對司馬朗說：「君弟聰亮明允，剛斷英特，非子所及也。」[1]按司馬懿的條件和家庭背景，他參加曹操政權應是順理成章的事，然而，司馬懿並不樂於參政。這是為什麼呢？

有這樣一件事：建安六年（二〇一），二十二歲的司馬懿被郡中推舉上計掾（負責年終向朝廷彙報政績的低級官員）的人選。曹操得知司馬懿的名聲，就想請他出來任職。司馬懿不願意，便讓人轉告曹操，推辭說自己有風痺病（手足麻木不仁），不能正常飲食起居。曹操不相信，於是派人夜間前去刺探情況。司馬懿發現後，就假裝犯病，從早到晚，一動不動地躺在那裡。刺探情況的人雖經仔細觀察，也沒有發現破綻，他拿刀子對準司馬懿直刺過去，司馬懿依然直挺挺地躺著，「堅臥不動」。刺探情況的人回去報告了曹操，曹操雖然知道這是司馬懿裝出來的，但也無可奈何。

還有一個故事：司馬懿裝病期間，一天他讓人把書放在院子裡晒太陽，突然天降大雨，他來不及找人收拾，就急忙從屋裡跑出搬書，動作敏捷，完全沒有一點得病的樣子。[2]

1《三國志・魏書・司馬朗傳》注引司馬彪《序傳》。
2《晉書・宣帝紀》。

這一情景，正好被家裡的丫鬟看到了，他擔心此事傳出去被曹操知道惹麻煩，就指使妻子張春華把這個丫鬟殺了。由此可見，司馬懿為了躲避曹操，真是處處留心，如履薄冰！

司馬懿為什麼裝病拒絕曹操的徵召呢？原因有兩個：

第一，受儒家傳統道德思想影響。從司馬氏家族看，他們世代是漢朝的高官，是擁漢派，而當時漢獻帝為曹操控制，不少人都看出曹操是個野心家，不是漢朝的忠臣，他「挾天子以令諸侯」，玩獻帝於股掌之中——「託名漢相，實為漢賊」，故「不欲屈節曹氏」。這與其兄司馬朗的態度不太一樣。

第二，司馬懿看不起曹操。司馬氏家族是高門世族，在社會上頗有聲望，而曹操是被稱為「刑餘之人」的宦官之後[3]，用當時的話說是「士子羞與為伍」，司馬懿從內心裡看不起曹操。

司馬懿雖然不願意到曹操那裡任職，但內心深處還是關心政治、願意從政的。正如《晉書．宣帝紀》所說：司馬懿處於漢末大亂之時，「常慨然有憂天下心」。然而現實不如人意，怎樣辦呢？

按照儒家傳統，天下有道則仕，無道則隱。司馬懿二十多歲時，與大隱士胡昭是好朋友。胡昭多次被曹操「禮辟」，均婉言謝絕，終身不仕。司馬懿也有隱逸的念頭。有一年，有位叫周生的人想殺害司馬懿，胡昭得知後非常著急，他不能見好友有難而袖手旁觀，於是跑了很遠的路去見周生，反覆勸說，甚至流著眼淚與周生盟誓，「生感其義，乃止」——周生感動了，放棄了殺司馬懿的念頭。司馬懿對胡昭十分感激，到他晚年，也沒有忘記胡昭。

中國古代一些隱士不接受朝廷之聘，原因很多，有的是不願參政，以求自保；有的是待價而沽，希望得到更好的待遇；也有的是期待明主知音，時機合適還是要出山的。司馬懿拒絕曹操，顯然是等待他認可的政治家出現。

再看曹操，自一九六年控制漢獻帝後，不斷發展勢力。為擴大影響，加強政權的社會基礎和吸引力，他不遺餘力地拉攏當時有影響的大族名士和地方豪強，對司馬懿這樣有影響的人物，曹操自然是不會輕易放過的。

曹操徵司馬懿入仕，從私人角度講，還有對司馬防當年薦舉他為洛陽北部尉的感謝之意。沒想到，司馬懿卻不領情。

大約在二〇八年，曹操已任丞相，他決定第二次召司馬懿入仕，準備讓他擔任丞相府文學掾（輔佐讀書、教育的官員）。曹操想：「你司馬懿有啥了不起，我請你來是看得起你，你別敬酒不吃吃罰酒！」為防止司馬懿再次推託，這次他對派去的人命令道：「復若

3 曹操的父親曹嵩是東漢大宦官曹騰的養子。

盤桓，便收之！」——如果司馬懿再拒絕，就把他抓來，收監入獄。

司馬懿見來人態度強硬，害怕被害，只好答應。這樣，二十九歲的司馬懿結束隱士生活，被迫出山，開始走上政治舞臺。

三

司馬懿出山，來到曹操身邊，怎樣和曹操相處呢？這可不是一件簡單的事。

大家知道，曹操這個人猜忌心、防範心很強，他身邊的人能夠與他和平相處、平安無事很不容易。稍不小心，就會引來殺身之禍，這樣的例子太多了。

曹操身邊的謀士和大臣，有不少人並非是他的政敵，也不是存心反對他，只因為說話無遮攔或個性鮮明而得罪他，結果被殺，有人被殺甚至是莫須有的罪名！

建安七子之一的孔融，說話直率，愛抨擊時政，結果惹怒了曹操，二〇八年，被以「訕謗朝廷」的罪名殺掉。大族出身的楊修，文才出眾，常在曹操面前耍小聰明，他還和失寵的曹植關係密切。一次，兩人喝醉了，一起乘車出司馬門（皇宮的外門），違犯了禁令，結果被曹操殺害。謀士的領袖荀彧，對曹操代漢的企圖不滿，與之發生衝突而被迫自殺。許攸是曹操的故舊，與曹操關係密切，但許攸說話直率，不拘小節，高興時甚至「呼太祖小字」，引起曹操的反感，「內嫌之」，終於被殺。婁圭則因為一次與曹氏父子出遊時，見曹家人人喜笑顏開，隨意說了一句「此家父子，如今日為樂也」，被人告發，曹操認為「有腹誹意」（「腹誹」，嘴上不說，心裡不滿，漢武帝時定的罪名），被殺。另一位重要謀臣崔琰被殺更為可惜，沒什麼理由，他就是給一個叫楊訓的人寫信，隨便寫了一句話，這句話沒有任何惡意，結果被曹操無端猜疑，認為崔琰不懷好意，也給殺掉了。

對曹操的這種做法，《三國志》作者陳壽是這樣評論的：

> 太祖性忌，有所不堪者，魯國孔融、南陽許攸、婁圭，皆以恃舊不虔見誅。而琰最為世所痛惜，至今冤之。

「性忌」是說曹操的性格非常計較，心胸有時非常狹隘，不容人。「忌」，就是嫉恨、嫉妒、猜忌，與這種人共事是非常不容易的。

雖然曹操身邊有不少人因得罪曹操而被殺，而司馬懿卻從二〇八年到曹操身邊任職，一直到二二〇年曹操逝世，十二年間平安無事。他是用什麼辦法獲得了敏感多疑的曹操的信任呢？簡單說，是司馬懿處處謹慎小心，進退有據，說話辦事十分注意把握「度」，善於保護自己，進而贏得了曹操的信任。具體講，司馬懿在以下三方面做得非常出色：

第一，工作勤懇，盡職盡責。《晉書．宣帝紀》記載，司馬懿：

勤於吏職，夜以忘寢，至於芻牧之間，悉皆臨履，由是魏武意遂安。

是說司馬懿平時工作十分勤勉，夜以繼日，甚至連割草放牧這樣的小事，全都親自過問，曹操這才逐漸放心。

第二，曲意迎合，以求好感。曹操晚年，權勢強大，代漢稱帝時機日益成熟，可是曹操卻堅持不稱帝，這表現了曹操著眼大局，具有政治家的胸懷。因為他一旦稱帝，就會成為眾矢之的——看，曹操果然是篡漢的賊子！其實曹操何曾不想稱帝？他只是以理性控制自己的欲望，這正是他的高明之處。司馬懿深知曹操的矛盾心理，便有意投其所好，以求好感。

事情是這樣的：有一年，孫權給曹操寫了一封信，建議曹操順應天命，代漢稱帝。曹操一眼看穿了孫權的真實用意，說：「此兒欲踞吾著爐炭上邪！」[4]——這小子是想把我放在爐火上烤呀！顯然，曹操罵孫權，是從維護天下穩定這一大局出發的，而內心卻是在極力壓抑當皇帝的欲望（曹操說過：「若天命在吾，吾為周文王矣。」）。

當時，正在曹操身旁的司馬懿也看到了孫權的信，立即說：

漢運垂終，殿下十分天下而有其九，以服事之。（孫）權之稱臣，天人之意也。虞（舜）、夏、殷、周不以謙讓者，畏天知命也。[5]

此話的意思是，現在天下大部分已歸您所有，您可以順應天命稱帝了。虞、夏、商、周等先王都是這樣做的呀！這番話極力投其所好，讓曹操高興。雖然曹操沒有稱帝，但司馬懿卻贏得了曹操的好感。二一七年，曹丕被立為太子，司馬懿被任命為太子中庶子（太子侍從親近之臣），與曹丕的關係進一步密切。

第三，獻計獻策，展示才華。曹操很重視下屬的實際本領，量才錄用，任人唯賢。但是如果要小聰明，對曹操有不敬之舉，他是不能容忍的——因此而得罪曹操被殺的人可不算少。司馬懿很清楚曹操的性格，所以他做到既展示才華，又不過分張揚，更不與曹操發生衝突，點到為止，不溫不火。這期間，他的才華逐漸顯現。

司馬懿的才華表現在三方面：

4《晉書・宣帝紀》。
5《晉書・宣帝紀》。

才華之一，得隴望蜀，具有戰略眼光。

建安二十年（二一五），他隨曹操征討張魯。張魯原來在益州牧劉焉手下做官，後來被派往漢中駐守。漢中在今陝西南部，是進入四川的必經之路，戰略位置十分重要。張魯到達漢中後，自以為羽翼豐滿，便宣布脫離劉焉，建立了割據政權。曹操認為，張魯政權的存在，對他是個威脅，決定進行征討。曹操大軍逼近漢中後，張魯見抵擋不過，便投降了曹操。在張魯決定向曹操投降的時候，司馬懿向曹操建議說：「現在劉備剛占領蜀地，人心並沒有歸附，如果我們乘勝進軍，劉備勢必土崩瓦解。由此之勢，很容易建立功業，可不要喪失時機呀！」顯然，司馬懿是希望曹操乘勝進軍，一舉奪取益州。按當時曹操和劉備的力量對比，曹操是有可能趁劉備立足未穩拿下益州的，即使打不下來，也可以震懾劉備。但曹操似乎沒有勇氣繼續南下攻占益州，他說：「人苦無足，既得隴右，復欲得蜀！」——人苦於不知足，既取得隴地，又想望著蜀地。他沒有聽從司馬懿的意見，司馬懿也很知趣，不再堅持。曹操占領了漢中，雖然沒有繼續南下攻蜀，卻使劉備大為震驚，劉備的部下黃權對劉備說：「失去了漢中，等於割去了蜀的四肢，非常危險！」劉備深知漢中重要的戰略位置，決定把漢中從曹操手中奪回來。二一九年，曹操的一員大將夏侯淵在定軍山被斬殺，曹軍糧食供應也發生困難，曹操感到再堅持下去意義不大，決定放棄漢中。

「得隴望蜀」這句成語，就是從這個故事中得出的，形容人太貪心不足。但是司馬懿的這個建議是貪心不足嗎？我認為不是，他的這一策略的立足點高，認為得到漢中後，乘勝進軍，以攻為守，即使不能完全消滅劉備，也可以重創劉備，以保漢中不失。從這點看，他具有戰略眼光。曹操沒有採納司馬懿的建議，結果使漢中得而復失，還損失了一員大將。

才華之二，興辦軍屯，具有經濟頭腦。

軍糧是軍隊的重要物質基礎，東漢末年，社會動亂，農民流散，土地荒蕪，軍隊糧食奇缺，曹操為解決軍糧問題，於一九六年實行屯田，把流散的農民組織起來，以管理軍隊的方式組織生產，屯田當年就大見成效，這叫民屯。建安末年，戰爭減少，司馬懿又向曹操提出利用軍隊屯田的建議。他說：現在國內有二十萬人不耕種，這不是治國的好現象，雖然這些軍人「戎甲未卷」，仍然服役，但也應「且耕且守」。且耕且守就是軍屯，曹操採納了這個建議，命令軍隊不打仗時種地，從事生產，「務農積穀，國用豐贍」，減輕了政府的負擔。建議實行軍屯，是司馬懿對曹魏政權的一大貢獻。

才華之三，利用矛盾，顯示軍事才能。

建安二十四年（二一九），鎮守荊州的蜀將關羽，率軍攻魏將曹仁於樊城（今湖北襄陽），關羽引漢水淹樊城，駐紮樊城的于禁七支部隊全部被淹，史稱「水淹七軍」。此時關羽聲勢大振，威震中原。曹操擔心樊城失守，許昌不穩，打算遷都河北，以躲避關羽的鋒芒。司馬懿時為曹操的軍司馬，他經過認真分析局勢後，向曹操建議：

禁等為水所沒，非戰守之所失，於國家大計未有所損，而便遷都，既示敵以弱，又淮、沔之人大不安矣。孫權、劉備，外親內疏，羽之得意，權所不願也。可喻權所，令掎其後，則樊圍自解。6

司馬懿的意思是：第一，于禁雖遭水淹，但整個戰局沒有失敗，如果遷都，不僅會造成「示敵以弱」，還會造成民眾不安、政權不穩，所以不能遷都。第二，孫權、劉備明和暗不和，「外親內疏，羽之得意，權所不願也」，應與孫權祕密聯合，讓孫權在後面牽制關羽，前後夾擊，打敗關羽，解救樊城之圍。

曹操採納了司馬懿的這個建議，派使者去見孫權，向孫權講劉備占領荊州的危害性，說下一步就要攻打東吳了，不如早做打算，先下手為強，曹魏願意和孫吳聯合一起打敗蜀軍。魏、吳經過密謀，達成了聯合進攻關羽的計畫。孫權派呂蒙奇襲江陵，奪回荊州；曹操則派將軍徐晃進攻樊城。在魏、吳軍隊南北夾擊下，關羽丟失荊州，敗走麥城，最後兵敗被殺。這一仗的勝利，展示了司馬懿善於利用矛盾、擊破敵人的軍事才能。

四

司馬懿不溫不火、韜光養晦，在曹操身邊巧妙周旋了十二年，不僅保全了自身，還展示了不俗的才幹。不過，他與曹操的關係也十分微妙。

這究竟是怎麼一回事呢？

首先，司馬懿和曹操都是帥才，都不甘屈居人下。曹操是「亂世之奸雄，治世之能臣」，陳壽說他是「非常之人，超世之傑」[7]。司馬懿呢，也不是善主兒。早在他未出山以前，社會上對他就有很高的評價。尚書崔琰與司馬懿的哥哥司馬朗是好朋友，他對司馬朗說，你家這個二弟可是個了不起的人：「聰亮明允，剛斷英特，非子所及也。」[8]意思是司馬懿非常聰明，洞察事理，辦事果斷明智，不是一般的人，你們兄弟恐怕都比不上他。南陽太守楊俊，也說司馬懿是「非常之器」——不是一般的人。

常言說一山不容二虎，曹操和司馬懿都是很有本事的人，他們能夠走到一起，從曹操

6《晉書・宣帝紀》。
7《三國志・魏書・武帝紀》。
8《晉書・宣帝紀》。

角度看，拉司馬懿是為了擴大政權的影響，也是為了控制他；從司馬懿角度看，是怕被迫害而不得已入仕。現在兩個人走到一起了，其實他們心照不宣，都知道是怎麼一回事。不過曹操想得最多，他是一個很敏感、猜忌心極強的人，也許看到司馬懿確有過人之處，他想了很多：這樣的人在政權中會做些什麼，我的兒孫們能駕馭他嗎？愈想愈嘀咕，竟做了這樣一個夢：曹操夢見三匹馬同在一個馬槽吃草料——「三馬同食一槽」[9]。這夢所暗含的意思是曹氏將被司馬氏吞掉，因此心中十分厭惡。於是對太子曹丕說：「司馬懿非人臣也，必預汝家事。」——司馬懿不是甘心做人臣的人，將來一定會左右我們曹家的大事。

關於這個夢，我懷疑它的真實性，可能是後人附會的。因為曹魏政權確實是經過三馬之後被司馬炎（司馬昭之子）取代，建立了晉朝。難道真有這麼準確的夢中料定？不過，從司馬氏和曹魏的關係看，司馬氏確實是從司馬懿開始，一步一步發展力量，逐漸強大，但在曹操時代還沒有形成氣候。當司馬懿第一次出現在曹操面前的時候，從外在形象到內在氣質，確實與眾不同，著實讓曹操嚇了一跳。這是怎麼回事？

原來，司馬懿有「狼顧」之相——上身不動，頭卻可轉動一百八十度。正常人是不會有此功能的，這是指有凶殘之相。一次，曹操想檢驗一下，就把司馬懿叫到面前，讓他向前走，又令他回頭看，司馬懿果然臉轉向後面而身子不動。這讓曹操心裡非常不高興。同樣，我也懷疑這個故事的真實性，正常人哪有頭轉而身子不動的？不過史書確實說，司馬懿「內忌而外寬，猜忌多權變」，是個「非常之器」——不尋常的人。曹操很可能一見面，就感到此人非同一般，他感到自己遇到了強勁的對手，甚至想到自己死後，司馬懿還會這麼安分嗎？於是預感到某種不祥之兆。

面對敏感多疑的曹操，司馬懿謹慎小心，進退有據，十分注意把握「度」，不僅贏得了曹操的信任，更使曹丕對他佩服得五體投地。二二〇年，曹丕代漢稱帝，建立曹魏政權，這時司馬懿已無後顧之憂，他利用曹丕對他的信任，充分施展才幹，為曹魏政權做出了突出的貢獻，也為司馬氏的崛起鋪平了道路。

9 馬：暗指司馬氏。三馬：指司馬懿及其兩個兒子司馬師、司馬昭。槽：暗指曹氏。

足智多謀

一

司馬懿在曹操逼迫下，自二〇八年出山，加入曹操政權，在曹操死以前（二二〇年死）的十二年中，不顯山不露水，處理政事不張揚，待人接物低調得體，致使曹操改變了對司馬懿的態度，由猜忌變為信任，甚至讓司馬懿擔任太子中庶子——太子的侍從親近之臣，輔佐曹丕，與太子曹丕的關係非常好。

曹操死後，曹丕代漢稱帝，是為魏文帝。司馬懿開始嶄露頭角，他遇事辦法多，「每與大謀，輒有奇策」，成為朝廷上舉足輕重的人物。曹丕率軍征戰，司馬懿鎮守後方，為前方保證軍需物資。曹丕對司馬懿十分敬重、信賴。憑藉與曹丕的親密關係，司馬懿的勢力不斷發展，影響力不斷擴大。

曹丕時期，司馬懿先擔任丞相府長史，主管丞相府的日常工作。曹丕稱帝後，又擔任尚書、御史中丞等職，還擔任侍中（皇帝左右的親信）、尚書右僕射（尚書省的副長官）。尚書省的長官是尚書令，當時擔任尚書令的是老臣陳群。黃初六年（二二五），司馬懿擔任錄尚書事，兼管尚書省的事務，實際總管朝廷政務。

黃初七年五月，曹丕死，其子曹叡即位，即魏明帝。曹丕臨終時，令司馬懿與中軍大將軍曹真、鎮軍大將軍陳群、征東大將軍曹休為輔政大臣。

曹叡時期，司馬懿開始擔任軍事長官。後任都督中外諸軍事、太尉，主管全國的軍事，曹魏政權的政事、軍事均由司馬懿掌控。

司馬懿的職位為什麼會不斷提升呢？主要是他在任期間勝任其職，政績卓著，足智多謀，做了不少對曹魏政權非常有益的重要事情，充分展示了他的才幹，這對於提高司馬懿的威望和影響起了重要作用。比如軍屯方略的提出，對曹魏政權的鞏固確實起了非常重要的作用。不過曹操採納軍屯建議僅兩年就去世了，大規模推廣軍屯，是在曹魏建國後。曹魏軍屯基地主要設置在與吳、蜀的軍事對立地帶，其中兩處比較大，一處是處在與蜀漢的鄰近地區。如在長安、槐里（今陝西興平）、陳倉、上邽（今甘肅天水西南）等地，都設置有民屯和軍屯組織。其中，上邽的軍屯最著名。這個軍屯基地，是在太和四年（二三〇）由司馬懿上表倡議設立的。《晉書・食貨志》稱：

> 宣帝表徙冀州農夫五千人佃上邽，興京兆、天水、南安鹽池，以益軍實。

主持具體事宜的，是度支尚書、司馬懿的三弟司馬孚。《晉書・宗室列傳・安平獻王孚傳》稱：

關中連遭賊寇，穀帛不足，遣冀州農丁五千屯於上邽，秋、冬習戰陣，春、夏修田桑。由是關中軍國有餘，待賊有備矣。

由此可見，上邽軍屯是在司馬懿、司馬孚兄弟的共同籌劃下開創的。青龍三年（二三五），關東饑饉，司馬懿調運五百萬斛粟輸京師洛陽，以資救濟。可見他在關中儲積有大量糧食。

曹魏軍屯另一處在與東吳鄰近的地區，主要是在淮河南北。正始二年（二四一），司馬懿主持對吳作戰時，與尚書郎鄧艾籌劃在淮南、淮北創建軍屯。第三年，司馬懿「奏穿廣漕渠，引河入汴，溉東南諸陂，始大佃於淮北」[10]。第四年，司馬懿又在這一地區「大興屯守，廣開淮陽、百尺二渠，又修諸陂於潁之南北，萬餘頃。自是淮北倉庾相望，壽陽至於京師，農官屯兵連屬焉」[11]。《晉書・食貨志》記載司馬懿、鄧艾創建的淮南、淮北屯田說：

淮北二萬人、淮南三萬人分休，且佃且守。水豐，常收三倍於西，計除眾費，歲完五百萬斛以為軍資。六七年間，可積三千萬餘斛於淮土，此則十萬之眾五年食也。……自壽春到京師，農官兵田，雞犬之聲，阡陌相屬。每東南有事，大軍出征，泛舟而下，達於江淮，資食有儲，而無水害。

司馬懿和鄧艾所進行的大規模的屯墾，對促進北方經濟的恢復和發展，特別是對增加曹魏的財力，支持與東吳的戰爭，起了重要的作用。

二

司馬懿的足智多謀，顯示在他果斷地平定孟達之叛。

孟達（？—二二八），原為益州劉璋屬下，劉備入蜀後，歸降劉備，任宜都太守，駐守上庸城（今湖北竹山西南）。關羽敗走麥城時，曾向孟達求援，但孟達見死不救，結果

10《晉書．宣帝紀》。
11《晉書．宣帝紀》。

使關羽被殺。劉備對關羽之死痛心疾首，憎恨孟達，孟達於是投奔曹魏。魏文帝曹丕對孟達不錯，司馬懿則認為他言行不一，是個投機小人，不可信任。但曹丕不聽，還任命孟達領新城（今湖北房縣）太守。魏文帝死後，曹叡即位，孟達感覺失寵，又想叛魏歸蜀。此時諸葛亮已在西線（甘肅）出兵伐魏，為分散魏軍力量，他想利用孟達從東線向曹魏都城洛陽進攻。諸葛亮也知道孟達多變，反覆無常，為了促使孟達早日舉事，諸葛亮故意洩露消息，以逼迫孟達不得不反。

孟達準備叛亂的消息傳到駐守在宛城（今河南南陽）的司馬懿那裡，司馬懿一聽，感到應該先用計穩住孟達，於是寫了一封信送給孟達。信中說：

> 將軍昔棄劉備，託身國家，國家委將軍以疆埸之任，任將軍以圖蜀之事，可謂心貫白日。蜀人愚智，莫不切齒於將軍。諸葛亮欲相破，惟苦無路耳。模之所言，非小事也，亮豈輕之而令宣露，此殆易知耳。[12]

大意是說，有關他起事的傳聞不足信，必定是諸葛亮造的謠，他早想除掉你，才用了這種離間計，你不必輕信。孟達已決定叛魏，接信後又給諸葛亮寫信，說：即使司馬懿已經知道了我準備歸降的消息，他要出兵打我，不過等他向朝廷請示，再出兵，來回最少得一個多月，那時我已安排妥當，大事已成了！諸葛亮還是有心計，收到信後，趕緊回信提醒他，動手愈早愈好。

再看司馬懿，面對緊急情況，他決定率軍征討孟達，諸將見孟達與蜀、魏都有聯繫，勸司馬懿先觀察一下再行動。司馬懿說：「孟達無信義，此其相疑之時也，當及其未定促決之。」[13]——現在孟達正在猶豫不決，事不宜遲，應先下手為強，果斷出兵，平定孟達。

按曹魏出兵程序，舉行重大軍事行動要獲得朝廷的批准，自己應先請示報告，得到皇帝詔書才可對孟達用兵。但那樣一來，從宛城到朝廷所在地洛陽（今河南洛陽）來回有一千二百里，快馬也要十多天。在此期間，若孫權、劉備兵再來相助，那就難征討了。怎麼辦？司馬懿覺得此事重大，耽誤不得，國家利益為重，決定先幹起來再說。於是一邊向朝廷報告情況，解釋原因，一邊率大軍立即進發。

從宛城到新城約一千二百里路，為出奇制勝、偷襲孟達，打他一個措手不及，司馬懿將軍隊分為八隊齊頭並進，晝夜兼程，僅用八天時間就趕到了。

司馬懿帶領魏軍出其不意地進逼新城後，在孟達軍中引起了一片恐慌。孟達原來以

12《晉書．宣帝紀》。
13《晉書．宣帝紀》。

為司馬懿請示朝廷後率兵至此少說也要一個月，於是按一個月的時間安排了加固城牆的任務。新城內糧草充足，「孟達眾少而食支一年」，而司馬懿勞師遠襲，糧草不可能帶多。雖然魏軍人數多，「四倍於達，而糧不淹（超過）月」。孟達打算待堅固的工事修成後，堅壁不出，等司馬懿糧草不足退兵時，再突發襲擊，定能取勝。哪知司馬懿僅八天便到了新城，一下子打亂了孟達的部署，新城加固尚未完工，城牆不夠堅固的弱點一下子暴露了出來。

司馬懿稍事休整，便指揮軍隊攻城，連續攻打了十六天，孟達支持不住，部將見大勢已去，打開城門投降了。司馬懿率軍衝進城去，斬殺孟達，平定了這場威脅曹魏政權的叛亂。司馬懿在平定孟達之戰中，有勇有謀，用兵果斷神速，毫不遲疑，大獲全勝，顯示了卓越的軍事家的風範。

三

諸葛亮是家喻戶曉的政治家、軍事家，是盡心竭力輔佐劉禪的賢相，和司馬懿相比，他倆誰的本事更大一些呢？

公平地說，司馬懿和諸葛亮都是三國時期一流的軍事家，兩個人年齡相仿，司馬懿生於一七九年，比諸葛亮大兩歲。他們的對決，是智慧和謀略的較量。

諸葛亮晚年，傾蜀國全部力量北伐曹魏，以實現「收復中原，興復漢室」的夙願。從二二八年以後，諸葛亮一共北伐中原六次，即所謂的「六出祁山」。在抵抗蜀軍北伐的戰爭中，前四次指揮戰役的是大將軍曹真，司馬懿指揮的是最後兩次戰役，司馬懿就是在這兩次戰役中與諸葛亮一決高低的。

太和五年（二三一）春天，諸葛亮率八萬軍隊舉行第五次北伐。因此時曹真病故，司馬懿臨危受命，朝廷調任他都督雍、涼二州諸軍事，代替曹真主持西部戰區對蜀作戰。當時，曹魏的皇帝是魏明帝曹叡。曹叡是魏文帝曹丕的兒子，二二六年即位。他對司馬懿說：「西方有事，非君莫可付者。」[14]可見，魏明帝對司馬懿非常信任。

司馬懿到達前線後，認真分析戰爭形勢，認為諸葛亮善於治軍，多次伐魏，雖然遠道而來，但士氣足、戰鬥力強，志在必得。不過，蜀軍長途跋涉，戰線太長，以前幾次北伐，常因軍糧供應不足而不能取勝，所以蜀軍宜於速戰速決，魏軍則應採取拖延戰術，使蜀軍人困馬乏、糧草供應短缺，可不戰而勝。在戰術上，只要有效地攔截蜀軍，不使其前進就可取勝。後來戰局的發展證明，司馬懿的作戰方針是正確的。

14《晉書・宣帝紀》。

蜀軍伐魏確實不易，從漢中穿過秦嶺要行軍數百里，路途遙遠，軍糧供給不足，是導致諸葛亮以前作戰失利的主要原因。因軍糧不足，軍隊吃飯是大問題，所以以前的北伐時間都無法超過一個月。

不過，這次諸葛亮是有備而來。

首先，他奇思妙想，研製出運輸工具「木牛流馬」。

《三國志．蜀書．諸葛亮傳》：「亮性長於巧思……木牛流馬，皆出其意。」蜀軍出兵先用木牛，後來才用流馬，都是諸葛亮發明的。木牛流馬究竟什麼樣子，它有哪些特點？古往今來，人們不斷研究，但至今也沒有完全弄清楚。

不少學者認為，木牛是一種人力的獨輪車，有一腳四足，所謂腳就是一個車輪，所謂四足，就是車旁前後裝上四條木柱，這樣行車、停車時不容易歪倒。而流馬則是一種改良的木牛，前後左右四個輪。簡單講，木牛是獨輪車，流馬是四輪車。還有一種觀點認為，木牛和流馬都是四輪車，它們的區別是，木牛裝載的糧食較多，行走起來速度較慢。而流馬行走的速度比較快，而且，流馬車上有兩個可分離的米箱，可以自由地裝卸，遇到陡坡，車上不去，可將米箱卸下，人用肩扛上去，車推上去後，再裝到車上。總之，木牛、流馬一定有奇思妙想之處，為運輸糧草提供了方便。

我認為，所謂木牛、流馬，就是裝載糧草比較多的車。《三國志》記載說，木牛可

「載一歲糧」，大約五、六百斤左右。由於物重，走起來很慢。「載多而行少」，一天僅走二十里路，故「宜可大用，不可小使」——大規模使用可以，單獨使用不方便。流馬輕便些，一次可運載糧食二百八十斤左右。這裡所說的糧食，是指「大米」之類的淨糧，北伐前線不可能加工粗糧。

近些年有報導稱，一些能工巧匠，按照有關數據仿製出木牛、流馬，其勇氣可嘉。但我覺得，諸葛亮真正的木牛、流馬已經失傳，很難再現了。其原因，一是製作成本太高，費工費力，僅限於戰爭特殊需要，一般老百姓平時生產、生活用不上。二是諸葛亮「長於巧思」，但又謹慎過人，「木牛流馬」作為軍事之需而創制，本身就有一定保密價值，所以《三國志．蜀書．諸葛亮傳》中的〈制木牛流馬法〉很難看明白，木牛只有外形，沒有尺寸；流馬只有尺寸，沒有結構原理，估計諸葛亮在研製成功後，為了保密，已把真正的設計方案毀掉了，後人很難再現真正的木牛、流馬了。

其次，精心選擇出兵時間。

這次出兵，諸葛亮選擇在春、夏之交，這時天氣轉暖，又不太熱，也沒有大雨，適宜行軍住宿；還有，諸葛亮雖然使用了新的運輸工具，但他還不放心，特意選擇此時出兵，目的是到達祁山後搶割當地新熟的麥子，以備打仗之需。

司馬懿瞭解了諸葛亮的出兵意圖後，針鋒相對地採取措施。他率兵到達長安（今陝西西安）後，立即派費曜率兵守衛上邽（今甘肅天水西南），派張郃趕赴岐山阻截蜀軍，自己親率主力繼續西進。諸葛亮得到司馬懿出兵的消息後，立即率軍迎擊，在上邽以東與魏軍相遇，諸葛亮準備決戰。然而司馬懿則想拖住蜀軍，並不急於與之對攻，命魏軍占據東山，憑險堅守，拒不出戰。這次諸葛亮軍因軍糧較多，也不急於決戰，而且當地麥子熟了，便派軍隊搶收麥子，又獲得了一批軍糧。雙方相持了一段時間後，諸葛亮用退兵的方法引誘魏軍，司馬懿追擊，即將逼近時，蜀軍猛然掉轉與魏軍交戰，司馬懿又急忙登山紮營，依然堅守不戰。司馬懿只防守不出擊的作戰方法，使部將很不理解，部將幾次請求出戰，司馬懿都不答應。魏軍將領認為司馬懿懼怕諸葛亮，譏笑地說：「公畏蜀如虎，奈天下笑何？」意思是說您司馬公害怕蜀軍像害怕老虎一樣，難道就不怕天下人笑話嗎？

在眾將領一再請求下，司馬懿為保持士氣，決定出擊諸葛亮。他命張郃率一支人馬從背後襲擊蜀軍，自己親率主力從正面攻擊蜀軍大營。蜀軍北伐就是要和魏軍決戰，正巴不得魏軍來打，蜀軍猛烈迎擊，結果魏軍進攻不利，遭到失敗。魏軍作戰失利，趕忙撤退，回營固守，諸葛亮幾次挑戰，司馬懿均置之不理。正當兩軍相持之際，蜀軍再次突然撤軍。司馬懿覺得這次是諸葛亮支持不住了才撤退的，於是下令追擊，命張郃指揮。張郃是曹操時代的老將軍，善於用兵，史載其「善處營陳，料戰勢地形，無不如計」。但張郃不太願意追擊，說：「軍法，圍城必開出路，歸軍勿追。」司馬懿堅持追擊，張郃無奈，只好執行。蜀軍見魏軍追來，布下埋伏，魏軍中計，蜀軍「弓弩亂發」，張郃中箭身亡。

蜀軍未遭敗績，為何突然撤退？原來，蜀軍負責供應糧草的將軍李嚴因為沒有按時把糧草運到，便假傳聖旨說劉禪下令撤軍，以掩飾自己的過失。回成都後，諸葛亮查清事實，將李嚴免官為民。

此次司馬懿與諸葛亮交手，魏軍有失有得，失在兩次出擊，均吃敗仗，還損失了一員大將。其實，古往今來沒有常勝將軍，司馬懿作戰失敗，是由於輕敵的結果。同時說明，蜀軍戰鬥力確實很強，很能打仗。從戰場上看，司馬懿似乎沒有成功，但司馬懿面對遠道而來的蜀軍，採用堅守不出的策略，有效地阻止了蜀軍的東進，因此從戰略上看，他又是勝利者。從此以後，司馬懿接受教訓，決心採取以守為攻的戰略拖住諸葛亮。

對諸葛亮此次撤軍，司馬懿認為，諸葛亮北伐常因缺糧退兵，這次回去後一定會大量儲備糧食，三年內不會出兵。於是司馬懿上表魏明帝，建議從冀州遷徙農民到上邽，興修水利實行軍屯，加強防禦力量。

與魏、吳相比，蜀國是小國，全國人口不到一百萬，為了北伐，諸葛亮徵調的士兵就有十萬。由於連年北伐，蜀漢的人力物力受到很大的損失，百姓負擔很重，於是諸葛亮決定暫不出兵，發展生產。蜀國手工業很發達，尤其蜀錦，品質好，水準高，很受歡迎，諸葛亮曾說：「決敵之資，唯仰錦耳！」

果然，蜀漢經過三年的準備，在青龍二年（二三四），諸葛亮親率十萬大軍出斜谷，第六次發動了大規模的北伐戰爭。當時從漢中越過秦嶺，有三條山谷，最東面的一條是子午谷。子午谷最險，有六百多里長，雖然道路艱險，但谷口位於長安城之南，可以出其不意地逼近長安。中間的山谷叫儻駱谷，直接通往關中的武功，對長安的威脅也很大。西面的一條山谷叫褒斜谷，南段叫褒谷，北段叫斜谷，有四百七十里長，因斜谷靠西，出谷後距離郿縣較近，這裡曹魏力量比較薄弱，因此諸葛亮選擇了出斜谷伐魏。

這年四月，諸葛亮率領大軍到達郿縣（今陝西眉縣北），在渭水之南安營紮寨。這時司馬懿在得知諸葛亮出斜谷的情報後，早已趕到。起初，司馬懿屯駐在渭水之北，見諸葛亮在渭水之南，立即率軍渡過渭水，背水立營阻擊。諸將想在渭北與諸葛亮隔水相持，司馬懿說：「百姓積聚皆在渭南，此必爭之地也。」[15]他還對諸將說：「亮若勇者，必出武功（即出儻駱谷），依山而東。若西上五丈原（今武功西），則諸軍無事矣。」意思是，諸葛亮若順著山勢向東用兵，對魏軍威脅很大；若向西占據五丈原，則魏軍有回旋餘地，可與之形成對峙局面。正如司馬懿所料，用兵謹慎的諸葛亮，果然占據了武功西面的五丈原，於是雙方在渭水南岸形成了對壘局面。

司馬懿繼續採用「堅壁據守，消磨蜀軍銳氣」的作戰方針，不主動出戰。起初諸葛亮也沉得住氣，他讓軍隊與渭水之濱的農民雜處，也搞起了屯田。雙方相持一百多天後，諸葛亮有些著急了。因為前方戰局不明朗，後方劉禪能否支撐朝廷？朝廷是否平穩？這樣拖下去會不會發生意外之事？諸葛亮愈琢磨愈著急，恨不得馬上和魏軍一決高下。於是多次發兵挑戰，司馬懿均不予理會。司馬懿的策略是只等待蜀軍糧盡、士氣低落時，再發動反攻。諸葛亮焦急萬分，無計可施，便想了個辦法：他派人給司馬懿送去了「巾幗婦人之飾」[16]——一身女人的衣服，想以此羞辱他。諸葛亮的意思很明顯，看！你司馬懿不敢出戰，連個女人都不如！

諸葛亮這一招夠損的，在以男子為中心的古代社會，將男人比作女子，是很大的羞辱，這種羞辱與當年韓信胯下之辱相比有過之無不及，對於講究禮法的古人來講，這是非常難堪、備受侮辱的行為。那麼，司馬懿此時會怎麼辦？是繼續像諸葛亮奚落的那樣，做個縮頭烏龜，還是是騾子是馬，咱們戰場上真刀真槍地拚一把再說？司馬懿自有主張，他的做法是外甥打燈籠——照舅（舊），不急不惱，不理睬這一套。

我覺得《三國演義》中對司馬懿的描寫，比較接近當時的情況：司馬懿見得這身女人的服裝後：「心中大怒——乃佯笑曰：『孔明視我為婦人耶！』即受之，令重待來使。」

15《晉書．宣帝紀》。

16《晉書．宣帝紀》。

「大怒」，是司馬懿真實的情緒。一個男人被奚落，能不生氣嗎？「佯笑」，假裝笑，做掩飾，不能讓使者看出自己的憤怒，諸葛亮就是氣人來的，不要中計！「受之」，我接受，算你說對了，我就當一回女人又咋樣！「重待來使」，使者辛苦，好好招待！司馬懿的大度，實際上迎擊了諸葛亮，揭穿了諸葛亮的計謀。司馬懿心裡明白，「好你個諸葛孔明，跟我來這套，我懂」。司馬懿對這件事的處理，說明他在心理上沒有被打垮，同時也暴露了諸葛亮既急於交戰，又拿司馬懿無可奈何的心態。

不過，司馬懿耍了一個小手段，為了保持士兵鬥志，平息部將要求出戰的情緒，他故意裝怒，表示無法忍受了——上表朝廷，要求出戰。魏明帝予以拒絕，因為對蜀軍採取以守為攻的戰略，是司馬懿和他一起制定的。但是魏明帝還是有些擔心，萬一司馬懿真被激怒，貿然決戰，肯定要影響全域。魏明帝不放心，便派大臣辛毗以大將軍軍師的身分，杖節（古代帝王授予將帥兵權或遣使四方，給旄節以為憑信）來到前線，代表朝廷節制司馬懿的行動。辛毗是位老臣，以直言極諫著稱，在朝廷很有威望。司馬懿對此舉措心領神會，每當蜀軍前來挑戰，司馬懿就顯得十分暴躁，要帶兵衝出去。辛毗杖節立於軍門，阻止出兵。辛毗是代表朝廷的，將士「莫敢犯違」，司馬懿便不出兵。現在看，辛毗這樣做的目的，是穩住軍心，堅持既定的作戰方針；同時也告訴士兵，司馬懿可不是膽小不敢打仗的人，而是朝廷不讓出戰。

辛毗到達魏營節制司馬懿的消息傳到蜀軍，蜀將姜維就對諸葛亮說：「辛毗杖節而至，賊不復出矣。」諸葛亮則看透了這一套，說：「彼本無戰情，所以固請戰者，以示武於其眾耳。將在軍，君命有所不受。苟能制吾，豈千里而請戰邪！」[17]諸葛亮說：「司馬懿本來就無心作戰，他所以要向魏明帝請戰，只不過是一個藉口，是向部眾表示自己不怯戰陣，其實，將在外，君命有所不受，如果他能打敗我們，難道還用到千里之外去請戰嗎？」諸葛亮真是明白人，他看出這是司馬懿的計謀，心裡說：「司馬仲達，你這老小子可真夠鬼的。跟我來這套，我懂！」

面對司馬懿的鐵桶陣，諸葛亮真的無能為力！

諸葛亮在前線打不開局面，後方更讓他牽掛，思前想後，心裡不安，難受極了。

諸葛亮曾派使節到司馬懿軍中，司馬懿不打聽蜀軍的軍事情況，只問諸葛亮的睡眠、吃飯和怎樣辦事的。來人說：「諸葛亮夙興夜寐，非常辛苦，各種事情都要親自過問，凡是對士兵打二十軍杖以上的處罰，都要親自決定。每天吃飯很少，只有三、四升。」司馬懿一聽就全明白了，諸葛亮是過於勞累呀！他對部將說：「諸葛亮進食少而諸事繁多，這樣下去還能活多久呢？」

17《三國志・蜀書・諸葛亮傳》注引《漢晉春秋》。

由於過度勞累，憂心忡忡，諸葛亮果然病倒了，病情日益嚴重，於這年八月，死於軍中，終年五十四歲。一代名相，傑出的政治家、軍事家諸葛亮，雖竭盡全力北伐，卻因實力不足、謀略不夠，終於敗在司馬懿手下，實在令人惋惜。可是政治鬥爭就是你死我活，諸葛亮為劉禪打工，司馬懿為曹魏辦事，二人過招必有一拚，司馬懿不這樣又該如何呢？其實，他還是很欽佩諸葛亮的，戰爭結束後，司馬懿來到諸葛亮的軍營，見到諸葛亮的遺物，由衷地感嘆道：「天下奇才也！」這是英雄相惜的讚嘆之詞。

諸葛亮死後，部下楊儀、姜維按照諸葛亮的臨終部署，祕不發喪，率領蜀軍有序撤退。司馬懿趕到諸葛亮陣地觀察情況，辛毗認為諸葛亮是否已死尚不可知，不要貿然出擊，以免中了埋伏。司馬懿仔細觀察了蜀軍丟棄的東西，胸有成竹地說：「軍家所重，軍書密計、兵馬糧穀，今皆棄之，豈有人捐其五藏而可以生乎？宜急追之。」[18]——軍隊最重視的是軍事文件、馬匹糧草，現在蜀軍都丟棄了，哪有人丟棄了五臟六腑還能活下去的道理？趕快追擊！於是，率兵急追。姜維也回軍迎戰，司馬懿接受以前中計的教訓，不敢貿然應戰，急忙撤軍。司馬懿後來得知諸葛亮確實已死的消息，依然猶豫不決，不再追擊，這件事在當地老百姓中傳開了，他們說：「死諸葛嚇跑了活仲達！」司馬懿聽說後，笑著說：「我能料到生，哪能料到死呢？」

司馬懿與諸葛亮一共較量過兩次，如果說二三一年那次是打了個平手的話，二三四年這次，卻是司馬懿明顯占了上風。

司馬懿的成功之處表現在：

（一）、用兵得法。以精兵緊緊咬住諸葛亮的主力部隊，守住要塞關口，使蜀軍不能東進。

（二）、戰術得當。在這次與諸葛亮對決中，成功地運用了以守為攻的策略，抓住諸葛亮用兵謹慎、不敢冒險的特點，用拖延戰術，將諸葛亮整得沒了脾氣，耗盡了他的精力，使他心力交瘁，陷入困境。

（三）、巧施手段，保持士氣。戰爭取勝，最根本的條件是士氣旺盛，司馬懿深知此點，在五丈原與諸葛亮對峙最關鍵的時刻，面對諸葛亮送女人衣服的羞辱，司馬懿一方面保持鎮靜、大度，做給諸葛亮看，氣他；另一方面又表現急躁，要求出戰，以保持部隊高昂的士氣。當辛毗代表朝廷節制司馬懿、穩定將士情緒時，司馬懿積極配合，一個演紅臉，一個演白臉，士兵不解其意，對「不怯陣，敢打仗」的司馬懿更加敬重。

反觀諸葛亮，他在用兵過程中暴露出了三個弱點：

（一）、不敢出奇兵。前面說過，從漢中過秦嶺有三條通道，最東面的子午谷最險，

18《晉書・宣帝紀》。

但谷口位於長安城之南，出谷口就可以出其不意地逼近長安。蜀將魏延曾建議出子午谷，並要求只給他一萬軍隊，不出十天，他的軍隊就可以神兵天降，突然攻到長安城下，與主力部隊接應，可大獲全勝。諸葛亮斷然否定了這個方案，而是以最穩妥的方法，從褒斜谷攻打魏軍。其實，出奇兵偷襲敵人，是常見的作戰方式，雖然有風險，但只要時機掌握好，獲勝的機會還是有的。諸葛亮卻過分謹慎，不敢冒險，使得六次北伐均無實質進展。

（二）、不敢用勇將。這裡的勇將是指魏延，此人能征善戰，擅出奇計，但諸葛亮卻對他很不信任。在最後一次北伐時，魏延的地位僅次於諸葛亮，是副統帥，由於諸葛亮不信任魏延，所以他在臨終前召開的最後一次軍事會議上，竟將魏延排斥在外，沒有讓他參加。由地位比魏延低的楊儀、費禕統帥軍隊，只是把會議決定告訴了魏延：大部隊撤退回成都，由他斷後。諸葛亮為什麼不喜歡魏延呢？諸葛亮用將喜歡循規蹈矩的人，而魏延常常標新立異，比較張揚，不那麼安分，所以諸葛亮對他存有戒心。

為了防範魏延，諸葛亮還下了一道命令：「若延不從命，軍便自發。」——如果魏延不服從命令，就不要管他，軍隊照常撤退。諸葛亮顯然已估計魏延可能要鬧事，將他另眼看待了。果然，當費禕將會議決定通知魏延時，魏延很不高興，憤怒地說：「丞相雖然已經死了，但還有我在，你們可以護送丞相的靈柩回成都安葬，我將親自率大軍，消滅賊寇！怎麼可以一人之死，而廢掉國家的大事呢？你知道我魏延是什麼人？怎麼會給楊儀做斷後將軍呢？」

現在看，魏延的話並沒有說錯。北伐是諸葛亮制定的戰略決策，並得到了朝廷的支持，是蜀國的一件大事。諸葛亮死後，北伐並沒有停止，姜維曾九伐中原，魏延的軍事才能遠高於姜維，為什麼不讓他指揮北伐呢？

這次出兵，蜀國準備充分，到達前線後並沒有真正和曹魏交兵；如果諸葛亮重用魏延，用人不疑，委以重任，戰局將很難預料。由於諸葛亮對魏延不信任，而魏延又像當年的韓信，本領雖大，但過於外露，不會保護自己，他得知蜀軍全部撤退的消息，怒不可遏，頭腦發熱，竟率兵抄小路來到漢中，燒掉了主力部隊返回的必經棧道。他的用意是，別回成都，跟我上前線，老子來指揮！這種行為顯然犯了國法，結果被楊儀上奏朝廷，以謀反的罪名殺掉了。諸葛亮不用勇將，無端猜忌魏延，最終導致魏延出軌，釀成慘禍。

諸葛亮第一次北伐錯用馬謖，最後一次北伐不用魏延，均由於用人之誤導致了戰爭失敗。

（三）、事必躬親，操勞過度。作為領軍統帥，諸葛亮應抓全域，抓大事，他卻政不任下，事無巨細都要過問，陷入繁雜瑣碎的事務之中。這當然反映出他對工作高度負責的精神，但不調動各級將領的積極性，僅憑一人精力，縱然你有超人的本事，又能做多少事？諸葛亮去世時年僅五十四歲，可謂英年早逝。他比司馬懿小兩歲，司馬懿卻活了七十三歲。

對諸葛亮用兵的弱點，司馬懿是清楚的。在五丈原雙方相持時，司馬懿的弟弟司馬孚來信詢問前線軍情，司馬懿回信說：「亮志大而不見機，多謀而少決，好兵而無權，雖提卒十萬，已墮吾畫中，破之必矣。」[19]——諸葛亮志向遠大但不會抓機會，謀略不少但缺少決心和果斷，好兵但權勢不夠，雖然率領十萬大軍，但已陷入我的計策之中，我肯定能打敗他！陳壽在《三國志》評論諸葛亮說：「於治戎為長，奇謀為短，理民之幹（辦事），優於將略。」這是客觀的評價。

司馬懿與諸葛亮的對決，展示了他的足智多謀，公平地說，司馬懿的謀略在諸葛亮之上。

四

司馬懿阻止了諸葛亮的北伐，在朝廷的威望直線上升，青龍三年（二三五），司馬懿升任太尉（最高軍事長官）。這時，又有一件棘手的任務擺在他的面前——平定遼東。

遼東是郡名，戰國時設立，郡治在襄平（今遼寧遼陽），轄境在今遼寧大凌河以東。東漢末年軍閥混戰時，公孫度任遼東太守。公孫度對曹魏政權時叛時降，保持著半獨立的地位。二〇四年，公孫度死，其子公孫康繼任。公孫康不久也死了，由於兒子年幼，其弟公孫恭接任遼東太守。二二八年，公孫恭的侄子（公孫康之子）公孫淵奪權，魏明帝想拉攏他，任他為揚烈將軍。公孫淵卻腳踩兩隻船，又與孫權通好，孫權立其為燕王。二三七年，公孫淵擺脫魏國，搞起了獨立。

曹魏豈能容忍遼東獨立？景初二年（二三八）正月，魏明帝召見司馬懿，命他率兵討伐。明帝說：「此不足以勞君，事欲必克，故以相煩耳。君度其作何計？」——這件事本不想麻煩您，但是遼東必須平定，所以只好勞您大駕了！您有什麼好辦法嗎？這時的司馬懿已指揮過許多戰爭，經驗更加豐富，對平定遼東自然充滿自信。他說：對公孫淵來說，有上、中、下三計可行。上策是棄城退走，中策是依託遼河抗拒，下策是困守其都城襄平。但此人缺少智慧，以為我軍孤軍遠征，不能持久，因此必定採用中、下計。魏明帝又問：這次出征需要多長時間？司馬懿說：「往百日，還百日，攻百日，以六十日為休息，一年足矣。」[20]

經過充分的準備，司馬懿率軍從洛陽出發，進軍遼東，戰事的進展果然如其所料。司

19《晉書．宣帝紀》。
20《晉書．宣帝紀》。

馬懿率軍至遼東，公孫淵派兵數萬在遼河東岸列陣，抗拒魏軍。司馬懿聲東擊西，以少量部隊偽裝主力，佯攻燕軍，吸引和牽制燕軍主力，司馬懿親率大軍偷渡遼河，直指襄平。燕軍見魏軍主力直搗老巢，急忙棄營回援。司馬懿乘燕軍離開營壘，在野外縱兵攻擊，並對諸將說：「所以不攻其營，正欲致此，不可失也。」[21]魏軍進擊，三戰皆捷，於是乘勝包圍了襄平。當時正值雨季，遼河暴漲，襄平城四周全部被淹，水深數尺，魏軍營帳也全都泡在水裡，軍心浮動，處境艱難，但司馬懿卻按兵不動。有的將領打算遷營，司馬懿下令堅守大營，並命令：有敢言遷營者斬。

這時魏軍發現，公孫淵的軍隊乘雨出城，打柴牧馬。將領請求出擊，司馬懿不予採納。部下問司馬懿：「當年攻打孟達，我軍日夜兼程，八天走了一千二百里路，只用十幾天就斬殺了孟達，現在您的行動怎麼反而遲緩了呢？」司馬懿回答：「當年孟達兵少糧多，可以持久。我軍兵多糧少，只能速戰速決，因此，不顧死傷，猛攻上庸。如今則不同，敵眾我寡，敵饑我飽，再加上雨天又不適於進攻。我軍遠道而來，不怕與敵人作戰，就怕敵人逃跑。現在敵人糧食將盡，只憑人多和氣候與我相持。因此，只要遷延時日，敵人彈盡糧絕，必然不戰自潰。決戰尚未開始，如果搶奪他們的牛馬，不許他們砍柴，這等於趕走他們。」司馬懿特別告訴部下：「夫兵者詭道，善因事變。賊憑眾恃雨，故雖饑困，未肯束手，當示無能以安之。取小利以驚之，非計也。」[22]司馬懿將計就計，故意示弱，麻痺了遼東軍。

一個月後，雨終於停了，水漸退去。魏軍完成對襄平的包圍，起土山，挖地道，造樓車、鉤梯等攻城器具，晝夜強攻，城內糧盡，死者甚多。公孫淵見戰不能戰，守不能守，逃又不能逃，只得遣使求和。司馬懿看到勝券在握，就斷然拒絕了公孫淵的求和，說：「軍事大要有五，能戰當戰，不能戰當守，不能守當走，餘二事惟有降與死耳。汝不肯面縛，此為決就死也。」[23]要求公孫淵面縛投降，別的都不允許。燕軍求和無望，軍心瓦解。公孫淵無計可施，只得棄城突圍，結果被殺，遼東之叛被平定。

從這次戰役中可以看到，司馬懿運用謀略愈發純熟老到，他在正確把握敵情的基礎上，有的放矢，該急就急，該慢就慢，靈活掌握。

當初公孫淵得知魏軍來攻，曾求救於孫權，孫權也出兵為其聲援，並給公孫淵寫信：「司馬懿善用兵，所向無前，深為弟憂也。」[24]看來孫權深知司馬懿的厲害。

唐太宗李世民對司馬懿也是讚不絕口，云：

21《晉書・宣帝紀》。
22《晉書・宣帝紀》。
23《晉書・宣帝紀》。
24《三國志・魏書・公孫度傳》注引《漢晉春秋》。

觀其雄略內斷，英猷外決……自以兵動若神，謀無再計矣。25

平定遼東的戰役結束後，司馬懿本來要去關中鎮守，走到白屋（今河北北部）時，突然接到魏明帝的詔令，而且三天之內，連續接到了五封詔書，讓司馬懿快速直接進宮。司馬懿大為驚訝，心想朝廷出了什麼事這麼著急呀？君命不可違抗，於是，司馬懿乘坐追鋒車（一種速度極快的車，兩匹馬駕駛）晝夜兼程，急速趕奔洛陽。

山雨欲來

一

景初三年（二三九）正月，司馬懿正在外地，突然接到朝廷的詔令，讓他火速回京，晉見皇上。司馬懿不敢遲疑，晝夜兼程趕到洛陽，入宮後就直接進入魏明帝曹叡的臥室嘉福殿。當他進去以後，一看魏明帝，已經是氣息奄奄、生命垂危。見到司馬懿，魏明帝似乎眼前一亮，強打精神，斷斷續續地說：「我強忍著這口氣，就是在等你呀！我把後事託給你了！」

曹叡要託付給司馬懿什麼後事啊？曹叡用微弱的聲音說：「由你和曹爽共同輔佐曹芳，我就死無遺憾了！」接著，他又把曹芳叫到跟前，指著曹芳對司馬懿說：「就是他了，你要看清楚，不要記錯！」還讓曹芳走上前緊緊抱住司馬懿的脖子。當天，曹叡去世，曹芳即位。

曹叡沒有兒子，曹芳是他的養子，年僅八歲，不能親政，朝政大事均由曹爽和司馬懿掌管。曹爽何許人也？曹爽，字昭伯，曹真之子。曹真是曹操的族子，能征善戰，屢立戰功，曹叡時期擔任魏國的最高軍事長官，負責指揮抗擊諸葛亮的北伐，二三一年病故。在曹真的兒子中，曹爽是長子。照一般道理，將門出虎子，曹爽的父親如此能打仗，曹爽也應是不錯的軍事家。但曹爽卻是個「庸才凡品」，他與魏明帝從小生活在宮中，私交不錯，曹叡「甚親愛之」[26]。憑藉這種關係，明帝登基後，曹爽的地位不斷升遷，「寵待有殊」。明帝臨終前，任曹爽為大將軍、都督中外諸軍事、錄尚書事，成為輔佐曹芳的顧命

25《晉書．宣帝紀》。
26《三國志．魏書．曹爽傳》。

大臣。

與曹爽相比，司馬懿可沒有這種特殊的關係。司馬懿的聲望和地位，是憑他自己的本事幹出來的，如果論與曹叡的關係，司馬懿不如曹爽；如果論資歷、論才幹，司馬懿足智多謀，遠遠超過曹爽。

魏明帝曹叡用曹爽和司馬懿共同輔佐曹芳，有兩個目的：第一，曹爽是曹魏的宗室，由他做輔政大臣，可以保證曹家天下不失；第二，司馬懿才幹過人、足智多謀，可以為朝政出謀劃策，如果二人和睦相處，密切配合，相得益彰，曹魏政權不就可以長治久安了嗎？但是，曹叡想得太天真了。曹爽和司馬懿並沒有互相配合、共同輔佐曹芳，而是各有各的打算，明和暗不和，矛盾不斷加深。他們的關係不太好，責任在誰？我認為主要是在曹爽，是他挑起了和司馬懿的矛盾。在很長一段時間裡，曹爽的力量是強於司馬懿的，司馬懿步步退卻，只是到了最後，才絕地反擊，打垮了曹爽。曹、馬之爭從二三九年到二四九年，整整進行了十年。

司馬懿和曹爽的矛盾鬥爭，經歷了四個階段。

二

第一階段，輔政之初，相安無事。

輔政之初，曹爽和司馬懿尚能和平相處。從二人的情況看，論年齡，司馬懿比曹爽大；論地位，曹爽略高於司馬懿。曹爽是大將軍、都督中外諸軍事、錄尚書事。這是從漢到三國這個時期非常有實權的職位，朝廷的政務大事，都可以監管。而司馬懿就沒有這個權力，僅是太尉。二人輔政的順序，曹爽在前，可稱首輔。但司馬懿是魏文帝以來的老臣，功勞顯赫，為「朝廷之望」，而曹爽的資歷、功績都遠遜於司馬懿。

在剛輔政的時候，曹爽似乎也不願意把關係弄僵，他有意識地提拔司馬懿，也讓司馬懿擔任了都督中外諸軍事、錄尚書事等。他們各領三千軍隊，輪流在宮中值班，所以小皇帝曹芳在繼位之初的一段時間比較安定。

《三國志・魏書・曹爽傳》記載：

初，爽以宣王（司馬懿）年德並高，恆父事之，不敢專行。

司馬懿對曹爽友好的態度，也予以積極回應，同書裴松之注曰：

宣王以爽魏之肺腑，每推先之。爽以宣王名重，亦引身卑下，當時稱焉。

這說明二人在正始初年，確實有過一段短暫的合作時光，以至「當時稱焉」——為時人所稱道。我想，如果二人的這種友好關係繼續維持，相互支持，不發生衝突，這時已經六十多歲的司馬懿還會製造事端、取代曹魏嗎？這是值得研究的問題。

然而，樹欲靜而風不止，曹、馬合作的局面後來發生了急劇變化。

第二階段，曹爽發難，司馬懿退卻。

前面說過，曹爽是個不懂政治、不懂軍事、缺乏施政能力的庸才。不過，大凡沒本事的人，往往嫉妒心很強，面對辦事穩妥、足智多謀、年齡又長他二十多歲的司馬懿，曹爽心裡有一種說不出來的壓迫感。因為兩人對話根本不在一個等量級上，商量事情，司馬懿往往高屋建瓴，舉重若輕，曹爽則支支吾吾，說不出個一二三來，甚至曹爽在司馬懿的一個不經意的眼神中，都能察覺到他對自己的蔑視，這讓心高氣傲的曹爽，內心很不舒服。於是曹爽逐漸產生了獨攬朝政、排擠司馬懿的念頭。為此，他採取了兩條措施：

第一，架空司馬懿。曹爽沒啥本事，但是他有一夥心腹親信，不斷地給他出主意，告訴他如何防範、排擠司馬懿。如丁謐、畢軌等人就看出司馬懿的才幹遠高於曹爽，會對曹爽專權構成威脅，對曹爽說，司馬懿「有大志而甚得民心，不可以推誠委之」[27]。意思是司馬懿的威脅太大了，以後朝政大事不能再讓他參與了。那怎麼才能排擠司馬懿，不讓他參與大事呢？曹爽的親信丁謐策劃了一個計謀：讓曹爽上告小皇帝曹芳，下詔改任司馬懿為太傅。太傅按地位講，是「三公」之一，可以說是上公，地位很高。但是，太傅僅僅是輔佐太子的老師，並沒有實權，名高而權少。於是「丁謐畫策，使爽白天子，發詔轉宣王為太傅」。皇帝果然下詔任司馬懿為太傅，實權被剝奪，他們的第一個目的達到了。這件事，《三國志・魏書・曹爽傳》中是這樣記載的：

外以名號尊之，內欲令尚書奏事，先來由己，得制其輕重也。

也就是說，對司馬懿雖然任以高官使之顯貴，實際上卻將尚書上奏的事情，先由曹爽審閱處理，這樣就將司馬懿排斥在了核心權力之外。

第二，任用親信，專斷朝政。曹爽為增加在朝廷的勢力，大量起用親信，遏制司馬

27《三國志・魏書・曹爽傳》注。

懿。他任用的親信有兩部分人：一是自家兄弟。曹爽是老大，他有幾個弟弟。於是讓弟弟曹羲擔任中領軍，曹訓任武衛將軍，曹彥任散騎常侍。中領軍、武衛將軍都是管理京城宮中禁軍的，散騎常侍則可參與宮中一些大事的決斷，所以曹爽家族實際控制了朝廷大權。他們依仗著曹爽的特殊地位，「出入禁闥，貴寵莫盛焉」，曹家的勢力獲得進一步發展。二是心腹親信。這批人包括何晏、鄧颺、丁謐、畢軌、李勝等人，他們中不少人在魏明帝曹叡時期因「浮華」曾被罷黜過。什麼是「浮華」呢？浮華從字面上講，就是不務實、虛誇。漢、魏之際的「浮華」，是有特定的政治和思想含義的，當政者常常將性格張揚、喜歡交結的士人或官員，稱為「浮華交會之徒」，有時為了整頓政治秩序，往往對他們予以處置。其實，這些「浮華之徒」，不是朝政的反對派和離心力量，只是行為另類、不為當政者喜歡罷了。由於他們與曹爽關係密切，是曹爽重要的支持者，後來又被重新重用，成為曹爽的親信和智囊。

在這些人當中，何晏最有名。何晏字平叔，他母親帶著他改嫁了曹操。後來，他又娶了曹操的女兒金鄉公主，所以何晏既是曹操的養子，又是女婿。從政治派別看，他無疑屬於曹魏一派。何晏是玄學的創立者，很會談玄，而且多才多藝，「少以才秀知名」。同時，這個人又非常愛打扮，「動靜粉白不去手，行步顧影」[28]。魏、晉時期，男人以白為美，一些男人有時候為了讓自己的皮膚變得白皙，出門的時候常常帶著粉撲。粉白就是粉撲，「動靜粉白不去手」，就是說他手裡總準備著這些東西，不管是走路還是坐在那兒，趁人不注意就抹兩下。何晏長得又很帥，所以人們都很關注何晏的一舉一動。

何晏還有一種愛好，就是愛吃補藥。魏、晉流行吃藥之風，吃什麼藥呢？這種藥的名字叫「五石散」，實際上是由五種石頭磨成的藥。據說吃了以後，可以健身，讓你感覺到一種不可名狀的快感。但吃不好，也能把人吃死。何晏很勇敢，帶頭吃這種補藥，所以他堪稱是服食五石散的祖師爺。雖說何晏是個大名士，可絕不是搞政治的材料。但是在曹、馬之爭中，他卻被曹爽一直視為心腹。隨著曹、馬之爭的形勢愈來愈明朗，他感覺自己愈陷愈深，已不能自拔，內心十分恐懼。

除了何晏以外，曹爽的這批親信大多是朝廷高官的後代。如鄧颺，是東漢開國功臣鄧禹的後代；丁謐的父親，是曹操時代的典軍校尉；畢軌的父親，是典農校尉；李勝的父親，是上黨和巨鹿二郡的太守。為了增強力量、排擠司馬懿，曹爽就將這些人都提拔到了重要職位上。何晏、鄧颺、丁謐等任尚書，何晏還負責選舉、任命官員；畢軌為司隸校尉，負責京師的治安；李勝為河南尹，把持了從中央到地方的一些重要職位。不過，由於他們是一批尚「浮華」之徒，辦事不那麼扎實，在執政過程中常常出現漏洞。

28《三國志・魏書・何晏傳》。

總體上看，曹爽集團的力量遠遠超過了司馬懿一方。

面對強大、囂張的曹爽集團，已經失去實權的司馬懿尚不具備與之抗衡的能力，只好先退避三舍、冷靜觀察，看看曹爽他們究竟能飛多高、蹦多遠。《三國志．魏書．曹爽傳》說，司馬懿「力不能爭，且懼其禍，故避之」。應該說，這是司馬懿的明智之舉——我現在扛不過你，惹不起你，先離你遠著點。司馬懿這邊暫避鋒頭，曹爽那邊卻自以為得志，一手遮天，大權在握了。不過，曹爽本來就是一個胸無大志、貪圖享樂的紈褲子弟，現在見司馬懿被排擠，不禁利令智昏、得意忘形，接連做了不少蠢事，充分暴露了自己的無能。

三

第三階段：曹爽專權，失誤連連。

曹爽及其同黨排擠了司馬懿、把持朝政大權後，如果能以國事為重，廉潔從政，把魏國的政治和經濟搞好，後人對他們將會有另一種評價。但是，以曹爽為首的這批人，實在令人失望，他們不僅從政的能力很差，而且私心很重，連連失誤，逐漸失去人心。這主要表現在以下三個方面：

第一，攻打蜀漢，無功而返。曹爽身為大將軍，按說應該是最能打仗的、最能指揮戰爭的，可是曹爽沒有戰爭經歷，所以他在朝廷獨攬大權後，覺得應該露一手，打一場勝仗，一可以服人，在將帥中建立威望；二可以震懾一下司馬懿，讓司馬懿別小瞧他。曹爽的黨羽鄧颺看出了曹爽的心思，就鼓動曹爽發動一次對蜀漢的戰爭。司馬懿聽說曹爽準備發動進攻蜀漢的戰爭，就特意勸說他：「蜀漢可不能輕易攻打，沒有準備充足，根本不能貿然進攻。」可是曹爽根本不聽，執意發兵。

正始五年（二四四），曹爽調集六、七萬軍隊進攻蜀漢，他還親自坐鎮長安，指揮作戰，似乎勝券在握。進攻蜀漢，最重要的是越過秦嶺，占領漢中，只有拿下漢中，才能進一步地向南用兵。魏軍準備穿越儻駱谷，蜀國得知後，派軍隊占據有利地形，將谷口封鎖，儻駱谷山路崎嶇，非常狹窄，這使魏軍的前進速度十分緩慢。我們從諸葛亮北伐曹魏屢屢失敗中看到，由於路途遙遠，糧食供應是個大問題：糧食供應不足，很難打勝仗。當時，曹魏的軍隊也遇到了這個問題：山路崎嶇、糧食不足，「牛馬騾驢多死，民夷號泣道路」[29]。運糧食的牲口或累死或摔死，隨軍的老百姓痛苦不堪，軍民怨聲載道，戰爭沒有任何進展，損失慘重。根本不會打仗的曹爽一籌莫展、無計可施，最後只好

29《三國志・魏書・曹爽傳》。

尷尬地撤軍。

曹爽原本想通過打一場勝仗露露臉，「立威名於天下」，結果卻是一敗塗地，朝廷內外無不對他嗤之以鼻。

第二，變異法度，排斥異己。曹爽排擠了司馬懿之後，搞了一次改革，這就是所謂的「正始改制」。「正始」，是曹芳的年號，從二四〇年到二四九年。按說改革應促進社會發展，有助於社會進步，可是曹爽的改制卻遭到普遍的批評。比如太尉蔣濟就曾說：「是時，曹爽專政，丁謐、鄧颺等輕改法度」，造成「無益於治，適足傷民」[30]的後果。應璩對曹爽「多違法度」的改制，也撰文諷刺，「其言雖頗諧合，多切時要，世共傳之」[31]。

王陵雖是司馬懿的對立面，但他的兒子王廣也批評曹爽「以驕奢失民，何平叔（晏）虛而不治，丁、畢、桓、鄧雖並有宿望，皆專競於世。加變易朝典，政令數改，所存雖高而事不下接，民習於舊，眾莫之從」[32]。從以上材料看，不少人對「正始改革」持否定態度。為什麼呢？我分析，首先這個改革是「虛而不治」。這個「虛而不治」，不就是我們剛才說的「浮華」的特點嗎？說大話，說虛話，不幹實事，不懂如何治理國家。其次，曹爽等一夥人，包括何晏、丁謐、畢軌、桓範、鄧颺，雖然在社會上都有一定的威望，但是他們「政令數改」——輕易地改變各種政令。所謂「所存雖高而事不下接」，就是他們規定的或要改革的目標很高，但是具體的措施又不到位，所以「民習於舊，眾莫之從」——老百姓接受不了。他的改制沒有見到多少成效。

由於資料所限，「正始改制」的詳細內容已不太清楚。目前所知道的，是曹爽等人對選舉制度進行了改革。選舉制度就是用什麼人為官，曹爽為了專斷朝政，利用改革選舉制度，拉攏親信，排斥異己。由於曹爽和司馬懿各有支持者，故對這次選舉改革看法也不同，支持者認為：「正始中，任何晏以選舉，內外之眾職各得其才，粲然之美於斯可觀。」[33]反對者則認為，何晏利用選舉拉幫結派，排斥異己。明末清初思想家王夫之，在《讀通鑑論》中指出，何晏「解散私門之黨」，排斥的是司馬氏一黨；「植人才於曹氏」，是為曹魏培植人才，點明了曹爽、何晏「正始改制」選、罷官員的實質。由於選舉不公，不少被罷黜者轉而投靠了司馬懿。

第三，生活腐化，大失人心。曹爽打仗、從政不行，搞腐敗卻很內行。他驕奢無度，飲食、衣服與皇帝相同，皇宮裡的許多珍寶玩物被他拿到家裡，供自己玩賞。甚至他還將

30《三國志・魏書・蔣濟傳》。
31《三國志・魏書・王粲傳附應璩、應貞傳》注引《文章敘錄》。
32《三國志・魏書・王陵傳》注引《漢晉春秋》。
33《晉書・傅玄傳附子咸傳》。

宮女拉到家裡為他演唱、享用。並在地下修築宮室，裡面裝飾得非常華麗，經常與何晏等親信在裡面飲酒作樂。他們又大量私分洛陽等地的屯田土地。曹爽等人的腐化行為，連他弟弟曹羲都看不過去了，「深以為大憂，數諫止之」。他還寫了三篇文章，「陳驕淫盈溢之致禍敗，辭旨甚切」，曹爽看後，「甚不悅」。曹爽的腐敗，引起了許多人的憂慮，人們感到若不改弦更張，將會面臨敗亡。

侍中鍾毓參加曹爽的酒宴回家後，其母對他說：「樂則樂矣，然難久也。」還說曹爽「今奢僭若此，非長守富貴之道」[34]。何晏的妻子也對何晏整天花天酒地深感憂慮，對其母說：「晏為惡日甚，將何保身？」[35]杜有道的妻子嚴氏也說：「晏等驕侈，必當自敗。」[36]當時還有一個老臣叫辛毗，是曹魏的一個很有名望的老臣，連他的女兒都說：

曹爽與太傅俱受寄託之任，而獨專權勢，行以驕奢，於王室不忠，於人道不直。[37]

這是說，你曹爽本來是和司馬懿一塊來輔政的，可是你卻自己專權，驕奢淫逸，你這樣做，「於王室不忠，於人道不直」，那就等於是違背天理、違背人心。從這些言論中可以看到，曹爽雖然專斷朝政、大權在握，但其腐敗行為已失去人心，其末日不遠了。

處於劣勢的司馬懿，對曹爽等人的種種行徑看在眼裡記在心上，他很清楚，本來是二人共同輔政，拱衛皇室，結果卻遭到排擠，無法施展才華。而曹爽的倒行逆施，更使得司馬懿怒不可遏，於是萌發了掃除曹爽，進而取代曹魏的念頭。不過，曹爽集團的力量實在強大，處於劣勢的司馬懿，在力量上還不足以與之抗衡。計謀多端的司馬懿決定積聚力量，伺機反撲。

第四階段，再裝「痺病」，痲痺曹爽。

與曹爽囂張、不可一世的架式相比，司馬懿失去了實權，所謂輔政大臣，實際成了擺設。勢單力薄的司馬懿將怎樣對付曹爽呢？司馬懿深知「不到火候不能揭鍋」的道理，他決定採用欲擒故縱的辦法：你曹爽不是不帶我玩兒嗎？我還不跟你玩兒了呢，我不說話，也不上朝，我病了還不行嗎？司馬懿故技重演，又病了。

大家知道，司馬懿在二十二歲時，以患病為藉口，成功地拒絕了曹操的任用——現在我再病一次。

正始八年（二四七），司馬懿以生病為名，不再上朝過問政事，回家靜養。曹爽對司

34《三國志．魏書．鍾會傳》注。
35《三國志．魏書．曹爽傳》注引《魏末傳》。
36《晉書．列女列傳》。
37《三國志．魏書．辛毗傳》注引《世語》。

馬懿生病挺高興，他覺得礙手礙腳的司馬懿終於離開了，他更可以恣意妄為了。這一年，曹爽的氣焰囂張到極點，他為了不受太后的約束，用心腹何晏、鄧颺、丁謐之謀，把太后遷到了永寧宮（今洛陽白馬寺一帶）。這時，曹爽兄弟「專擅朝政，兄弟並掌禁兵，多樹親黨，屢改制度」[38]，曹爽一夥完全獨攬了朝政大權。

不過，曹爽有時也懷疑：老司馬是真病了嗎？會不會是裝的呢？這年冬天，曹爽的親信李勝要到荊州任刺史，曹爽授意，讓他臨行前以辭行的名義前去察看實情。司馬懿一見李勝來訪，就知來者的用意，於是故意裝成病得很重的樣子，讓兩個侍婢扶著自己出來見李勝，說話的時候，裝作神志不清；換衣服時，拿不穩，掉在地上，也裝著沒看見。還指著嘴說渴，婢女端上粥來，他不用手接，張嘴就喝，湯流滿襟。李勝說：「眾情謂明公舊風發動，何意尊體乃爾。」——大家說您的中風病復發，沒想到您的身體竟這樣糟！司馬懿故意上氣不接下氣地說：「我年老病重，死在旦夕！你到并州任職，那裡靠近胡地，你要多加戒備，好善為之，恐怕我們不能再見面了！」李勝說：「我是回家鄉（荊州），不是去并州！」司馬懿故意錯亂其辭：「君方到并州，努力自愛！」李勝又說：「我是回荊州。」司馬懿這才裝作聽明白，說：「懿年老，意荒忽，不解君言。今還為本州，盛德壯烈，好建功勛！」

司馬懿的表演，天衣無縫，裝得非常像，你看他：掉衣服，沒感覺；喝稀粥，身上灑；神志不清，將荊州故意說成并州——一副弱不禁風、形同朽木的樣子，真是維妙維肖！連本來是去探聽虛實的李勝都被迷惑了，他覺得司馬懿肯定不行了，回到曹爽那兒報告說：「太傅患不可復濟，令人愴然。」[39]意思是老司馬現在這病太重了，我估計他已經是病入膏肓了，我都感覺有些難過了。曹爽感覺一塊石頭落了地——你司馬懿終於扛不過我了，天下還是我們曹家的！

其實，司馬懿暗中正在加緊準備，而曹爽只知道享樂、渾渾噩噩，不知道形勢將要發生什麼變化。明眼人都知道，當時是山雨欲來風滿樓，只等待時機，看司馬懿怎麼收拾曹爽了。

38《晉書・宣帝紀》。
39《三國志・魏書・曹爽傳》注引《魏末傳》。

高平陵之變

一

常言說，樹欲靜而風不止。二三九年，司馬懿與曹爽共同輔佐小皇帝曹芳，就司馬懿而言，並不是有意和曹爽過不去，起初也看不出司馬懿有把持曹魏大權的野心，而是曹爽發難，有意排擠司馬懿，獨攬大權。司馬懿不得已，只好以退卻甚至裝病為掩護，迷惑曹爽，避免了與曹爽的正面衝突。但是，司馬懿可不是忍氣吞聲的窩囊廢，他「剛斷英特」，有政治理想，只是當時他寡不敵眾，只好退卻自保，冷靜地觀察形勢。他看到曹爽一夥瞎折騰，搞腐敗，喪失人心，遂逐漸萌生了取而代之的念頭。

正始八年（二四七），司馬懿以生病為名，不理朝政，曹爽派親信李勝以辭行前去偵察實情，也被司馬懿巧妙地騙過。在曹爽喪失警惕之時，司馬懿卻在暗中緊鑼密鼓，加緊了反擊的準備。

司馬懿是從以下幾方面著手開始反擊的：

第一，拉攏老臣，尋求支持者。曹爽壟斷朝政，靠的是拉幫結夥——順之者昌，逆之者亡。司馬懿就將被曹爽排斥的一些老臣，悉數拉到自己一方，成為司馬氏的有力支持者。

如老臣蔣濟，是魏國重臣，曹芳時官至太尉，為魏國提出過不少有價值的建議。當時，曹爽專權，黨羽丁謐、鄧颺等人經常輕易更改法度，蔣濟上疏勸阻，說這樣做「不僅無益於治理國家，還損害百姓。希望文臣武將各盡其職，那樣國家才可以太平無事」。但曹爽集團對蔣濟的勸說不理不睬，蔣濟非常失望，於是轉投司馬懿，幫助司馬懿謀劃剷除曹爽集團。以執法嚴明著稱的老臣高柔，也是司馬懿的重要支持者，在後來剷除曹爽的政變中也起了重要作用。

第二，控制軍隊。司馬懿明白，與曹爽集團的較量，最終還是軍事實力的抗衡。司馬懿手裡掌握的軍隊包括兩部分：一部分是他兒子司馬師擔任中護軍控制的朝廷禁軍；另外一部分是司馬氏在民間偷偷組織的敢死隊，號稱「死士三千」，這些軍隊成為司馬懿的堅強後盾。

第三，製造輿論。在古代政治鬥爭中，為使對立面名聲掃地，往往用「榜書」（散布一些文書、謠言）攻擊對方，使之孤立、難堪，從而引發民眾的公憤，司馬懿也用了這一手。據《晉書．宣帝紀》記載，司馬懿託病辭職，時人便為之謠曰：「何鄧丁，亂京城。」其實，這個「謠」是司馬懿有意派人散布的。何，指何晏；鄧，指鄧颺；丁，指丁謐。說這三個人是「亂京城」的罪魁禍首。這種話簡短上口，流傳很快。其作用是為司馬懿後來發動對曹爽的反擊，製造了輿論準備。

在司馬懿裝病期間，洛陽城內表面十分平靜，其實暗地裡正在醞釀著一場風暴，可謂山雨欲來風滿樓。曹爽被司馬懿所蒙蔽，自以為大權在握，高枕無憂，還可著勁兒地享樂呢！而一些明眼人已察覺到一些亂象的蛛絲馬跡，似乎嗅到了一股殺氣。正始八年，曹爽任命竹林七賢之一的阮籍為參軍，阮籍看到局勢緊張，不願意捲入其中，託病拒絕接受，返鄉閉門不出。竹林七賢的另一位名士山濤，也察覺到了司馬氏與曹爽集團必有一爭，然鹿死誰手，一時難以確定。一次，山濤與好友石鑑共宿一室，入夜，山濤輾轉反側，焦躁不安，他突然起身，將石鑑弄醒，對他說：「今為何等時而眠邪，知太傅臥何意？」──現在都啥時候了，你還睡得著覺？你知道太傅司馬懿生病是啥意思？不久，山濤就離職返鄉隱居了。石鑑也是明白人，他也看出司馬懿生病不是真的，背後一定有事，於是也回家鄉了。

當時還有一位名叫嚴憲的女子，也看出曹爽集團「驕侈，必當自敗」，她認為，司馬懿不過是一頭睡著的野獸，他睡醒後曹爽集團自會「卵破雪銷」[40]。種種跡象表明，司馬懿磨刀霍霍，只待時機成熟，就要亮劍了。

二

嘉平元年（二四九）正月初六，按照祖制，小皇帝曹芳要到距離洛陽城九十里的高平陵（今洛陽東南大石山），也就是魏明帝曹叡的陵墓去祭拜，曹爽和他的幾個弟弟以及一干朝臣都要陪同前往。對於這次活動，曹爽對司馬懿全然沒有防備，他怎麼也想不到，離開洛陽會發生意外。然而，司馬懿對曹爽的出城掃墓早有預料，並做了精心準備，在曹爽陪同曹芳離開洛陽不久，司馬懿立刻以迅雷不及掩耳之勢，乾淨俐落地發動了一場政變。這就是高平陵政變。

在這次政變中，司馬懿通過四個步驟擊敗了曹爽，從此掌控了曹魏大權。

第一步，控制洛陽城。

這次曹爽陪同曹芳離開洛陽去祭掃高平陵，同行的還有曹爽的幾個弟弟，中領軍曹羲、武衛將軍曹訓。對於曹爽動輒帶著幾個弟弟出城，大司農桓範曾經警告過曹爽，說你們兄弟幾個人，不可以一塊出洛陽城。如果你們都出去了，出了事，誰在城內做接應啊？

40《晉書・列女列傳》。

曹爽卻滿不在乎地說：「誰有膽量敢這樣做？」這次，曹爽又帶著幾個弟弟出城，而這個機會終於被司馬懿捕捉到了。

司馬懿見曹爽出城，迅速行動，先下令關閉洛陽四周的各個城門，同時派兵扼守洛水浮橋，以阻止曹爽回城。還率兵占領了武庫，命令高柔行大將軍事，占據曹爽大營。派太僕王觀行中領軍事，統領曹羲軍營。

這時，出了一件事，險些造成司馬懿行動的逆轉！發生了什麼事呢？原來，在曹爽等人出城後不久，司馬懿親自率兵去占據武庫，恰好路經曹爽家門，曹爽的妻子劉怖發現後驚慌失色，跑到議事廳，對留守在曹爽府裡的帳下守督嚴世說：「司馬公在外，今兵起，如何？」嚴世聽罷，馬上登上門樓，只見司馬懿正端坐在馬上行進，精神抖擻，神氣十足，沒有一點得病的樣子。嚴世來不及多想，拔出箭就射。這時司馬懿就在門樓下面，距離很近，如果一箭射中司馬懿，這場政變也許就毀於一旦了。就在箭即將射出這千鈞一髮的時刻，嚴世只覺背後有人緊緊拉住了他的手臂，手中的箭也落在了地上。原來拉住他的是部將孫謙。嚴世很憤怒，大聲說：「我要親手殺掉這個叛逆的老賊！」孫謙說：「天下的事情你還不完全明白，不可貿然從事！」嚴世不聽，二人扭打在一起，結果嚴世「三注三止，皆引其肘不得發」——三次要射都被孫謙阻攔。就在他們糾纏的時候，司馬懿已經走遠了。

對孫謙，史書沒有更多的記載。我想，他這樣做有兩個可能：第一，他可能是司馬懿的親信，本來被安插在曹爽府臥底，負責通風報信，暗中保護司馬懿；第二，他是對形勢有清醒觀察的明白人，他看出曹爽腐敗，大失人心，早晚會失敗；司馬懿勢頭正旺，必勝無疑，關鍵時刻，幫了司馬懿。

在混亂中，確實有一人跑出城外，來到曹爽那裡通風報信。這人是誰呀？他就是大司農桓範。桓範，字元則，是一位政治鬥爭經驗豐富的老臣，他支持曹爽，早就看出曹、馬對陣的形勢，司馬懿蓄勢待發，不可輕視，曾勸曹爽不要隨意出城，但曹爽不聽。

聽到桓範出城的消息，太尉蔣濟很著急，對司馬懿說：「智囊往矣。」司馬懿卻毫不慌張，鎮靜地說：「爽與桓範內疏而智不及，駑馬戀棧豆，必不能用也。」這意思是說，沒錯，桓範是個智囊，但曹爽和桓範的關係實際很疏遠，曹爽的智力也遠不如桓範，曹爽就像一匹劣馬，沒出息，只留戀馬槽子裡的豆料，他肯定不會聽桓範的話。這話後來果然被證實。

第二步，宣布曹爽罪行。

司馬懿發動政變，不是要廢皇帝，而是要剷除曹爽集團。為了不使人們發生誤解，必須儘快宣布曹爽的罪行，以正視聽。但是司馬懿怎樣做才是名正言順呢？司馬懿決定請郭太后出面，經她點頭，曹爽的罪行才能成立。郭太后是魏明帝曹叡的皇后，曹芳在曹叡之後為帝，郭太后對曹芳有一定的制約和監護作用，對處理朝廷大事也有一定的影響。司馬懿對此早有準備，他派人起草了一個罷免曹爽的詔書，拿給郭太后看，請她批准。懾於司馬懿的權勢，郭太后當然不能不應允，於是公布曹爽罪行。詔書中有這樣幾句話：

大將軍爽背棄顧命，敗亂國典，內則僭擬，外專威權。群官要職，皆置所親。宿衛舊人，並見斥黜。根據槃互，縱恣日甚。……爽有無君之心，兄弟不宜典兵宿衛。41

這段話的大意是：大將軍曹爽，背叛先帝遺詔，敗亂國典，在朝廷內自比君主，在外則獨攬大權，各種重要官職都安排了他的親信，他目無君主，有篡奪君位之心。曹爽兄弟不能再典兵宿衛。

司馬懿一方面以郭太后的名義召集朝臣宣布詔書，另一方面派人把詔書送到城外。曹爽看後，如五雷轟頂，知道自己已經完蛋了。但他沒敢告訴曹芳，他心裡想，我可不能就這樣束手就擒，他組織士兵構築工事，準備和司馬懿一拚高低。

就在這個時候，大司農桓範找到了曹爽一夥，告訴他們洛陽城內發生的一切，並勸曹爽立即護送皇帝車駕去許昌，到許昌後召集各地兵馬護駕，再以叛逆罪名討伐司馬懿。從當時情況看，桓範的建議是正確而切實可行的。為什麼這樣說呢？

首先，曹丕當皇帝以後，曾立下制度，太后不得干政。《三國志・魏書・文帝紀》：黃初三年九月甲午，詔曰：

夫婦人與政，亂之本也。自今以後，群臣不得奏事太后，後族之家不得當輔政之任，又不得橫受茅土之爵。以此詔傳後世，若有背違，天下共誅之。

「若有背違，天下共誅之」，明明有規定，司馬懿為什麼還要請郭太后出面呢？可能司馬懿覺得那個規定是二十多年前的事了，人們差不多都忘了，而且現在又是一個非常時期，特殊情況，拿郭太后做擋箭牌也是可以的。但是不管怎麼樣，朝廷還是有根據的。桓範頭腦清楚，他拿出證據，說司馬懿假借太后的名義發布詔書，名不正言不順，並沒有多大的號召力。

第二，當時小皇帝曹芳和曹爽在一起，曹爽可以利用小皇帝的名義發布詔令，宣布司馬懿搞政變想篡奪曹魏大權，那可是名正言順的。他如果真的發布這封詔書，讓各地速來勤王救主，討伐叛逆司馬懿，這不就形成了司馬懿和朝廷的對立嗎？究竟鹿死誰手，就很

41《晉書・宣帝紀》。

難說了。

第三，許昌是當年曹操迎漢獻帝的地方，在這裡，曹操就是靠著獻帝這張王牌，「挾天子以令諸侯」，獲得了政治主動權。曹爽若有政治魄力，也在許昌這個曹家的福地以皇帝名義發布檄文，討伐司馬懿大逆不道、篡位奪權，那司馬懿發動政變的性質就變了。

然而，桓範這個頗有眼光的主意，曹爽既不理解，也聽不進去，他想到的只是活命，別的一概不管。他和幾個兄弟聽完桓範的話，你看我，我看你，面面相覷，猶豫不決。桓範見狀，非常焦急，不禁大聲喊道：

當今日，卿門戶求貧賤復可得乎？且匹夫持質一人，尚欲望活，今卿與天子相隨，令於天下，誰敢不應者？[42]

意思是，現在你們曹家危急萬分，只有死路一條，想要苟且偷生都不可能了！一個普通的人在危急時刻都要挾持人質以求生，你們與皇帝在一起，通過皇帝下令天下，誰敢不響應？

桓範的話有理有據，誰知曹家兄弟都被嚇破了膽，低著頭一言不發。桓範覺得曹羲在曹氏兄弟中還算是個明白人，當年曾批評曹爽搞腐敗，就對曹羲說：「事昭然，卿用讀書何為邪！於今日卿等門戶倒矣！」——現在，事情真相大白了，你們讀書究竟為了什麼？你們家的門戶算是倒臺了！桓範這樣說是想刺激曹羲，讓他振作起精神來。

桓範還表示，你們若是起兵，缺少糧草，交我負責，我是主管糧草供應的大司農，「大司農印章在我身」！面對有膽識、有魄力、又有承擔精神的桓範，曹氏兄弟還是一言不發。曹爽兄弟又愚又蠢，真是三錐子也扎不出一滴血來！面對像木頭疙瘩一樣的曹氏兄弟，桓範也無計可施。

三

司馬懿政變的第三步：誘騙曹爽進城。

正當曹爽一夥在洛陽城外失魂落魄、六神無主之時，在洛陽城內已控制局面的司馬懿，開始盤算下一步怎樣收拾曹爽一夥了。

當時，司馬懿很清楚，小皇帝曹芳在曹爽身邊，對他是個很不利的因素。曹芳雖然是個傀儡，但他是曹爽的擋箭牌，很有可能被曹爽利用，一旦曹爽讓曹芳向各地發布討伐

42《三國志・魏書・曹爽傳》。

詔書，那自己就成了叛逆，縱然有一千張嘴也說不清了。可惜，曹爽膽子太小，他只想活命，想不出別的高招，桓範雖然給他指了道，無奈他智商不夠，根本不理解。曹爽的痴呆、愚蠢，使司馬懿獲得了寶貴的時間，他趕忙下令，讓曹爽和曹芳進城，只要他們進城，皇帝平安回宮，天下就不會譁然，日後收拾曹爽就不在話下了。

主意拿定，趕快行事。司馬懿派侍中許允、尚書陳泰出城來到曹爽處，勸說曹爽放棄兵權，言辭非常懇切地說：你們一定先回洛陽，有什麼事回洛陽再說。並再三轉達司馬懿的意思，保證不傷害曹家兄弟。同時，又讓老臣蔣濟給曹爽寫了一封信，轉達司馬懿的意思，並以老臣的名譽、信譽擔保——你們回洛陽吧，保證你們的安全。為了讓事情辦得穩妥，第二天，司馬懿再派留在京城的曹爽親信、殿中校尉尹大目去曹爽處勸說，「尹大目謂爽，唯免官而已，以洛水為誓」。

司馬懿為什麼一而再、再而三地派人勸曹爽回洛陽呢？主要是因為搞掉曹爽是司馬懿政變的主要目的，而曹爽不回洛陽，司馬懿的計畫就很難實現，對此司馬懿很清楚，在這個問題上不能有任何閃失。可巧曹爽兄弟是一夥貪生怕死的利祿之徒，他們只想自己能否活命，當聽到這麼多人都說司馬懿不殺他們，就動了心，準備放棄抵抗，回到洛陽。這可急壞了冒著生命危險出城的桓範，他見曹爽既怕死又愚昧，又想到自己已被捲入這場政治鬥爭的漩渦，將來肯定是凶多吉少，又氣又急又怕，拉住曹爽，苦口婆心，「援引古今，諫說萬端」，反覆告誡曹爽向司馬懿低頭絕無好下場。固執的桓範苦言相勸，絞盡了腦汁，磨破了嘴唇，曹爽還是聽不進去。

夜深了，沒有人能睡得著。直到五更時分，曹爽終於拿定了主意，他把腰中的寶劍往地上一扔，對眾人說：

司馬公正當欲奪吾權耳。吾得以侯還第，不失為富家翁！43

曹爽的意思是：算了，我不和司馬懿爭了，我把大權交給他，至少還能當個富家翁吧！聽了曹爽說出「不失為富家翁」的昏話，桓範氣得臉煞白，拍著胸口哭著說：「曹子丹（曹真字）佳人，生汝兄弟，犢耳！何圖今日坐汝等族滅矣！」——你的父親曹真是好樣的，怎麼生下你們這群如豬如牛的兄弟？可憐的是我呀！也要和你們一樣遭受滅族之禍了！

一心想當富家翁的曹爽，相信司馬懿對他們會「繳槍不殺」的，於是去見小皇帝，請他下詔，免去自己的官職，而後派人將詔書送到司馬懿營中。然後，一行人垂頭喪氣地護

43《晉書．宣帝紀》。

送著小皇帝來到洛水邊，渡過浮橋，司馬懿早已在此等候。曹爽下了車，向司馬懿磕頭乞降，司馬懿心中暗喜：「你小子終於上套了！」假惺惺地好言勸慰了幾句，就讓他們兄弟回府了。

在高平陵政變中，讓小皇帝曹芳平安回宮、曹爽回城，是關鍵的一步。如果在這時出現任何閃失，後果將不堪設想，司馬懿很可能成為千古罪人。

第四步：一網打盡。

事情發展到現在，形勢已經很明朗，司馬懿掌控全域，勝券在握。曹爽貪生怕死，一點政治的警覺都沒有，自投羅網，愚蠢至極！

司馬懿將怎樣對待囊中之物曹爽呢？他並不急於動手，而是像貓耍耗子一樣，先折騰一下，再慢慢收拾他們。

首先，他履行諾言，讓曹爽歸家閒居，並有衣食保證。不過司馬懿並沒有放鬆對曹爽的看管，派兵將曹爽的府第團團圍住，又在曹爽府宅四角修造高樓，派人在樓上密切監視曹爽的一舉一動。一次，曹爽剛拿著彈弓想到後花園遊玩，樓上監視他的士兵對他大喊：「故大將軍東南行！」曹爽被喊蒙了，一臉茫然，東南在哪兒？其實這是限制他的行動，昔日不可一世的曹爽，一舉一動都受到嚴格限制，這使他很鬱悶，不知所措。

不過，這時的曹爽仍存在僥倖心理——我是皇家宗室，你司馬懿再怎麼著也不敢殺我吧！於是想試探一下司馬懿，給司馬懿寫信，說家中的食品沒有了，給送些來吧！司馬懿見信，更加鄙視曹爽，心想，你們死到臨頭，還想活個自在！於是「令致米一百斛，並肉脯、鹽豉、大豆」。食品送來了，曹氏兄弟還不知道大難就在眼前，非常高興——有吃有喝，肯定死不了啦！

司馬懿清楚地認識到，他和曹爽的矛盾是不可調和的政治矛盾，不能因為曹爽服軟，就以為萬事大吉，政治鬥爭就要來真格的。司馬懿在給了曹爽兄弟及其同夥最後幾天自由後，終於舉起了屠刀。

正月初十日，他派人整理曹爽等人的罪狀，通過小皇帝曹芳對國人宣布：

（曹）爽以支屬，世蒙殊寵，親受先帝握手遺詔，託以天下，而包藏禍心，蔑棄顧命……皆為大逆不道。[44]

於是將曹爽、曹羲、曹訓兄弟及其黨羽何晏、丁謐、鄧颺、畢軌、李勝、桓範等一併殺掉，並夷滅三族。至此，司馬懿終於將與之作對十年之久的政敵全部掃除，這真應了那

44《三國志·魏書·曹爽傳》。

句話：「君子報仇，十年不晚。」

司馬懿在誅殺曹爽集團的時候，也沒忘了玩弄小花樣。他明明知道何晏是曹爽集團的核心人物，但是他卻故意讓何晏參與審理曹爽的案件，何晏自以為司馬懿不知內情，於是特別積極，他也想藉此機會洗清自己，求得活命。他最瞭解曹爽一夥的情況，辦案特別認真賣力，曹爽的親信黨羽，一個都沒跑掉。等案子審理得差不多了，他向司馬懿彙報，說：「該抓的都抓了。」應該抓的有八族，何晏只講了丁謐、鄧颺等七姓，於是司馬懿說：「未也。」何晏一聽，心裡發虛，不由自主地脫口而出：「豈謂晏乎？」司馬懿平靜地說：「是也。」何晏兩腿發軟，幾乎癱倒在地。於是，費力不討好的何晏終於也被殺掉。

其實，何晏也算是個悲劇性的人物，他的身分決定了他必然屬於曹爽一黨。但是他又深知曹爽根本不是司馬懿的對手，自己的失敗是早晚的事，因此時常生活在恐懼之中。他有一首詩就表露了這種心情：「鴻鵠比翼遊，群飛戲太清。常恐夭網羅，憂禍一旦並。」45

高平陵政變以司馬懿大獲全勝告終，從此，曹魏的軍政大權完全落入司馬懿的手中，為後來司馬氏取代曹魏奠定了基礎。

四

在高平陵政變中，司馬懿展現了他高超的政治謀略。他經過精心準備，幾乎沒費多大力氣就打敗了曹爽集團。結合在這場事變中司馬懿的表現，我覺得有兩個問題值得做進一步分析：

第一，如何評價高平陵之變？

我認為曹、馬之爭，是朝廷內部不同政治集團之間的利益之爭。比較而言，司馬懿是憑藉軍功登上高位的，在曹魏政權中屬於「事功派」；而曹爽集團是由曹魏宗室及貴戚子弟組成的，不務實，尚空談，可稱「浮華派」。事功派的司馬懿能夠最終取勝，反映了司馬氏集團在政治謀略、政治鬥爭經驗等方面遠遠強於曹爽集團。在司馬懿眼裡，曹爽一夥就像麻線穿豆腐——根本提不起來。搞掉他們，易如反掌。

不過，司馬懿在這場政治博弈中，也暴露出奸詐、殘忍的一面。比如他對曹爽集團成員「夷三族」（三族：父族、母族、妻族），使許多無辜之人慘遭殺害。受到牽連的人，

---

45 何晏，《言志》。

無論男女老少，包括已出嫁多年的女子，也全部連坐處死，實屬殘忍無道。

相對於司馬氏，曹爽是個政治上的糊塗蟲、蠢貨！桓範給他出了那麼好的主意，他卻聽不進去，刀架在脖子上了，還妄想著當富家翁。

公平地講，曹爽集團並不是十年之中一件好事也沒做過。比如傅玄是何晏的反對者，曾批評過何晏，但是他的兒子傅咸卻對何晏典選舉稱讚有加，《晉書‧傅玄傳附子咸傳》載傅咸上書曰：「正始中，任何晏以選舉，內外之眾職各得其才，粲然之美於斯可觀。」

在中國古代的政治鬥爭中，往往是「勝王敗寇」，政治上的勝利者，身上掛滿了花環，失敗者則往往一無是處，這不完全符合歷史事實。大家可以想，陳壽寫《三國志》時，正是司馬氏家的西晉時期，他寫高平陵之變，能不讚美司馬氏而把曹爽說得一無是處嗎？

第二，司馬懿取代曹魏的政治野心是何時形成的？

說古代某個政治家有野心，多指有取代政權或篡位之心，這種野心的萌生和實現多半與時局有關係。曹操時期，司馬懿不顯山不露水，因為曹操的權勢在司馬懿之上。曹操死後，曹家的皇帝一代不如一代，這本身就容易使權臣產生非分之想。「樹大招風」，司馬懿超人的才幹、卓越的功績，也容易被認為有政治野心。雖然你沒做什麼，但有人已經感覺到了。史書中有三條材料可以說明。

第一條，《晉書‧宣帝紀》記載：曹操曾對太子曹丕說：「司馬懿非人臣也，必預汝家事！」這可能是曹操通過對司馬懿的觀察，感覺來者不善，心存疑慮，又做了一個「三馬同食一槽」的夢，進而產生了不祥之兆，故說出此話。

第二條，《三國志．魏書．陳矯傳》注引《世語》說：帝憂社稷，問矯：「司馬公（懿）忠正，可謂社稷之臣乎？」矯曰：「朝廷之望；社稷，未知也。」意思是說司馬懿雖然是朝廷重臣，但能否忠於魏室（社稷）就不太清楚了。陳矯見司馬懿權勢不斷增大，對朝廷的前途也有些擔心。

第三條，《三國志．魏書．高堂隆傳》載老臣高堂隆臨終口占上疏說：「宜防鷹揚之臣於蕭牆之內。」高堂隆所說的鷹揚之臣，也顯然係指司馬懿。

陳矯、高堂隆只是對處於強勢的司馬懿表示了疑慮，並沒有抓住司馬懿篡權不軌行為的把柄。其實，所謂司馬懿的政治野心，是後來隨著曹、馬之間矛盾的不斷發展，才漸漸顯現出來的。而曹爽排擠、架空司馬懿，司馬懿無路可退，只好以裝病保全自身。曹爽本身又十分昏庸，在這種背景下激發了司馬懿掃除曹爽集團的信心，終於釀成了高平陵之變。

高平陵之變後，司馬懿掌控了曹魏大權，但是反司馬的力量依然很強，司馬懿和他的兒子們為掌控大權，與反對派進行了一波又一波的殘酷爭鬥。但不管怎樣說，曹魏歷史已經進入了司馬氏時代。

父子專權

一

正始十年（二四九）正月，司馬懿通過高平陵政變，清除了曹爽勢力，控制了曹魏大權。從司馬懿完成政變到二六五年西晉建立，司馬氏經過兩代三人（司馬懿及其兩個兒子司馬師、司馬昭）的不懈努力，到司馬懿之孫司馬炎之時，終於把曹魏政權完全奪到手中，建立了西晉。從高平陵政變到西晉建立前後十六年，司馬懿父子三人相繼掌控曹魏大權。然而曹魏一派及其支持者對司馬氏也進行了激烈的反抗，政治鬥爭異常激烈，真是血雨腥風、驚心動魄！

先看司馬懿是如何專權的。司馬懿在高平陵政變後，仍以太傅的身分輔佐齊王曹芳，曹芳這時已經快二十歲了。經歷了政變全過程的曹芳，已領教了司馬懿的厲害，他對司馬懿又恨又怕。曹芳恨的是，司馬懿在發動政變的時候，出手堅決、毫不留情，政變中被殺的有三千多人，許多無辜之人被株連，曹芳對司馬懿真是恨之入骨。曹芳怕的是，按照司馬懿的能量，如果把他廢除，那也是易如反掌的事。所以，他首先得想辦法搞好和司馬懿的關係，保證自己的安全。於是，在政變後不久，他就下詔任命司馬懿為丞相，增加封地；接著，又對司馬懿「加九錫之禮」。

什麼是「九錫之禮」呢？錫，在古代通「賜」字，賞賜的意思。「加九錫之禮」，這是皇帝對大臣最高規格的賞賜，包括九件器物，如車馬、衣服、樂則（指定音、校音器具）、朱戶（紅漆大門）、斧鉞、弓矢等。能得到皇帝賞賜的這九種器物，就表明大臣的權勢最大，已接近皇帝了。歷史上一些政治野心家，在奪權篡位之前，往往都接受過九錫之禮，如王莽、曹操等。司馬懿面對曹芳的籠絡、抬舉是什麼態度？他接受嗎？沒有。司馬懿不僅對丞相職務是「固讓」，就是堅決不接受；對九錫，他也沒有接受。

司馬懿的低調，不等於他沒有政治野心，他這樣做是一種政治謀略。他知道，發動政變誅殺曹爽，已使人們對他高度關注了——看吧，老司馬下一步就要當皇帝了！敏感的司馬懿意識到樹大招風，容易成為眾矢之的，而真正取代曹魏的時機還不成熟，不能過早地暴露自己。再說，他發動高平陵政變時，已經是七十一歲的老人了，從個人志向看，他可能也想當皇帝，過過做皇帝的癮，但歲數畢竟太大了，要做就讓兒孫們去做吧，給他們打好基礎就行了。出於這種想法，他推辭了丞相之職，拒絕了九錫之禮。

不過，司馬懿大事絕不含糊，對權力還是緊抓不放的。為顯示他的特殊地位，他以身體不好為名，並不出席朝廷的一般朝會活動。曹芳也知道，司馬懿不上朝，不等於朝廷大事他就不管了，所以他很知趣，每遇到重大的決策，他都主動地到司馬懿家裡跟他商量，取得司馬懿的同意。這表明，司馬懿很有心計，是搞政治的高手。

二

司馬懿不急於稱帝，客觀上穩定了曹魏時期的政治局面，也避免了讓自己成為眾矢之的這一不良後果。但是明眼人都看得出，司馬懿和曹芳的關係，就像當年曹操控制漢獻帝一樣，曹芳不過是司馬懿手中的玩偶。一些曹魏老臣看不慣這種局面，不甘心於曹魏政權被司馬懿實際控制，於是，就在高平陵政變後不久，策劃了一次取代司馬懿的行動。策劃這次行動的人物，是曹魏的老臣王凌。

王凌，字彥雲，太原祁（今山西祁縣）人。他的叔叔是漢末司徒王允，曾與呂布合謀誅殺董卓，後來李傕、郭汜之亂，王允一家被害，王凌翻牆逃跑，僥倖免遭一死。建安年間，王凌與曹操相識，被曹操信任，為丞相府主簿，與楊修、賈逵共掌丞相府日常事務，當時號稱「三主簿」。曹丕稱帝後，王凌屢立功勞，成為曹魏的重要大臣。

高平陵政變後，王凌任太尉，是朝中德高望重的老臣。這時王凌已經快八十歲了，他同情曹芳，但又覺得曹芳太窩囊，都快二十歲了，還沒有皇帝的樣子，「不任天位」——不是做皇帝的材料。於是想另立個新皇帝，立誰好呢？他思來想去，最後看上了楚王曹彪。

這位曹彪可不是別人，他是曹操的兒子。論輩分，是曹芳的爺爺輩；論年齡，曹彪已經五十五、六歲了。都這把年紀了，王凌為什麼還要立他做皇帝呢？原來，王凌認為曹彪「長而才」——輩分高而且有才華。更重要的是，立曹彪為帝，不僅可以使曹芳下臺，同時司馬懿輔政大臣的資格也就自然消失，天下不就又回歸曹家了嗎？還有，王凌不想在洛陽和司馬懿真刀真槍地比劃，他準備在許昌立曹彪為帝，然後向天下宣布，新皇帝上臺，曹芳、司馬懿下課——王凌實際上是想另立中央。他相信國人是站在他這一邊的。

謀劃得當後，王凌開始行動。第一步，他先派兗州刺史，也是他的外甥令狐愚去做曹彪的工作。這事好辦，誰不願意當皇帝呀，一說就行。不過曹彪也知道，這事弄好了可以黃袍加身，弄不好就是人頭落地，他反覆琢磨，並不十分自信，什麼話也沒說，默許而已。

第二步，又派親信到洛陽，與兒子王廣商量起兵的大事。沒想到，王廣與王凌意見不一致，不支持其父廢皇帝的計畫，還告訴父親，曹爽那一幫子人之所以失敗，是因為「失民故也」——失去民心，而司馬懿「父子兄弟，並握兵要，未易亡也」。還說：「廢立大事，勿為禍先。」應該說，王廣的分析是有道理的。司馬懿在朝廷經營多年，樹大根深，很難撼動。但王凌不聽，甩開兒子王廣，繼續從事廢曹芳、立新皇帝進而清除司馬懿的準備。

這時，發生了一件意外事件：王淩的外甥令狐愚突然患病死去，使王淩失去了一個重要幫手。朝廷又任命黃華繼任兗州刺史，可能王淩老眼昏花了，他也沒調查黃華究竟是什麼態度、什麼來頭，以為黃華會支持他，在與黃華談話時竟把廢皇帝的計謀和盤托出。其實，黃華根本不是王淩這邊的人，黃華得到消息，立即報告給了司馬懿。

司馬懿得知，勃然大怒，立即親自率軍討伐。當時王淩在壽春（今安徽壽縣）鎮守，司馬懿的軍隊沿水路進軍，王淩見計謀敗露，論軍事力量根本打不過司馬懿，只好投降。司馬懿命令將其押赴洛陽問罪，在途中，王淩自殺而死。

據《晉書》記載，當時王淩是在途經賈逵廟時自殺的。賈逵，字梁道，屢立戰功，是曹魏的忠臣，死後立廟紀念。王淩曾與賈逵同任丞相府主簿，關係很好。當時王淩見到賈逵廟，百感交集，大聲呼喊：「賈梁道！王淩可是大魏之忠臣，只有你在天之靈知道啊！」

為解心頭之恨，司馬懿又以同案犯之名，將王淩之子王廣誅殺，將曹彪賜死，令狐愚雖死，也被挖開墳墓，開棺暴屍三日。

王淩廢立事件雖然並未得逞，但對司馬懿震驚很大，尤其王淩，已是八十歲的老人了，還要和自己拚搏一番，可見完全征服曹氏集團，並不是通過一次政變能辦到的。

為了消除隱患，防止此類事情再發生，司馬懿下令把在洛陽的曹魏宗室諸侯王公，全部押送至鄴城，實行監禁，不許他們隨意交往。

司馬懿原來以為殺掉曹爽，朝政就由他說了算了，哪知沒那麼容易，事情愈鬧愈大，致使他心神不定。畢竟是七十三歲的老人了，神經衰弱，夜裡惡夢不斷，常常夢到這樣一個場面：曹魏忠臣賈逵、王凌追著他，找他算帳，使他驚恐萬狀，夜不能寐。心力交瘁的司馬懿，最終於嘉平三年（二五一）八月病死，終年七十三歲。

司馬懿是三國時期傑出的政治家和軍事家，他「內忌而外寬，猜忌多權變」，在複雜的政治鬥爭中進退有據，從容自如，尤其善於韜光養晦，隱忍不發，該出手時就出手。同時，司馬氏對付政敵，又顯示了其殘忍狡詐的一面。

三

司馬懿死後，接替他職位的是長子司馬師（二〇八—二五五）。司馬師，字子元。他出生時，司馬懿已經二十九歲了，怎麼這麼晚才要孩子？原來，當年他為躲避曹操，不是裝病嗎，說得了風痺病，渾身疼，不能動。有病還能要孩子？這一年，司馬懿在曹操的威脅下被迫出山。不用裝病了，當然也就能要孩子了。

司馬師年輕時，是個遠近聞名的大族子弟，《晉書》說他「雅有風彩，沉毅多大略，少流美譽」，與當時的大名士何晏、夏侯玄齊名。

司馬師很有他父親的性格特點，遇事沉得住氣，城府很深。司馬懿很信任他，在高平陵政變時，司馬懿不是有一支由三千人組成的「死士」——敢死隊嗎？這支隊伍就是司馬師暗中偷偷招募的。司馬師還參加了高平陵政變計謀的制定，在政變的頭天晚上，司馬懿才把起事的時間告訴了兩個兒子——司馬師和司馬昭。這天夜裡，司馬懿特意派人觀察他們二人的反應，密探發現，司馬師鎮定自若，像往常一樣安然入睡；可是老二司馬昭，卻輾轉反側，「不能安席」，由此可見哥倆心理素質的差異。

第二天早晨，行動開始，司馬師在皇宮的司馬門前集合軍隊，「鎮靜內外，置陣甚整」，顯得從容不迫，胸有成竹。司馬懿很高興，禁不住感慨地說：「此子竟可也！」[46]——這小子還真不錯！他對司馬師是滿意的，所以在臨終前授意曹芳由司馬師接班。

司馬懿死後，司馬師以撫軍大將軍身分輔政。轉年（二五二），又升任大將軍（這兩個職務皆為高級武官，撫軍大將軍地位略低於大將軍），同時，加侍中、持節、都督中外諸軍事、錄尚書事，集軍政大權於一身。這時司馬師四十五歲。

司馬師執政有什麼特色呢？

第一，注重官吏隊伍的建設。他調整了各級官員的配置，規定了每個職務的職掌，嚴格管理，很有成效。史書記載是：「四海傾注，朝野肅然。」[47]

第二，拉打結合。任何執政者用人，都是以擁戴、支持自己為前提的，司馬師也不例外。他對於支持者、有用之人極力拉攏，對反對者則毫不留情地打擊。如果他看上你，想用你，你想躲？沒門！要麼規規矩矩地出來做官，要麼沒你好果子吃。司馬師下手之狠超過其父司馬懿，這就是司馬氏施行的高壓政治。這種政治，讓人感覺到窒息、恐怖，一旦事到臨頭，你根本不能選擇。

那些有意與司馬氏保持距離的名士都非常恐懼，生怕得罪司馬師而性命不保。比如，上黨人李憙「少有高行，博學研精」，是遠近聞名的名士，司馬懿曾請他做自己的屬官，被李憙以有病推辭。司馬師輔政後，覺得李憙是可用之才，就再次讓李憙任大將軍從事中郎。這次很痛快，李憙很快就前來赴任了。

一見李憙，司馬師就問：「過去我父親請你任職你不答應，今天我任你為官你這麼快就到了，這是為什麼呀？」李憙說：「先君以禮見待，憙得以禮進退。明公以法見繩，憙畏法而至。」[48]李憙的話，不卑不亢，甚至有些嘲諷之意，意思是，你父親對我「以禮見待」，還給個面兒，你卻蠻橫不講理，「以法見繩」——所謂法不就是你說了算嗎，我敢

46《晉書・景帝紀》。
47《晉書・景帝紀》。
48《晉書・李憙傳》。

得罪你嗎？

總之，在司馬師主政期間，他的高壓政策使許多名士的內心很複雜，許多人的懼怕心理占了上風，他們為保全自身，不得已投靠了司馬氏。

四

司馬師本人具有相當的執政能力和治國謀略，加上他那令人不寒而慄的高壓手段，於是，很多人不得不投靠了司馬師，司馬師的權勢不斷增大。可是，讓司馬師十分意外的是，在他執政三年之後，又一場企圖推翻他的政治事件卻突然爆發。

這次事件和前面所說的王淩事件如出一轍，那次是通過另立曹彪為帝，取代曹芳，進而拿下司馬懿。這次呢，不是另立新皇帝，而是直奔主題，直接撤換輔政大臣司馬師，另立輔政大臣。參加這次反司馬氏活動的，不僅有一般大臣，連皇帝曹芳也親自出馬了，甚至連皇帝的老丈人也赤膊上陣。這究竟是怎麼一回事呢？

原來，朝臣對司馬氏專權有目共睹，卻敢怒不敢言，連皇帝也包括在內。曹芳這時雖然已經二十多歲了，但大小事不能自己拿主意，曹芳一肚子怨氣找誰訴說呀？只好找最親近的人，這人就是李豐。

李豐，字安國。司馬懿輔政後，曾擔任中書令。中書令官品雖不算高，但接近皇帝，參與決策。李豐還有一個特殊的身分，他是魏明帝的親家，他的兒子娶了明帝的公主，是皇親國戚。李豐經常入宮與曹芳密談，談的啥？誰也不知道。《三國志．魏書．夏侯玄傳》注引《魏略》說：曹芳「每獨召與語，不知所說」。我估計，他們之間無非是曹芳發牢騷，訴苦水，進而密謀策劃，如何拿下司馬師。李豐又找大臣張緝入夥。張緝也不是一般的人物，他是曹芳的老丈人，其女兒是張皇后。這幾個人決定，廢掉司馬師，立新的輔政大臣。立誰合適呢？立夏侯玄。

夏侯玄（二〇九—二五四），字太初，魏征南大將軍夏侯尚之子。他的母親是曹真的妹妹，也就是曹爽的姑姑，與曹爽是姑表兄弟，關係密切。夏侯玄還是著名的玄學家，與何晏、王弼齊名。他一表人才，風度翩翩，走到哪裡都會成為被矚目的人物。在文學上，夏侯玄也頗有造詣，著有〈樂毅論〉，後來為東晉大書法家王羲之所書寫而傳於天下。

從政治派別上看，夏侯玄無疑屬於曹爽集團。二四九年，司馬懿發動高平陵政變時，夏侯玄任征西將軍，不在洛陽，在長安指揮西線戰事。司馬懿很清楚夏侯玄和曹氏的關係，早就把他列入黑名單了。在殺曹爽、穩定了洛陽的局勢後，就下令將夏侯玄調回京城出任大鴻臚（九卿之一，負責地方王侯和少數民族禮儀事務），剝奪了他的軍權。接到司馬懿的調令後，夏侯玄帳下大將、他的族叔夏侯霸（時任討蜀護軍），感到大禍將要臨頭，決定走為上，就逃到了蜀國。臨行前，夏侯霸對夏侯玄說：「我看你快和我一起逃跑吧，司馬懿父子是絕對不會放過我們夏侯家的。」夏侯玄聽後，淡然一笑說：「自古忠臣不事二主，若我夏侯玄最終死於司馬氏之手，那也是天命，無可奈何。叔父，請一路珍重。」說完，夏侯玄就對夏侯霸作揖道別了。

回到京城的夏侯玄，雖然擔任沒有實權的大鴻臚，但還是受到了司馬氏集團的嚴密監視，很不自由。夏侯玄深知自己處境艱險，他斷絕了與外界的往來，小心翼翼，非常低調。

兩年後（二五一），司馬懿去世，有朋友對夏侯玄說：「司馬公已死，這下你不用擔心了！」夏侯玄長嘆一聲，說：「你有所不知呀，司馬懿尚且可以把我當作晚輩看待，只怕司馬師、司馬昭二兄弟不能容我呀！」話雖這樣說，但夏侯玄對司馬氏並不服氣，所以當李豐、張緝和曹芳謀劃廢司馬師、立夏侯玄為輔政大臣時，夏侯玄也就接受了。

就在他們準備就緒，即將動手之時，不料消息洩露。《三國志》中說「大將軍微聞其謀」——很可能司馬師在宮中安插了耳目、線人，曹芳等人的一舉一動都在被監控之中。司馬師得知後，決定以迅雷不及掩耳之勢發動反擊。

首先，擒賊先擒王，這次事件的謀劃者是李豐，先把他除掉。

正元元年（二五四）二月，司馬師把李豐叫到大將軍府，一見李豐就劈頭問道：「你和皇帝曹芳說了些什麼話？」李豐一聽，全明白了，知道計謀洩露，敗局已定，不可挽回，不如乾脆直說了吧，遂正色曰：「卿父子懷奸，將傾社稷，惜吾力劣，不能相擒滅耳！」──你們父子心懷狡詐，企圖傾覆社稷，只是我太笨，沒能把你們擒殺呀！沒等李豐說完，司馬師手下的武士就一擁而上，用刀將李豐砍死了。

接著，司馬師根據掌握的情況，將與此事件有關人員全部抓捕、殺害，並夷三族，夏侯玄當然也在被抓之列。

對自己將被抓捕，夏侯玄早有預料。他肯定是在被捕殺之列，不過他為什麼不在長安時就和族叔夏侯霸投奔蜀國，而是回到洛陽，這不是自投羅網嗎？我認為，夏侯玄可能還存在一些僥倖心理：從我和你司馬師的關係看，你未必敢下毒手吧？他和司馬師有什麼關係呢？原來，他是司馬師的大舅子。

夏侯玄有個妹妹叫夏侯徽，嫁給了司馬師，並生有五個女兒。夏侯徽舉止優雅，頗具才識，每當司馬師有什麼想法時，都由夏侯徽從旁策劃協助。不過，由於她是曹家的外甥女（舅舅是曹真），司馬師對她又頗有戒心，夏侯徽二十四歲時，莫名其妙地中毒而死。夏侯徽為什麼會突然死去？史書僅記載「青龍二年，遂以鴆崩」，其中有沒有司馬師的責任？值得懷疑。

我感覺夏侯玄存在僥倖心理，但是很微小。他知道，自己雖然是司馬師的大舅子，但他更清楚司馬氏對政敵下手狠，毫不留情。在中國古代，為了政治利益，為了王位、權力，父子、兄弟之間反目為仇、相互廝殺的事件很多，夏侯玄知道政治上的失敗，就意味著人頭落地，司馬師是不會因他是大舅子而講情面的，不如從容對應。果然，嘉平六年（二五四），夏侯玄被抓入獄。

在牢房，夏侯玄忍受著嚴刑拷打，毫不屈服，也不認罪。負責審理此案的廷尉鍾毓實在沒辦法，只好哭著來到夏侯玄面前求他。夏侯玄嚴肅地說：「我沒有什麼可說的，如果你覺得交不了差的話，那你就給我寫吧。」就這樣，鍾毓當夜偽造了一份夏侯玄的供詞，第二天一早，鍾毓捧著供詞讓夏侯玄過目，夏侯玄只快速一掃，便點頭微笑。最終，夏侯玄被判死刑，行刑在洛陽東市執行，夏侯玄在刑場上「顏色不變，舉動自若」，可謂高風亮節，不失名士風範。

（選自《從司馬到司馬——西晉的歷程》，中華書局二〇一一年版）

司馬懿其人

王廣仁

司馬懿（河南溫縣人）是三國時期的英雄人物。儘管《三國演義》尊劉抑曹，神化諸葛，但仍然掩不住司馬作為諸葛主要對手的光芒，否則，諸葛亮的對手不堪一擊，何談諸葛亮之神機妙算？司馬懿的生平事蹟集中載於《晉書．宣帝紀》，散見於《晉書》、《三國志》有關篇章；正史的記載是實事求是的，對司馬懿是褒揚的。唐太宗在《宣帝紀》末所作論贊中提出相反觀點，則是當時政治的需要，是為防止出現覬覦帝位的野心家而提出的警告。可惜，這種強加之辭和《三國演義》的貶低醜化一直影響和左右著文史界、民間的看法。因此，我試從十個方面分析司馬懿其人，給其以歷史定位定性。

形象不佳

現在的焦作市轄區範圍內，上下五千年的歷史人物，最大的官要數司馬懿了。生前做過大將軍、太尉、丞相，漢魏之際的顯職，上公、三公的位子幾乎坐個遍。死後又被孫子晉武帝司馬炎追尊為宣皇帝。對於這位一千八百年前的焦作老鄉，其聲名之顯赫似乎應該令我們所有焦作人引以自豪，但實際情況遠非如此。這位老鄉在人們心目中的形象實在是不怎麼樣。

一是窩囊無能。在京劇《空城計》中，諸葛亮手搖鵝毛扇在城頭唱道：「我正在城頭觀山景，忽聽得城外亂紛紛。」何等閒雅自在。而司馬懿在城外手握重兵卻怕有埋伏，抓耳撓腮不敢進去，自作聰明退了兵。得知真相又自我解嘲說：「司馬呀司馬，你的膽子也太小了；諸葛亮呀諸葛亮，你的膽子也太大了！」這便是典型一例。

二是殘忍狡詐。突出的表現是對曹氏集團的鬥爭中，殺人不眨眼，動輒滅九族。

三是小丑角色。司馬懿在與諸葛亮爭戰中，每每戰前自以為是，揮斥諸將（他老先生原是有這個資格），然而次次棋低一著，往往大輸。吃了敗仗卻善於總結，善於自嘲，給自己解圍。前文《空城計》是一例，《死諸葛走生仲達》（司馬懿字仲達）又是一例；司馬懿笑道：「吾能料其生，不能料其死也。」說起話來臉不紅心不跳，一副嬉皮笑臉、插科打諢小丑模樣，死諸葛有知，說不定會被氣得活轉過來。因此京劇裡的司馬懿和曹操一樣，被塗了個大花臉，給人又奸又丑的形象。

實際上正史記載不是這樣。司馬懿如此形象，完全是舊京劇和《三國演義》大力炒作的結果。看看《三國志》、《晉書》，會得出不同的結論。又俗云：會看看門道，不會看看熱鬧。只要用腦子去看，就能看出些不同來。

英雄誰屬

評價歷史人物，首要的是看其階級屬性，同時更要看其於時於世的作用和影響，堅持兩點論，全面地知人論世，這才是歷史唯物主義的態度。

司馬懿是地主階級統治集團中的一分子，毫無疑義地是人民的壓迫者和剝削者。另外，就他個人的作用和影響來說，當然有個是英雄還是狗熊的問題。

司馬懿一生中有兩個最大的對手：曹操和諸葛亮。

先說曹操。司馬懿四十歲之前度日如年，戰戰兢兢，如履薄冰，全在於曹操。曹操擁漢獻帝於許都站穩腳跟之後，聽說了司馬懿的名氣，便請他出來做官。沒想到司馬懿看不起出身不好、帶有流氓氣的曹操，拒絕應召。曹操請了他兩次，他就是裝病不上路。曹操惱了，吩咐使者：「他要是再推三阻四，就把他抓起來。」司馬懿眼看架勢不對，只好乖乖出發。到了許都，該像郭嘉一樣受到重用了吧？事實正相反。曹操很有眼力，一見司馬懿，立即斷定此人非同一般：眼神銳利如捕兔之鷹，行止精警聞聲回首而身不動。但既然叫來了也找不到殺人的藉口，只好讓司馬懿幹個和軍事、財政沾不上邊的閒差，如文學掾、議郎等。後來曹操不只一次和兒子、下屬談起司馬懿說：「司馬懿鷹視狼顧，不可付之以兵權。」猜忌不可謂不深。說曹操是他的死對頭毫不過分。然而後來呢？曹操本人也打消了疑心。曹操重病時夢見三馬同槽而食，賈詡說是吉兆。後人有詩嘆曰：「三馬同槽事可疑，不知已植晉根基。曹瞞空有奸雄略，豈識朝中司馬師？」這是《三國演義》的議論，其實司馬師那時才十幾歲，還未入朝當官。

曹操輸了，諸葛亮呢？

《三國演義》說諸葛亮六出祁山，姜維八下中原，實際上是諸葛亮五出祁山，六次交戰。三出與四出之間，司馬懿曾帶兵攻打蜀國一次。

六次交戰，總的來看，是蜀國諸葛亮存吞魏之志，持戰略進攻態勢；魏軍以司馬懿為主帥，持防禦態勢。第一次：蜀建興六年，諸葛亮出祁山，天水等三郡歸降。但是最終以司馬懿八日馳軍千里擒孟達為轉折點，張郃破馬謖於街亭為結果而告失敗。第四次：魏太和四年，即蜀建興八年，司馬懿與曹真兵分兩路進攻蜀國。諸葛亮按兵不動，因蜀道險難又連日暴雨發大水無功而返。第五次：建興九年，諸葛亮率兵再出祁山，以木牛流馬解決運糧問題，射殺張郃而大破司馬懿軍，因糧盡撤退。第六次：建興十二年，諸葛亮由祁山斜谷出兵，與司馬懿對陣於渭南。蜀軍一方面積極求戰，一方面分兵屯田，做長期相持打算。百日後，諸葛亮因積勞成疾，病卒軍中。此四次大戰均是諸葛、司馬親自對壘。第二次陳倉之戰，第三次武都、陰平之戰，正史未載。我寧願相信《三國演義》小說家言，是司馬懿擬定方略，遙控指揮，與前線的諸葛亮對壘，挫敗蜀軍。

鳥瞰當時天下大勢，三方鼎立之勢剛剛形成，各方正處於內部調整、鞏固時期。從政治、經濟、地理、綜合國力來分析，魏、蜀雙方誰也沒有能力吃掉誰。面對如此大局，唯有大力發展充實自己，靜觀以待變，才是上上戰略。

然而諸葛亮採取戰略進攻策略，自有其不得已的苦衷。蜀國偏居一隅，財力有限，人才匱缺，後繼無人，只好進中求變，實無別的良策。正如《後出師表》所言：

然不伐賊，王業亦亡，惟坐待亡，孰與伐之？

諸葛亮盡最大主觀努力，以弱伐強，積極進取，爭取統一，應當肯定。

司馬懿採取了正確的戰略決策。戰略上防守，戰役中固守，臨戰採用的牛皮糖戰術是：你出，我迎；進到哪，堵到哪；只紮營，不出兵；你罵戰，我裝聾，你急我不急，粘你沒商量。曹操在三國時代算是個絕世英雄，頭上放三頂大帽子毫不為過：大政治家、大軍事家、大文學家。他出身下層，白手起家，不像袁紹出身世家大族，門生故吏遍天下，有極強的凝聚力。然而十八年間，掃蕩群雄，統一北方，為日後天下統一奠定了基礎。政治上挾天子以令諸侯，廣羅人才；軍事上注《孫子兵法》，自成一家，諸葛亮也稱讚他「其用兵也，仿佛孫、吳」；文學上以軍政之暇餘力為之，其成就可以奴視除王粲、劉楨之外的建安諸子，子建、子桓也只配做他的兒子。

諸葛亮是同時代的另一絕世人物。雖然不及曹操，但仍是當時首屈一指的政治家、軍事家，《諸葛亮集》特別是〈出師表〉也使他在文學史上占一席之地。諸葛亮治蜀撫蠻，為後世歷代奉為典則；治軍則「戎陣整齊、賞罰肅而號令明」。作《三國志》的陳壽，因其父為馬謖街亭一役牽連受到剃光頭的處罰，加上諸葛亮的兒子諸葛瞻又看不起他，自然對諸葛父子有看法。但是他記述諸葛亮治蜀，「賞罰必信，無惡不懲，無善不顯，至於吏不容奸，人懷自厲，道不拾遺，強不侵弱，風化肅然也」，令人神往，真懷疑是不是浮誇吹牛。但陳壽沒有理由給死了五十年的仇家造假政績呀！至於軍事上無功，陳壽也指出是諸葛亮沒有王子城父、韓信式的名將做助手，這是有識中肯之論。

司馬懿出身高級士族，門閥高貴，其前十三世祖當過漢初諸侯王，這一點當時似可傲視同儕。曹操出身下層，認個爺又是宦官，雖然當大官有權有錢，士族還是不認那壺酒錢。諸葛亮出身只是一般士族。但時值亂世，司馬懿的好出身大名聲也限制了前途選擇。想諸葛亮與崔州平、孟公威、石廣元、徐庶等一起遊學，預測諸人入仕能弄個什麼官幹。諸人問亮，但抱膝長吟，傲然不答。正是待時、待人、待價而沽之態。司馬懿無此自由，等於被抓去做官，捆綁成夫妻，還被迫兩面作戰，內防曹氏，外拒諸葛。你說他活得累不累？

然而他是最後勝利者。惑操目，累亮亡，絕世英雄的戰勝者，當然也是英雄，也是個高明的政治家、軍事家、謀略家。

風水寶地

司馬懿如此不簡單，說不定是沾了老家「風水好」的光。

司馬懿老家確定無疑是在溫縣西南安樂寨。現在這一帶方圓二、三十里的村名也留下了昔日的痕跡。安樂寨是司馬府居處，「上苑」是其家花園所在，「護莊、小營」無疑是衛隊所居，「東、西招賢」無非是高級人才樓之處。「東城外、西城外」的意義更為顯豁。北上十公里的三陵、范莊，有幾個方圓二、三畝的大塚，就是司馬懿的祖墳。而范莊村居民便是守塚人的後代。這是我小時走親戚到范莊，在當作乘涼凳子的殘碑上見到的。

我不懂堪輿之學，但也覺得這地方非同小可。名山大川古時稱五嶽四瀆。五嶽是：東西南北中，泰華衡恆嵩；四瀆指：長江、黃河、淮河、濟水。司馬懿老家坐落在溫縣西南的清風嶺上，和河南岸的邙山隔河相對，而四瀆中的二瀆黃河、濟水就在嶺下流過交匯，成二龍護珠之勢（濟水原在武陟入河，後逐漸西移至此）。

此地也險。如走二〇七國道入孟州市至下湯溝、關溝嶺區，路旁溝壑縱橫，崗巒起伏，峭壁突兀，絕岸峻周，雖高數丈，卻使人有壁立千仞之感，清風嶺古時也必定如此。清時還保持有這樣地貌，陳王廷就是因為當地溝巒起伏，盜賊出沒，為防身衛家而造拳。今日清風嶺全無舊貌，只是地勢略高而已，當是日晒雨淋積久之故。

當時河內郡治所在今武陟西沁河南岸張村。此地扼郡治所與都城洛陽孟津渡之中，西當古軹道，北引天井關，東控河北地，南走水路則順濟水入河直達淮揚。地靈人傑，有點道理。而今峻嶺無，濟瀆沒，風水盡，盛難覓。

少年大志

唐人房玄齡、褚遂良撰《晉書》說司馬懿：

少有奇節，聰明多大略，博學洽聞，伏膺儒教。漢末大亂，常慨然有憂天下心。

這話說司馬懿有嚴操、高才、大志，大概是不錯的。

司馬懿的家教很嚴。其老子司馬防做過京兆尹，相當今天的北京市長，重要的正部級。年老閉門不出，養志自守。司馬懿兄弟八人。要在今天農村兩家吵架，八小夥雄赳赳往前一站，准把另一家嚇得關門。但司馬兄弟都很規矩，成人了老子不讓進還不敢進門，不叫坐不敢坐下，不問事不敢說話，可謂高幹子弟家教有方的典型。這樣的家庭養就了司馬懿嚴謹的節操。學習孔孟，舉止循禮，自是不言而喻。其聰明多大略，竟與諸葛亮相同。

心憂天下，欲廓清海內，正是英雄之志略同。曹操、劉備、諸葛亮、司馬懿是一類人。當然這是極少數。哪朝哪代都是只顧抓權抓錢的人多，那時也必如此。

東漢末期興起一種議論朝政、品評人物的風氣，前者又稱「清議」，後者因汝南二許最著又稱「月旦評」。金庸作《鹿鼎記》，集其祖先查慎行詩中對句作為章回題目，第一回：「縱橫鉤黨清流禍，峭茜風期月旦評」，源出於此。當時確有慧眼識英雄的人物，誰若經此人評議，馬上聲名鵲起，譽滿天下。獲嘉人楊俊，很有識鑑，與司馬懿十六歲時相遇，就說這是個很不一般的人。魏尚書崔琰名氣更大，他和司馬懿的大哥司馬朗很有交情，來往間肯定多次見過司馬懿，崔琰多次對司馬朗說：「你家老二極其聰明誠信，英氣勃發，善謀果斷，你可是比不上他啊！」但是這位比司馬懿大九歲的老兄根本不相信老二會有大出息。室有芳草而不知，這也難怪。一來家教嚴，長兄代父在家教訓諸弟，司馬懿在父兄面前一副低眉順眼模樣，其英姿難入老兄眼。二來兄弟八人個個不凡，朗、懿、孚、馗、恂、進、通、敏，俱知名當時，號為「八達」。或入朝或做地方官，除老七外（老八史書未載），都是省部級以上，如尚書令、大鴻臚、州刺史、國相等，還都是司馬懿得勢前做的官，絕不是通過他跑來的。但這些老兄老弟都是老實辦事，胸無大志，比不上老二。

文武雙全

見題目肯定會覺得滑稽，司馬懿文武雙全？見於何典？沒聽說過。當然查有據，言成理。您也不想想，司馬懿沒一點真才實學，僅憑大花臉小丑模樣就能擋住諸葛亮？

從《晉書．宣帝紀》中可以看出，司馬懿文才必定很好。年少時研習儒家經典，博學百家學說，人又聰明，怎不大成？而且其學習不同於尋章摘句之腐儒，時時以經國治世為要旨。二十二歲被郡推薦為上計掾，想來也熟悉財政預決算、幹部年終考核之類。到曹操手下當官，第一個職位就是文學掾，在曹操當然是閒置防範之意，但何嘗沒有量才委任之心？想當年文壇上曹氏父子雄視百代，建安七子各有絕活，建安風骨令李白也讚嘆神往。司馬懿作為管理文化市場的科長，當然也是內行。否則，香臭不分，美醜不辨，不會整理文章，拍馬屁經常拍到馬腳上，不僅顯得太窩囊，而且有性命之憂——曹操隨時在找碴啊。

司馬懿武藝也很高。亂世裡世家子弟必定文武雙修，可駭怪的是他們又恥於言武。司馬炎和寵妾胡貴嬪（其父是征南將軍胡奮）賭博，胡貴嬪不看面子，司馬炎怒　道：「你是個將種！」胡貴嬪回嘴道：「北伐公孫，西拒諸葛，不是將種是什麼？」司馬炎聽了很為祖父司馬懿慚愧。其實司馬懿為將從不親自交鋒，就是有一次差點露出武功高手本相。諸葛亮讓魏延敗陣誘敵，司馬懿中計，認為捉住魏延，諸葛亮即可就擒，一時得意忘形，挺槍親戰魏延。魏延乃著名勇將，一刀劈下怕有千兒八百斤，一般人能擋得了？三個回合下來，魏延裝敗而逃，沒了好戲看。司馬懿裝癱瘓不當曹家官吏，曹操派刺客假裝行刺驗看，刀放脖子上司馬懿也裝作動不了。我懷疑司馬懿除了識破來人用意，還有藝高人膽大的成分。

曹氏父子也雄武過人，曹操手射飛鳥，躬擒猛獸，高牆一躍而過，曹丕八歲騎射，每發必中，擊劍舞戟，一時無對；曹植也嫻熟擊劍；曹彰更勇力絕人。前三曹臨陣未親自搏戰，人們竟不知其有高深武藝。可能時人認為將帥應是羽扇綸巾、輕裘緩帶、鬥智不鬥力的形象，凶巴巴鬥狠有傷大雅。司馬懿追求完美形象，難怪人們不知他會武。

尊老愛賢

這是司馬懿的又一重要方面，不可不說。

司馬懿鄉里情重，尊敬老年。即使現在人們也看重這種品德，最厭煩當了官就忘了老家的人。司馬懿出征遼東，路過溫縣老家，和鄉親敘舊，喝酒喝了幾天，司馬懿得勝鼓就是那時傳下的。光祿勛太常也是溫縣人，叫常林，和司馬防關係好，往來密切。司馬懿成了小字輩，見面總是恭敬有禮。後來當了大將軍、太傅，還是每見面必定行叩拜禮。旁人見了都覺得挺難為情，這二位倒不覺得。

說起常林這人也挺有意思，旁人看不過眼，勸他說：「司馬公現在尊貴無比，老先生您應勸阻他行禮。」常林說：「司馬公自己願意磕頭，為小輩們樹立尊敬老年人的榜樣，他官再大也嚇不著我，又不是我硬要他磕頭的。」真是理直氣壯。這老少一對真是一個憨直得近痴迂，一個謙恭得似虛偽。

綜觀司馬懿一生，可以看出他抓權主要是為了保身。《晉書》說他「勛德日盛，而謙恭愈甚」。他經常告誡兒侄輩：「在高處要防著走下坡路，四季冷熱還要代換，我們沒有什麼功德享受高位殊榮，咱們謙上加謙，差不多可以免去衰落的結果吧。」

司馬懿本人絕世才幹，但從不忌妒人，看人有長處，經常稱讚；見人是人才，盡力提拔，確實感人。司馬懿曾稱讚荀彧：「盡我看書看到的和所聽到的，百十年來沒有比荀令君更完美的人了。」荀彧被曹操賜死後，司馬懿一次見到其小兒子，發現他博學洽聞，就提拔他做散騎侍郎。後來此人當了太尉。東萊人王基，司馬懿把他從基層提拔至朝廷做官，人未到任命書已下，任中書侍郎，相當於今天中央辦公廳副主任，後在平定南方毌丘儉、諸葛誕戰役中發揮了重要作用。鄧艾出身微賤，放牛娃出身，又是結巴嘴，看過稻草堆，當過小會計，見了司馬懿一次，馬上就被留到身邊，進入尚書省為郎，後來立滅蜀大功，為天下統一出了大力。

司馬懿如此愛才，與他大度量、大胸襟分不開，笑受諸葛亮送女子服飾就是一例。

韜晦入仕

司馬懿胸懷濟世匡時大志，身負帝王佐命雄才，二十二歲被舉為河內郡上計掾，步入仕途。也是司馬懿命中註定，遇上了猜忌心極重且也是雄才大略的曹操。曹操對其時時猜疑，處處防範，事事找碴。依曹操意思，真想抓過來喀嚓一刀了事，主要是找不到藉口。司馬懿遇見曹操，除了採取小心謹慎、韜光養晦、藏才守拙辦法，又能怎樣？司馬懿絕對是個韜晦的大玩家，確實能忍常人所不能忍，而且幾十年如一日堅持下去，其堅忍真屬當世第一人。總結起來，他採取四種韜晦策略。

一是裝病蒙人。據正史與小說所載，司馬懿身體健康，一輩子沒有吃藥打針，不像曹操經常頭疼、諸葛亮時不時頭暈吐血，但是裝起病來卻滿像那麼一回事。司馬懿一輩子裝了兩回病，都是裝中風，都蒙住了人。一次是曹操請他出來做官，他恥於當曹家官吏，又不敢公然拒絕，就裝中風臥床不起，刺客把刀放在脖子上也不動，騙過了刺客的驗看。當然在曹操威逼之下，最終還是乖乖上路。第二次裝中風是對付曹爽。曹叡臨終前，把九歲的兒子曹芳託孤給司馬懿和曹爽。曹爽是故大將軍曹真的兒子，其人不學無術，手下還有一批熱衷抓權、貪財、漁色的浮華躁進之徒。開始司馬懿和曹爽二人互相尊重，相安無事。後來曹爽經不起手下人的日夜慫恿蠱惑，就逐漸大權獨攬，結黨營私，對司馬懿表尊為太傅，明升暗降，奪其實權。不聽司馬懿勸說，對蜀興兵，失利而返。司馬懿受到排擠，只好在家閒居。但曹爽心存忌憚，總放心不下，總坐鎮京城監視。可是他又太想出城遊玩，就派一個心腹上門探風。司馬懿早知來人來意，裝起了中風，喝藥灑了滿胸，說活裝聾打岔，整個場面活像司馬懿在上演獨幕話劇，把曹爽派來探看的李勝蒙得一愣一愣，以至於李勝回去彙報時還掉了幾滴鱷魚眼淚。結果曹爽放心大膽地跟隨皇帝赴祭高平陵，以至於一敗塗地，人頭落地。

非常有意思，曹操也會裝病，而且英雄所裝略同，也裝中風。曹操小時候遊蕩成性，喜歡玩狗耍鷹，他叔父向他父親多次反映，不用說曹操為此沒少挨訓挨揍。曹操想個孬點，一次看到他叔父遠遠走來，他突然倒地，口吐白沫，渾身抽搐，叔父驚慌失措趕快報告了曹操父親。但曹操父子見面又好好人一個，曹父問起，曹操說是叔父不喜歡他而誣陷他。從此，曹叔是報告不靈，放屁不疼，曹操是優哉遊哉，得其所哉。

二是大幹粗活。一般古今才士不得志之時，或消極怠工，或大發牢騷。當時龐統治耒陽便是如此。老實說，如不是遇上劉備式好領導，實是不明智之舉。司馬懿就不是這樣，曹操猜忌他，讓他坐冷板凳，做無權的閒差小官，他不僅毫無怨言，而且幹得很起勁、很出色。對分管的具體事務，經常加班加點，通宵不眠完成。對於不該官員幹的出力氣下等粗活，如割草餵馬、打柴放牧，也都親身主動去做。曹叡生活腐化，拆承露盤，大造營苑，大臣紛紛進諫勸阻。後來唐朝詩人李賀因此寫了〈金銅仙人辭漢歌〉。司馬懿當然也有看法，但不僅不提意見，而且緊跟皇帝不掉隊，搬石運土幹得歡。曹叡心裡肯定十分滿意。後來司馬懿征伐遼東公孫淵，出發前，忍不住提個「不能並興」的委婉建議，就這，要不是平時人緣好，中書令孫資、劉放幫忙，差一點成不了託孤重臣。

司馬懿出大力、流大汗大幹粗活，不僅僅討得了領導歡心，更重要的是打消了領導疑心，「由是魏武意遂安」。那時等級森嚴，尊卑貴賤有別，一般務細者必無大志。所以劉備在許都也擔糞澆水種菜迷惑曹操，在新野心煩打毛線受到諸葛亮嚴厲批評，兩軍對戰曹操大罵劉備「織席販履小兒」。

三是少說為佳。看《三國志》《晉書》《三國演義》，常常感到奇怪：司馬懿才能遠在曹營眾謀士之上，但在曹操手下二十年，毫無建樹，真乃怪事。現在看這正是司馬懿的聰明處，曹操本人有文武雄才，帳下又人才雲集，可謂天下無敵。以自己受猜忌之身，沒必要再錦上添花，應當少說話，說好話。當時話說多了被曹操殺掉的還真不少。婁子伯多次當眾評議曹操一家，崔琰作為俘虜竟當面批評曹操只問冀州戶口不問群眾疾苦，都被找碴殺了。至於孔融、禰衡、楊修更是自己找死。不肯違心說好話被殺的更多，最典型的是荀彧，這個曹營第一謀士、第一功臣，因勸曹操不當魏公，也被賜死。司馬懿就會說話，孫權上表稱臣勸曹操當皇帝，曹操對司馬懿等說：「這小子想讓我在爐火上烤啊！」司馬懿多機警呀，立即意識到一道難題出來了，曹操是在檢查大家的政治立場，立即回答：「漢朝的氣數要完了，十分天下您有九分，孫權的話是上天和人們的意思呀。您也要像虞舜、夏禹、殷湯、周發那樣當仁不讓，接受老天的安排吧。」曹操心裡肯定像六月天喝冰水般痛快。

四是善處關係。曹丕、曹植爭嗣，朝士也分兩派，勢成水火。司馬懿與陳群、吳質、朱鑠為曹丕密友，曹丕非常信服、看重司馬懿，常為他在曹操面前大說好話。可能私下裡司馬懿給曹丕出過不少主意，可表面上卻不顯山、不露水。同時，司馬懿對曹植也不錯。曹丕稱帝，吳質恃寵肆行，曾在酒席上斥　曹真為案板上豬狗肉，而司馬懿和曹真是好搭檔，互相尊重。四友中吳質罵朱鑠、貶陳群，卻敬佩司馬懿，私下推舉司馬懿取代陳群。想來司馬懿謙虛和氣，人人對其有好感，以至於人人推薦成為兩度託孤重臣。討曹爽時，朝臣大多擁戴追隨。

善抓機遇

如只是一味韜晦，做得再好也只是縮頭烏龜，時間長了真成了大傻瓜。司馬懿把玩韜晦和抓機遇結合起來，玩韜晦有四策略，抓機遇分四階段：曹操時建言，曹丕時露臉，曹叡時大幹，曹爽時決戰。

一、曹操時建言。前文說過，司馬懿奉行少說為佳。這種方法含意就是不多說、也不當啞巴，有機會是應該說話的。《晉書．宣帝紀》載，此期司馬懿建言五次，均涉國家大計，三次採納，二次不用——不用夠曹操後悔一輩子的。司馬懿當丞相主簿，為曹操管理文書檔案印章。跟曹操討伐張魯時，他向曹操建言說：劉備以欺詐和武力俘虜劉璋，蜀人不服氣。趁機以取漢中得勝之兵進攻他們，必定瓦解，「因此之勢，易為功力」。曹操疲憊厭戰，歎息說：「人不要不知滿足啊，剛得到隴，還要得蜀嗎？」活學活用了劉秀創造的「得隴望蜀」這個成語，結果失去了一次統一天下的絕好時機。

第二次，司馬懿認為壯大國力，以食為首，建議曹操「宜且耕且守」。這一次曹操採納了，「務農積穀，國用豐贍」。

第三次、第四次、第五次都是在關羽水淹七軍前後。一次在前，向曹操指出當時的荊州刺史、南鄉太守二人不稱職，不可任用，恐怕壞了大事，曹操聽不進。後來二人果然投降關羽，致曹仁危急萬分。一次是曹操在關羽出兵威脅下想遷都黃河以北的時候勸諫曹操沉住氣，不要自亂陣腳，穩住神看孫、關相鬥好戲。「魏武從之」，事情發展皆如所說，關羽被孫權大將呂蒙擒殺。第五次是大戰之後，曹操怕孫權借機擄掠人民，想遷移荊州百姓往北，被司馬懿諫阻，後來該處百姓安居樂業，成為滅吳的重要基地。

二、曹丕時露臉。從前的建言常像漫不經心說的，是為了避免刺激曹操神經而收到相反效果。曹丕既然對自己無限信任，就不必顧忌，要露一鼻子，以引人注目。一次是曹操死於洛陽，朝野畏懼不知所措，司馬懿毅然出面當辦喪「老總」，穩定了局勢。一次是曹丕上臺想出政績，討論伐蜀問題，眾謀士紛言不可，司馬懿奮然出列進言：「不趁此時進兵，更待何時！」遂有諸葛亮安居平五路故事。

三、曹叡時大幹。這時司馬懿當上了撫軍大將軍、錄尚書事，進入了領導核心，並且最受信任。沒啥說，只有幹了，何況曹丕死前還有託孤遺命。這一階段，在西方防守諸葛亮，北方消滅公孫淵，南方打退孫吳兵，忙活得不輕。

四、曹爽時決戰。曹操、曹丕、曹叡雖然有種種缺點，但都是雄豪聰明之主，方方面面都罩得住。曹芳上臺時還是個九歲娃娃，朝政握在司馬懿和曹爽手中。開始二人相安無事，曹爽因為父親曹真和司馬懿私交很好，司馬懿又功蓋朝廷，故常常以後輩子弟身分商量事情。司馬懿認為曹爽是皇親國戚，地位貴重，自己是外姓人，凡事都讓曹爽在前。後來曹爽手下人多次進言，曹爽才改變態度，把軍權、財權、人權、事權攬於一身，把司馬懿的不同意見當耳旁風。司馬懿看勢頭不對，又躺床上中風去了。這樣曹氏與司馬氏兩集團決戰勢不可免，終於發生了高平陵事變，曹爽等被夷三族。

高平陵事件的過程，緊張熱烈有趣，《三國演義》及正史記述詳盡，無須再饒舌。高平陵事件的結果，是司馬集團全面掌權並不斷壯大，曹氏集團成誅戮對象已處於水深火熱之中。

從決戰雙方人員看，曹爽必敗無疑。此人無計無勇，不知利用與天子同處的政治優勢。下屬獻策，想一夜還未決斷。刀架在脖子上還想當富家翁，沒一點政治敏銳性。他重用的人也都不成器，何晏注老莊，說玄言，但生活中奢侈荒淫。鄧颺更甚，封官許願，其人把其父的小老婆送上，他居然笑納。當時也有順口溜：「以官易婦鄧玄茂」「何鄧丁，亂京城」「曹爽之勢熱如湯，太傅父子冷如漿」，反映了人們的不平。

曹氏失敗符合社會需要和歷史趨勢。人民盼望統一，民心即是天意。曹氏集團自曹操死後走向腐化，曹叡達到高峰。嚴重的腐敗「阻礙社會生產的恢復，自然會延遲三國的統一」（范文瀾語）。而司馬氏集團治家儉易，謙以對人，施政得體，得到大多數人擁護。取代可能延緩統一的曹氏集團，是順理成章之事。

家庭婚姻

司馬懿兄弟八人：伯達、仲達、叔達、季達、顯達、惠達、雅達、幼達。司馬防和司馬朗死後，很自然就由司馬懿接手主持這個大家族。這時家庭空前團結，為了權力這個共同的目標而齊心奮鬥。

老三司馬孚也是個奇特人物，頗有才幹，敢說敢為，緊緊團結在二哥這個領導核心周圍。辦曹操喪事，司馬懿是「老總」（方言，指喪主聘請的治喪委員會主任），他是「副老總」，弟兄倆一力扶持曹丕循禮接了班。除此之外，據說他還祕密訓練大批武裝人員。現在沁河口五龍口山上發現的大溶洞，就是司馬孚的祕密訓練基地。看地圖可知，從五龍口沿廣利渠、濟水順流而下，直達司馬老家，向西可涉孟津渡，向南少說也有兩條航線涉河至南岸，兵力集中很容易。此事如屬實，伐曹爽一役中，司馬孚起了不小作用。

但是他不贊成侄子們大殺曹氏的做法。曹髦被司馬昭殺死，他枕屍於股大哭；曹奐被廢，他執手流涕相送。死時遺言，墓碑要寫上自己是「大魏純臣」。

司馬師兄弟也不簡單。花花公子何晏目空一切，卻很服氣司馬師，說他洞幽知微。弟兄倆是其父的絕好幫手，史載司馬師暗地養武功好手三千人，平日散在民間，打曹爽時一朝畢集，大家都不知來自何處，組織協調能力極強。溫縣招賢鄉一帶是平原，早聽老人們說有司馬懿藏兵洞，近年果真被發現，是不是司馬師的傑作？可惜未到實地看過。

司馬懿有四位夫人、九個兒子，九個兒子中他最喜歡老大司馬師和老二司馬昭，四位夫人中最煩倆寶貝兒子的生母——大夫人張皇后（孫子追封）。

任人評說

一般講史，常說五言詩：「夏商周秦漢，唐宋元明清。」其實不計分裂時期，以天下一統為標準，應當說：「夏商周秦漢晉，隋唐宋元明清。」加上晉、隋才全面。

兩晉前後共一百五十五年，是個歷時不短的王朝，而司馬懿可以說是晉王朝的實際奠基人。他以謀略才幹和極大努力，創建了極盛功勛，奠定了司馬氏集團在魏國朝野不可動搖的地位。他以正確的治國方略，進一步鞏固發展了曹操打下的北方雄厚的實力基礎，為天下統一積蓄了充分的財力和物力。他以明確的戰略指導思想，對付西蜀和孫吳的進攻，卓有成效地保證了內外安定。這樣一個傑出的人物，予以漠視、輕視，實在是不公正的。

關於曹操，很多人為他做翻案文章，至今基本上翻出個眉目了，翻出了相當一部分人的共識。非常可惜，我們的古代焦作老鄉司馬懿還沒有得到這種待遇，他在人們心目中的印象，不是提不起——印象淺，就是不能提——印象壞。實際上這個人很值得研究。

（選自《中州古今》二〇〇三年第三期）

司馬懿的處事特徵

傅鵬

三國魏臣司馬懿（一七九—二五一），以其卓越的政治、軍事才能聞名於世，一千七百多年來盛傳不衰。從他二十九歲被曹操以聰亮明允、剛斷英特召為丞相府的文學掾，到他七十二歲仍重權在握，臨終前四個月還率中軍乘水道討叛臣王凌，四十多年間以其多謀略、善權變的精明機智，為我國北方及三國的統一，奠定了堅實的基礎，做出了突出的成就和貢獻。

司馬懿生於亂世，入仕後又長期處於君側，面對外敵內宦的明爭暗鬥，居於虎穴卻不失，置之危欄而無險，不愧是人間豪傑、良秀俊才。在紛亂複雜的社會政治環境和軍事環境中，他屢屢升遷，身居要職，數立戰功，終於戰勝了舉世所推崇的諸葛亮，消滅了割據遼東的公孫淵。在戰爭的烽煙血火之中，不但為曹魏的統一打下了堅實的基礎，也在進擊的刀光劍影中樹立了自己的權勢和威信。

司馬懿的一生無論在政治，還是在軍事上，都是征戰的一生，但他何以步步都能取得勝利和成功？我們認為關鍵在於司馬懿的一生都具備務實的精神。而這種務實之精要，又具體體現在「適」、「智」、「謹」、「勇」、「謙」五個方面。

適

司馬懿能順應社會發展的歷史潮流，在紛亂複雜的形勢下，敢於面對現實，善於適順現實。常言道，識時務者為俊傑，司馬懿既識時務，自然就是這傑者。

早在魏武時期，曹操每遇大事與其謀，司馬懿輒有奇策，從而消除了曹操對他的猜忌，並贏得了賞識和信任。曹操封魏王後，封司馬懿為太子中庶子，後遷軍司馬，參與軍機。曹操採納司馬懿軍屯良諫，使魏國庫豐盈。

曹丕稱帝後，任司馬懿為尚書，逐漸遷至撫軍大將軍加給事中、錄尚書事，參與曹魏政權重大事務的決策和執行。曹丕曾兩次征吳，皆留司馬懿鎮守許昌，「內鎮百姓，外供軍資」。曹丕臨死前，命司馬懿、曹真、陳群三人輔佐明帝曹叡。曹叡在位十五年死去，臨終前託孤，命司馬懿輔佐少帝曹芳，史稱「受遺二主，佐命三朝」。

司馬懿一生忠心事魏，無論是在錯綜複雜的政治、軍事鬥爭中，還是在發展生產、征服自然的社會管理中，都能順應歷史潮流，充分表現其卓越的膽略和才能。在司馬懿看來，滅賊之要在於積穀，乃大興屯守，廣開淮陽、百尺二渠，又修諸陂於潁元南北萬餘頃。自是淮北倉庾互望，壽陽至於京師，農官屯兵連屬焉，為戰敗蜀漢，擊潰東吳，奠定了雄厚的基礎。

智

司馬懿的智，集中體現在他對事物的獨特見解上。他提出務農積穀建議，使得國用豐贍，直可謂治國方略之長遠大計也。

建安二十四年，關羽率軍攻曹仁於樊城，曹操派于禁助曹仁擊關羽，時值秋季，霖雨不止，漢水汎溢，淹沒于禁所督士軍，步騎三萬盡為關羽所虜，于禁投降，關羽斬將軍龐德，一時威震華夏。曹操亦十分驚恐，欲遷都於黃河之北。

司馬懿卻十分沉著，諫阻曹操匆忙遷都。他認為遷都既向敵人示弱，助長了關羽的凶焰，又會引起淮、沔一帶居民的騷動和不安。他胸有成竹，分析關羽軍威雖盛，以計破之並不難，提出了巧借孫權之力以解樊城之圍的建議。

關羽聞知孫權乘機抄其後路，不免驚慌，欲撤兵回救，而圍樊之戰必將功虧一簣，他猶豫不決。這時孫權先派呂蒙率兵襲公安，占據江陵，另派陸遜攻取宜都。關羽無奈，慌忙放棄樊城之圍，匆忙還當陽，走麥城，十二月被吳將俘獲，被斬於臨沮。

大敵當前，司馬懿沉穩運籌，毫不驚慌，在敵我雙方之外，借用了第三方孫權的力量，利用外力鉗制關羽，不動一刀一卒，以解樊城之圍，其謀略不能不說高人一籌。

司馬懿的智，還可以堅守五丈原、討平公孫淵、計斬曹爽作例證。僅以諸葛亮出兵五丈原、司馬懿進攻遼東兩次戰役來說，同是千里迢迢率兵進攻，同樣遇到了對方以河為塹的防禦陣地，為什麼司馬懿能凱旋而歸，而諸葛亮卻不戰自敗？

孔明西上五丈原，是蜀漢舉行的第六次北伐戰爭。根據當時形勢和地理特點，蜀軍遠征，補給困難，利於速戰，而魏軍坐守，利於持久。司馬懿正是看准了這一點，採取了斂兵不戰的策略，堅決不與蜀軍進行主力決戰。兩軍在渭水兩岸相持了一百多天，蜀軍始終沒有尋到與魏軍主力作戰的良機。諸葛亮坐失戰機，漸漸消耗了蜀國的力量，最後病死五丈原，蜀軍被迫撤退。

而司馬懿進軍遼東，雖然經歷了四千餘里的長途跋涉，兵力之疲憊、軍輜之消耗可想而知，但由於他正確地分析和判斷了公孫淵所處的地理條件和可能採取的作戰方針，只以少數兵力在其漫長的防線上佯攻，而將主力偷渡遼河，直搗對方必救之襄平，以此調動敵人，迫使公孫淵放棄陣地前去營救！司馬懿則調動主力，在運動中將其消滅，贏得了戰爭勝利。

謹

司馬懿出身高級士族，少有奇節，聰明多大略，博學恰聞，伏膺儒教。漢末天下大亂，常慨然有憂天下之心。二十二歲時，郡里舉他為上計掾，曹操決定召用他。但司馬懿見漢朝衰微，又看不起曹操這宦官奉養的子弟，不願屈節事之，就推說身患風痹，不能起居前往。狡詐的曹操當然不信，馬上派人扮成刺客查驗。刺客於夜深人靜時，躍牆穿屋來到司馬懿住處，手持寒光閃閃的利劍，向其刺去。警覺的司馬懿意識到刺客的來意，將計就計，靜臥不動，任刺客所為，毅然放棄了逃禍的努力。刺客見狀，信以為真，收劍而去。儘管曹操詭詐無比，還是被年輕的司馬懿的謹行蒙混過去。他二十九歲時，曹操已當丞相，又招其為文學掾，並言「若復盤桓，便收之」。懿因懼而就職。一踏上仕途，就埋下了恐懼心理，因而在四十多年的政治歷程中，司馬懿不可能不謹小慎微。

正像他臨終前召二子司馬師、司馬昭時講的那樣：

> 吾事魏歷年，官授太傅，人臣之位極矣；人皆疑吾有異志，吾嘗懷恐懼。吾死之後，汝二人善理國政。慎之！慎之！

正是一個「慎」字，使他能夠在大將軍曹爽奏呈曹芳削其重權、轉為太傅、實為一虛職的困境下，積極採取以退為進的策略，裝病麻痺政敵。當曹爽的謀士李勝出任荊州刺史、向其告別以刺探病情之時，他偽裝得天衣無縫：臥床令兩婢扶持；穿衣衣從手落；餵粥粥從口溢；李勝說出任荊州，他故意錯聽為并州，巧妙地為曹爽傳導了一個病入膏肓、奄奄一息的信息，使曹爽放鬆了警惕。二四九年，他年已古稀，當正月初六曹芳率曹爽等文武大臣到洛陽東南九十里的高平陵祭掃先帝曹叡之墓時，他抓住時機，以迅雷不及掩耳之勢，發動了高平陵政變。後又以「謀反」之罪處死曹爽、曹羲、何晏等人，誅及三族，使曹氏軍政大權全部落於司馬氏之手。

司馬懿的謹還表現在軍事上，那就是他成功地運用了防禦戰略。其軍事思想有兩個顯著特點，對後人影響頗深：一是不冒險。一般說來，司馬懿不打無把握之仗，不幹冒險的事，像「空城計」之類的冒險事，他是不會幹的。在部下請戰，說其「畏蜀如虎，令天下人恥笑」、諸葛孔明派使為其送去女人服飾、人格受到污辱的情況下，他也不打無把握之仗；二是重防禦。司馬懿在畢生的軍事生涯中，可謂十分重視防禦，挫敗了蜀漢大軍一次又一次圍攻，把握了戰爭的主動權。他以防為守，以守為攻，以隱藏真，集中體現在一個「謹」字。

勇

司馬懿一生嚴謹，並非只謹不勇。但司馬懿的勇以客觀事實作基礎，以大智作砥柱，不是匹夫之勇，不是魯莽之勇，而是有把握制勝的大智大勇。司馬懿的勇表現在戰場上，為衝鋒陷陣、運籌帷幄。太和元年六月，明帝命司馬懿駐軍於宛，加督荊、豫二州諸軍事。十二月，新城太守孟達謀反，司馬懿以迅雷不及掩耳之勢，火速出擊。神兵自天而降，孟達驚慌失措。司馬懿命大軍攻城，圍攻十三天後，城內支持不住，孟達外甥鄧賢、部將李輔等開門出降，孟達兵敗被殺，司馬懿俘獲萬餘人凱旋歸宛。又乘中儀前來祝捷之機，將這位專威獨斷、隨便「承制刻印，多所假授」的魏興太守抓了起來。又將孟達餘眾七千人遷到幽州，做了妥善布置，消除了威脅。

景初元年，遼東公孫淵發兵反叛曹魏，自稱燕王。次年，魏明帝命司馬懿率師遠征遼東。時值七月，陰雨連綿，遼水暴漲，魏軍將士紛紛要求移營防洪；朝廷聞師遇雨，也咸請召還。明帝曰：「司馬公臨危制變，計日擒之矣。」既而雨止，司馬懿命軍合圍，並築起土山登高俯擊，矢飛如雨，日夜攻城。又命挖地道攻入城中，敵兵傷亡慘重，糧盡柴絕，人心惶惶，終至全敗，實現了司馬懿出征前「往百日，攻百日，還百日，以六十日為休息，如此一年足矣」的精心籌劃，充分展示了其運籌帷幄、戰而必勝的大智大勇。

司馬懿的勇還表現在處變時，沉穩冷靜，應對自如。太和五年，諸葛亮進軍天水，圍曹魏將軍賈嗣、魏平於祁山。司馬懿受詔自荊州入朝，魏明帝說，西方邊事吃緊，事關全域，除了你，他人是難負此任的。於是令其西屯長安，都督雍、涼二州諸軍事，抵禦諸葛亮的十萬大軍。諸葛亮五出祁山，屢屢誘戰，而司馬懿堅守壁壘，絕不上當。不怕誣其為婦人，畏蜀如虎，奈天下人笑，而談笑風生，重待蜀使，收下諸葛亮送來的女人服飾，心平氣和地問：「諸葛公近來起居如何？一天吃多少飯？」又問諸葛公日常處理政事的情況。當知道諸葛亮每日「僅吃三、四升米」，夙興夜寐，連打二十板子以上的處罰都要親自過問的情況後，斷定諸葛亮不能久在人世，不久將死。

司馬懿的勇，還表現在有真知灼見，氣度超凡。正始三年，吳將諸葛恪屯兵安徽，百姓苦之。司馬懿想率軍討之，朝廷論者則多認為諸葛恪據要堅城，積穀豐盛，欲引致官兵。若懸軍遠攻，其救必至，進退不易，未為良策。司馬懿卻見解獨特，認為諸葛恪之長者水也，今攻其城，以觀其變。若用其所長，棄城奔走，此為我勝也。若敢固守，湖水冬淺，船不得行，勢必棄水相救，為其所短，亦為我利也。次年九月，司馬懿督諸軍擊諸葛恪，恪焚燒積聚，果然棄城而逃。

謙

司馬懿一生功勛卓著，但十分注意謙遜。或許司馬懿的謙有歷史緣故，因為在他入仕前，曹操就對其生了戒心；或許他看穿了朝廷上下的陰險，爾虞我詐，明爭暗鬥，一言不慎，有可能被殺頭，甚至株連九族。總之，司馬懿審時度勢，該進則進，該隱則隱，該退則退，不爭強好勝，不圖虛名。一旦確定了該達到的目的，就矢志不移，堅持到底，不受閒言碎語之干擾，不被他人所左右。即使有所權變，也是以事實說話，不急不躁，不傲不鬥，表現了極大的寬容和沉著。所以，司馬懿在朝四十多年，不僅沒有被政敵擊倒，反而愈鍊愈強，愈謙愈榮，其治政和為人之經驗，不能不被世人重視和研究。

司馬懿一生南征北戰，東進西取，多有殊功，然「勛德日盛，而謙恭愈甚」。皇帝多次封賜，他堅辭不受。不居功驕傲，不以勢凌人，他常常告誡子弟曰：「盛滿者道家之所忌，四時猶有推移，吾何德以堪之。損之又損之，庶可以免乎！」

（選自《領導文萃》一九九六年第二期，發表時原名為〈司馬懿務實〉）

司馬懿是如何崛起的

楊曉東

「亂世奸雄」與「異日雄豪」

關於司馬懿在魏武帝時期的活動，《晉書‧宣帝紀》只記寥寥數語，並說：

漢建安六年，郡舉上計掾。魏武帝為司空，聞而辟之。帝知漢運方微，不欲屈節曹氏，辭以風痺，不能起居。魏武使人夜往密刺之，帝堅臥不動。及魏武為丞相，又辟為文學掾，敕行者曰：「若復盤桓，便收之。」

周一良先生〈曹氏司馬氏之鬥爭〉一文中引葉適《習學記言》卷二十九曰：「懿是時齒少名微，豈為異日雄豪之地，而操遽憚之至此？且言『不欲屈節曹氏』，尤非其實，史臣及當時佞諛者，意在誇其素美而無辭以述，亦可笑也。」漢建安六年（二〇一），司馬懿二十二歲，建安十三年（二〇八）魏武帝為丞相再辟司馬懿時，其不過二十九歲，葉適謂之「齒少名微」並非虛言，至於曹操兩次辟舉司馬懿，也並非因為司馬懿在當時享有諸葛亮「臥龍」般的高名，據《三國志．魏書．武帝紀》注引《曹瞞傳》，司馬懿之父司馬防為曹操孝廉之舉主，故曹操辟舉司馬懿在很大程度上帶有報恩之意。這種現象在漢末不足為奇，後漢樊儵曾「上言郡國舉孝廉，率取年少能報恩者，耆宿大賢多見廢棄，宜敕郡國簡用良俊」，甚至有孝廉不為舉主服喪而受貶議，同年孝廉互舉子弟者。而司馬懿之兄司馬朗，也正為曹操所辟，況且也沒有不應徵辟就派刺客謀害的道理。至於司馬懿拒絕徵辟的原因，真相不得而論，但在清議鼎盛的漢末，拒辟以養名，幾乎是每一個被徵辟者所例行的程序，這也可以解釋司馬懿在魏武時期並未受到特別重視的原因。建安十三年辟為文學掾之後，據《晉書．宣帝紀》：

> 使與太子游處，遷黃門侍郎，轉議郎、丞相東曹屬，尋轉主簿。

曹丕立為魏太子是在建安二十二年（二一七），那麼司馬懿似乎在近十年時間中位處閒職，這一點也不難解釋。建安十三年（二〇八）赤壁之戰後，三國鼎立的格局基本形成，曹操的功業也接近巔峰，除了建安十六年（二一一）平定關中和建安二十年（二一五）征張魯外，中間基本沒有大的軍事舉措。此時期作為文學掾的司馬懿，既無軍功也無資歷，況且曹操一直著重「唯才是舉」、「任賢惟能」，自然對其沒有大的升任。至於後來司馬懿任丞相東曹屬、主簿的具體時間，史無明文，那麼他很可能在建安末年出任二職，又遷「軍司馬」，也就是說，在魏武末年，司馬懿開始進入曹操的丞相幕府。對此，《晉書．宣帝紀》又有一段記載：

> 魏武察帝有雄豪志，聞有狼顧相。欲驗之。乃召使前行，令反顧，面正向後而身不動。又嘗夢三馬同食一槽，甚惡焉。因謂太子丕曰：「司馬懿非人臣也，必預汝家事。」太子素與帝善，每相全佑，故免。帝於是勤於吏職，夜以忘寢，至於芻牧之間，悉皆臨履，由是魏武意遂安。

這段中所謂的「三馬同食一槽」的描述，頗有干寶《搜神記》的色彩，顯然是後來的人附會宣、景、文三父子。《晉書》於曹操與司馬懿之間的關係，以疑忌始，以猜忌終，但隨著曹操的去世，司馬懿的命運也隨之改變。

太子四友

黃初元年（二二〇），曹丕代漢自立。眾所周知，曹丕是與曹植經過激烈角逐之後被立為太子的，故曹丕即位之初，在中央及地方多拔置其太子時的舊黨。如以賈詡為太尉（黃初元年），以桓階為尚書令（黃初元年），以陳群為尚書左僕射（黃初元年，二年桓階卒後遷尚書令），以鍾繇為廷尉（及文帝踐阼，又於黃初四年賈詡薨後代為太尉），以司馬懿為督軍、御史中丞（黃初元年，二年遷尚書右僕射），以朱鑠為中領軍（黃初二年，直至曹丕去世）；在地方上則以吳質為振威將軍、假節都督河北諸軍事（黃初元年），曹真為鎮西將軍、都督雍、涼州諸軍事（黃初元年，三年還京師後遷上軍大將軍、都督中外諸軍事、假節鉞），夏侯尚為征南將軍、領荊州刺史、都督南方諸軍事（黃初元年，二年遷征南大將軍），曹休為鎮南將軍，都督揚州諸軍事（黃初元年）。翻檢以上諸人本傳，他們或是「太子之爭」過程中曹丕的支持者，或是與曹丕私情無間者；而司馬懿、陳群、吳質、朱鑠更是號曰「太子四友」。這正是司馬懿騰達的開始。

文帝在位的近六年時間裡，可謂軍國務繁，不斷來往於許昌、洛陽之間，黃初三年孫權復叛之後，戰事增頻，在這種情況下，自然需要可靠且有謀略之人來穩定後方，時任尚書令的陳群和尚書右僕射的司馬懿，當是最合適的人選。《三國志・魏書・陳群傳》說：

（陳群）在朝無適無莫，雅杖名義，不以非道假人。文帝在東宮，深敬器焉，待以交友之禮，常嘆曰：「自吾有回，門人日以親。」及即王位，封群昌武亭侯，徙為尚書。制九品官人之法，群所建也。及踐阼，遷尚書僕射，加侍中，徙尚書令，進爵潁鄉侯。

陳群世為潁川名族，也是魏武帝時期的重要謀臣，曾向曹操舉薦多人，有知人之譽。而司馬懿更是「每與大謀，輒有奇策，為太子所信重」，因此在黃初六年（二二五）時候，兩人對錄尚書事。《三國志・魏書・文帝紀》注引《魏略》載詔曰：

今內有公卿以鎮京師，外設牧伯以監四方，至於元戎出征，則軍中宜有柱石之賢帥，輜重所在，又宜有鎮守之重臣，然後車駕可以周行天下，無內外之慮。吾今當征賊，欲守之積年。其以尚書令潁鄉侯陳群為鎮軍大將軍，尚書僕射西鄉侯司馬懿為撫軍大將軍。若吾臨江授諸將方略，則撫軍當留許昌，督後諸軍，錄後臺文書事；鎮軍隨車駕，當董督眾軍，錄行尚書事；皆假節鼓吹，給中軍兵騎六百人。

以「撫軍大將軍」錄尚書事是司馬懿進入決策中心的標誌。繼而，黃初七年，文帝疾篤，《三國志．魏書．文帝紀》載：

夏五月丙辰，帝疾篤，召中軍大將軍曹真、鎮軍大將軍陳群、征東大將軍曹休、撫軍大將軍司馬宣王，並受遺詔輔嗣主。

文帝崩時，武帝朝之舊將諸曹、夏侯氏已相繼零落。而文帝之所以敢以陳群、司馬懿為顧命，自然也是因為曹真、曹休手握兵權的緣故。而王夫之在《讀通鑑論》卷十《三國》中評論說：

魏之亡，自曹丕遺詔命司馬懿輔政始。懿之初起為文學掾，豈夙有奪魏之心哉？魏無人，延懿而授之耳。……丕之詔曹真、陳群與懿同輔政者，甚無謂也。子叡已長，群下想望其風采，大臣各守其職司，而何用輔政者為？其命群與懿也，以防曹真而相禁制也。然則雖非曹爽之狂愚，真亦不能為魏藩衛久矣。以群、懿防真，合真與懿、群而防者，曹植兄弟也。

船山先生因其時代之故，多作憤激之辭。考察當時情勢，曹丕設立輔政十分必要，明帝即位之時雖已二十二歲，但因其為太子日淺，《三國志・魏書・明帝紀》載：「（黃初）七年夏五月，帝病篤，乃立為皇太子。丁巳，即皇帝位，大赦。」又注引《世語》曰：

帝與朝士素不接，即位之後，群下想聞風采。居數日，獨見侍中劉曄，語盡日。眾人側聽，曄既出，問：「何如？」曄曰：「秦始皇、漢孝武之儔，才具微不及耳。」

試想，明帝從立為太子到即位為帝不足一月，況「與朝士素不接」，曹丕以四人輔政自在情理之中。至於王夫之認為要合真與懿、群以防範曹植兄弟，又大可不必。時曹植兄弟實是朝不保夕，對此論述已多，陳登原在《國史舊聞》卷十七「曹魏苛待宗室」條有說明，此不多論。

主弱臣強

考察魏明帝其人，並非庸碌無為者，前面劉曄所說秦皇、漢武之儔，才具微不及的話也不為誇毗，其治國方略，儒法並用，而非文帝的「通達」作風。《三國志・魏書・明帝紀》注引《魏書》：「帝生數歲而有岐嶷之姿……好學多識，特留意於法理。」又同《紀》：「（太和三年）冬十月，改平望觀曰聽訟觀。帝常言『獄者，天下之性命也』，每斷大獄，常幸觀臨聽之。」又《三國志・魏書・陳矯傳》載：

明帝即位……車駕嘗卒至尚書門，矯跪問帝曰：「陛下欲何之？」帝曰：「欲案行文書耳。」矯曰：「此自臣職分，非陛下所宜臨也。若臣不稱其職，則請就黜退。陛下宜還。」帝慚，回車而反。

明帝留心法理及欲案行文書，都說明他諳熟於治國之道，在這種情況下，明帝與輔政大臣之間的關係也頗值得注意，《三國志・魏書・明帝紀》注引孫盛曰：

聞之長老，魏明帝天姿秀出，立發垂地，口吃少言，而沉毅好斷。初，諸公受遺輔導，帝皆以方任處之，政自己出。

明帝既以方任處輔政的情況，「政自己出」，則勢必與輔政之間有所齟齬。對此時之政局，當時孫權在與諸葛瑾書中曾有評論，《三國志．吳書．諸葛瑾傳》：

近得伯言表，以為曹丕已死，毒亂之民，當望旌瓦解，而更靜然。……聞任陳長文、曹子丹輩，或文人諸生，或宗室戚臣，寧能御雄才虎將以制天下乎？……又長文之徒，昔所以能守善者，以操笮其頭，畏操威嚴，故竭心盡意，不敢為非耳。逮丕繼業，年已長大，承操之後，以恩情加之，用能感義。今叡幼弱，隨人東西，此曹等輩，必當因此弄巧行態，阿黨比周，各助所附。如此之日，奸讒並起，更相陷懟，轉成嫌貳。一爾已往，群下爭利，主幼不御，其為敗也焉得久乎？所以知其然者，自古至今，安有四五人把持刑柄，而不離刺轉相蹄齧者也！強當陵弱，弱當求援，此亂亡之道也。

這段話中，曹魏政權在明帝時期雖不至「亂亡」，但孫權所論的主弱臣強的局勢大致不差，我們可以從太和四年曹真伐蜀一事以見一斑。

曹真在明帝即位之初「遷大將軍」；太和四年，曹休已死，曹真又「遷大司馬，賜劍履上殿，入朝不趨」。此於曹真則人臣之貴已極，但同年曹真伐蜀，則執意而行。《三國志．魏書．陳群傳》中載：

> 太和中，曹真表欲數道伐蜀，從斜谷入。群以為「太祖昔到陽平攻張魯，多收豆麥以益軍糧，魯未下而食猶乏。今既無所因，且斜谷阻險，難以進退，轉運必見鈔截，多留兵守要，則損戰士，不可不熟慮也」。帝從群議。真復表從子午道，群又陳其不便，並言軍事用度之計。詔以群議下真，真據之遂行。

「詔以群議下真，真據之遂行」，《通鑑》胡三省此處評注曰：

> 詔以群議下真，將與之商度可否也。真銳於出師，遂以詔為據而行。

曹真之「銳於出師」，是否存心違抗朝廷，不得而知，但很有伐蜀立威的嫌疑。且曹真出師之後，又有太尉華歆、少府楊阜、散騎常侍王肅等多人疏陳出師之弊，最終曹真雖聽詔班師，但實是因為當時「大霖雨三十餘日，或棧道斷絕」。曹真太和四年八月出師，而太和五年三月卒。其負氣而出，未捷而返，跋扈之行跡已露，明帝對之實屬無奈，這正應孫權所說的「主幼不御」之語。

再來看曹休，因太和二年曹休已死，明帝時期並沒有太多事情可述，但若細心考察，還是有可疑之點。《三國志．魏書．劉放傳》注引〈資別傳〉：

資曰：「陛下思深慮遠……文皇帝始召曹真還時，親詔臣以重慮，及至晏駕，陛下即阼，猶有曹休外內之望，賴遭日月，御勒不傾，使各守分職，纖介不間。」

關於「曹休外內之望」，清人何焯認為：

〈孫資別傳〉有文皇帝晏駕，陛下即阼，猶有曹休外內之望云云。（何焯）按：明帝與曹休無間，知〈資別傳〉為妄。

何焯之言，似未深考。曹休之死，史載其為吳詐敗：

休上書謝罪，帝遣屯騎校尉楊暨慰諭，禮賜益隆。休因此癰發背薨，謚曰壯侯，子肇嗣。

敗軍而不治，反禮賜益隆，但又何至於「癰發背薨」？因此我們雖不確知曹休當時之隱情，但明帝與曹休不為「無間」可知！

宗室與異姓功臣的明爭暗鬥

同為輔政的陳群在當時的處境，我們也可以從下面材料中看出大概，《三國志・魏書・吳質傳》注引〈質別傳〉曰：

（質）太和四年，入為侍中。時司空陳群錄尚書事，帝初親萬機，質以輔弼大臣，安危之本，對帝盛稱「驃騎將軍司馬懿，忠智至公，社稷之臣也。陳群從容之士，非國相之才，處重任而不親事。」帝甚納之。明日，有切詔以督責群，而天下以司空不如長文，即群，言無實也。

「帝甚納之」說明對陳群的積怨已非一日，故有明日督責陳群的「切詔」。而司馬懿的命運似乎不同，《晉書．宣帝紀》：

太和元年六月，天子詔帝屯於宛，加督荊、豫二州諸軍事。

司馬懿之掌握軍權，實始於此時，前雖以撫軍大將軍輔政，但並不掌兵，而正是在都督荊、豫之時，司馬懿初步顯示了其軍事才能，西擒孟達、兼討申儀，並於太和二年協助曹休伐吳。吳質為文帝寵臣，「侍中」又為近密之職，或許也是這番話的作用，明帝以時任驃騎將軍的司馬懿為「大將軍，加大都督，假黃鉞，與曹真伐蜀」，用來牽制曹真。太和五年曹真死後，又直接以司馬懿西屯長安，都督雍、梁二州諸軍事，擔負起抵禦曹魏最強勁的對手諸葛亮的進攻。此時的司馬懿威望卓著，已有震主之威。《三國志．魏書．張郃傳》注引《魏略》曰：

亮軍退，司馬宣王使郃追之，郃曰：「軍法，圍城必開出路，歸軍勿追。」宣王不聽。郃不得已，遂進。蜀軍乘高布伏，弓弩亂發，矢中郃髀。

張郃是武帝舊將，立赫赫戰功，「識變數，善處營陳，料戰勢地形，無不如計，自諸葛亮皆憚之」，官拜車騎將軍。然正是司馬懿親促其死，趙翼也在其《廿二史箚記》「《三國志》多回護」條中據此為證：

五年，亮出軍祁山，司馬懿遣張郃來救，郃被殺，亦皆不書。……由此可見其書法，專為諱敗誇勝為得體也。

但明帝也只有嘆息而已。司馬懿於青龍三年（二三五）「遷太尉，累增封邑」，屯長安將近八年，數與諸葛亮對壘，以智謀和持重屢建奇功，直至景初元年（二三七）公孫淵反叛，才被再次召回京師。作為異姓功臣，司馬懿自然有危機之感，在此之前，《三國志．魏書．陳矯傳》注引《世語》：

帝憂社稷，問矯：「司馬公忠正，可謂社稷之臣乎？」矯曰：「朝廷之望；社稷，未知也。」

可見明帝對司馬懿也是有猜疑之心的。但在景初二年（二三八）十二月，明帝寢疾不豫，景初三年正月，司馬懿還至河內，「帝驛馬召到，引入臥內，執其手謂曰：『吾疾甚，以後事屬君，君其與爽輔少子。吾得見君，無所恨！』宣王頓首流涕」。這就是歷史上眾說紛紜的「登堂把臂」之託，《三國志・魏書・劉放傳》載之較詳：

其年，帝寢疾，欲以燕王宇為大將軍，及領軍將軍夏侯獻、武衛將軍曹爽、屯騎校尉曹肇、驍騎將軍秦朗共輔政。宇性恭良，陳誠固辭。帝引見放、資，入臥內，問曰：「燕王正爾為？」放、資對曰：「燕王實自知不堪大任故耳。」帝曰：「曹爽可代宇不？」放、資因贊成之。又深陳宜速召太尉司馬宣王，以綱維皇室。帝納其言，即以黃紙授放作詔。放、資既出，帝意復變，詔止宣王勿使來。尋更見放、資曰：「我自召太尉，而曹肇等反使吾止之，幾敗吾事！」命更為詔，帝獨召爽與放、資俱受詔命，遂免宇、獻、肇、朗官。太尉亦至，登床受詔，然後帝崩。

而《三國志・魏書・明帝紀》注引《漢晉春秋》與此略有不同。因史料的不足，本文不擬揣測當時之真相。但《三國志・魏書・劉放傳》注引〈資別傳〉中有一則材料值得注意：

帝詔資曰：「吾年稍長，又歷觀書傳中，皆嘆息無所不念。圖萬年後計，莫過使親人廣據職勢，兵任又重。今射聲校尉缺，久欲得親人，誰可用者？」

也就是說，明帝曾有過以宗室據兵任的想法，而最後似乎也得以實現，本欲以之輔政的領軍將軍夏侯獻、屯騎校尉曹肇、驍騎將軍秦朗以及後來輔政的武衛將軍曹爽，都掌握重要的禁衛軍權，但在最後時刻，由於掌機密達三十年的孫資、劉放拉攏司馬宣王再次加入輔政之列，從而改變了曹魏王朝的命運。不過可以肯定的就是，當時宗室並沒有傑出人物來做支撐，也確是實情。

（選自《理論月刊》二〇〇九年第二期，發表時原名為〈司馬懿崛起之路試析〉）

兵動若神、謀無再計的司馬懿

毛元佑

在《三國演義》中，司馬懿被描繪成一個膽小怕事、猶豫不決、被諸葛亮玩弄於股掌之上的無能統帥。這是文學作品對司馬懿的極大歪曲和醜化。事實上，司馬懿是我國歷史上特別善於謀算的一位傑出軍事統帥。他不僅同足智多謀的諸葛亮分庭抗禮，甚至笑到了最後，成為最終的獲勝者。

工於心計，雄略內斷

司馬懿（一七九—二五一），字仲達，河內溫縣（今屬河南）人，出身世家大族，祖祖輩輩當官。優越的家庭環境使他受到了良好的文化教育。青年時代的司馬懿，聰明勤奮，博學多才，不僅熟諳儒家經典，還刻苦鑽研兵書。時值漢末天下大亂，哀鴻遍野，民不聊生。心憂天下而又才華出眾的司馬懿深受當時士族的推崇，聲名遠播。曹操大權獨攬之後，經常徵召各地豪傑名士充當部屬幕僚。開始時，司馬懿不齒曹操的為人，以生病為由拒絕應召。後來，曹操以逮捕治罪相威脅，司馬懿不得已才當了丞相主簿，為曹操出謀劃策。曹操雖然將司馬懿網羅到自己身邊，但看出他絕非等閒之輩，對他倍加防範，不予重用，並告誡自己的兒子曹丕：「司馬懿不是池中之物，不甘久居人下，將來必定會干預朝政，甚至篡奪政權，你應小心提防。」司馬懿得知消息，更加小心謹慎，韜晦謙恭。這樣，才逐漸打消了曹操父子的疑慮，贏得了他們的信任。曹操死後，曹丕提拔重用司馬懿，任用他為大將軍，司馬懿的軍事才能有了充分施展的機會。此後他多次率軍出征討伐，屢戰屢勝，逐漸掌握了魏的朝政。魏明帝去世時，臨終託孤，讓曹爽、司馬懿兩人輔佐新帝。曹芳即位後，司馬懿和曹爽兩人開始了爭權奪利的鬥爭。曹爽竭力削弱和排擠司馬懿的勢力，司馬懿假裝病重，暗中等待時機。他趁皇帝和曹爽出城掃墓的機會，發動政變，誣稱曹爽謀反，免去曹爽官職，把曹爽及其黨羽全部處死，從此大權在握。後來，他的孫子司馬炎代魏自立，建立了西晉王朝。

京戲裡的司馬懿是個大白臉，一出場觀眾就知道此人奸詐多謀。大白臉是京戲臉譜的誇張，但司馬懿工於心計，卻是事實。

兵動若神，謀無再計

二二七年，魏文帝病逝，魏明帝即位，任命司馬懿為驃騎將軍兼都督荊、豫二州諸軍事，領兵屯駐宛城（今河南南陽）。魏新城太守孟達原是蜀將，懷疑朝廷對自己不信任，才派司馬懿來監視自己，因此暗中打算再度投降蜀國。司馬懿得知消息，深感形勢嚴峻。孟達手下雖然兵力不多，但如果起兵反魏，配合蜀軍北出祁山，勢必從側翼威脅魏軍。新城接近襄陽、南陽，如果被蜀占領，便使蜀占據了一個威脅中原的前哨陣地，將對魏帶來無窮後患。司馬懿當即寫信給孟達，再三安慰，以穩住孟達，延緩他起兵反魏。孟達本是一個反覆無常、胸無主見之人，接到司馬懿的信後，遲疑不決。諸葛亮告誡孟達加緊防範，不要中了司馬懿的緩兵之計。孟達認為，司馬懿駐在宛城，即使採取行動，也必須在得到魏帝批准後才能率軍前來。宛城到京都洛陽八百里，來回一千六百里。宛城到自己鎮守的上庸（今湖北竹山西南）一千二百里，加起來兩千八百里。一來一回，司馬懿大軍需要一個月才能到達新城。因此，孟達認為時間充裕，遂放鬆了對司馬懿的戒備。不曾想司馬懿先斬後奏，不經請示朝廷就自行出兵，倍道兼行，只用了八天時間即到達新城郡府上庸。上庸城三面環水，面臨如同神兵天降的魏軍，孟達驚慌失措，於水中倉促設了一道木柵。司馬懿下令諸軍渡水攻破木柵，直逼城下。持續猛攻十六天，攻破城池，斬殺孟達。

司馬懿老謀深算，在抗擊諸葛亮北伐曹魏的戰爭中表現得淋漓盡致。二三四年，諸葛亮五出祁山，率兵到達今陝西眉縣，集結於渭水南岸。司馬懿對部將說：「諸葛亮如果從武功（今陝西周至縣西）出發，依山東進，局勢將對我不利。如果西上五丈原（今陝西岐山縣南），我們就可高枕無憂。」結果，諸葛亮率兵進駐五丈原，與魏軍對壘，讓司馬懿大大鬆了一口氣。蜀、魏兩軍相持一百多天，蜀軍多次挑戰，魏軍始終高掛免戰牌，不予理睬。諸葛亮為激怒司馬懿出戰，派人給他送去一套婦女的衣服，以嘲笑他怯懦無能，甚至不如一個婦人。司馬懿清醒地認識到，蜀軍遠道而來，後勤供應十分困難，不利於持久作戰。只要魏軍堅守不戰，蜀軍就會師老兵疲，不戰自退。但為了安撫憤怒不已的部將，司馬懿假裝勃然大怒，多次上表請戰，結果被曹魏朝廷阻止。對於司馬懿的表演，諸葛亮看得很清楚。他說：「司馬懿本來就沒有出戰的打算。他之所以上書請求出戰，不過是為了做做樣子給眾人看的。將在軍，君命有所不受。如果他真心要戰，又怎會向千里之外的朝廷請戰呢？」

司馬懿從蜀軍派來的使者口中，得知諸葛亮日夜操勞，事必躬親，每天的飯量很小，判斷諸葛亮來日無多，因此，他面對挑釁，不為所動，堅壁不出。果然，不到幾個月，諸葛亮積勞成疾，病逝軍中，蜀軍撤走。司馬懿唯恐其中有詐，不敢大膽追擊，使蜀軍得以從容退回漢中。有人因此譏笑司馬懿：「死諸葛嚇走生仲達。」司馬懿聽說後笑道：「我能料生，不能料死。」在此戰中，司馬懿抓住蜀軍勞師遠征、不能持久的弱點，堅持疲敵誤敵持久防禦的方針，面對挑戰和人身侮辱，不急不躁，老成持重，終於贏得了勝利。

司馬懿善於謀算，關鍵在於知己知彼。二三七年，遼東太守公孫淵自立為燕王，公開反魏，割據稱雄。次年，魏明帝命令司馬懿領兵四萬討伐公孫淵。司馬懿在給明帝分析預測戰爭進程時說，公孫淵有上、中、下三計可行。上策是棄城退走，中策是依託遼河抗拒魏軍，下策是困守其都城襄平（今遼寧遼陽）。此人缺少智慧，以為我軍孤軍遠征，不能持久，因此必定採用中、下計。此次行動，行軍一百天，回軍一百天，作戰一百天，休整六十天，前後共需一年時間就可以討平公孫淵。戰事的進展果然如其所料。司馬懿率軍至遼東，公孫淵派兵數萬在遼河東岸列陣，抗拒魏軍。司馬懿聲東擊西，以少量部隊偽裝主力，佯攻燕軍，吸引和牽制燕軍主力，司馬懿親率大軍從燕軍北部偷渡遼河，直指襄平。燕軍見魏軍主力直搗老巢，急忙棄營回援。司馬懿乘燕軍離開營壘，在野外縱兵攻擊，大破燕軍主力，然後將襄平四面包圍。當時正值雨季，遼河河水暴漲，襄平城四周全部被淹，水深數尺，魏軍營帳全都泡在水裡，軍心浮動，處境艱難，但司馬懿卻按兵不動。部下問他，過去攻打上庸，急進猛攻，如今遠道而來，卻行動遲緩，道理何在？司馬懿回答：「孟達兵少糧多，可以持久，我軍兵多糧少，只能速戰速決，因此，不顧死傷，猛攻上庸。如今則不同，敵眾我寡，敵饑我飽，再加上雨天又不適於進攻。我軍遠道而來，不怕與敵人作戰，就怕敵人逃跑。現在敵人糧食將盡，只憑人多和氣候與我相持。因此，只要遷延時日，敵人彈盡糧絕，必然不戰自潰。」不久，雨停水退，魏軍四面合圍襄平，晝夜進攻。公孫淵戰不能戰，守不能守，逃又不能逃，只得遣使求和。司馬懿看到勝券在握，拒絕公孫淵的求和。燕軍求和無望，軍心瓦解。公孫淵無計可施，只得棄城突圍，結果被殺。司馬懿正好用了一年時間，順利平定公孫淵。

對司馬懿的指揮才能，同時代的孫權稱讚他「所向無敵」。《晉書》說他「善用兵，變化若神，所向無前」。就連後來能征善戰的唐太宗李世民也讚不絕口：「觀其雄略內斷，英猷外決，殄公孫於百日，擒孟達於盈旬，自以兵動若神，謀無再計矣。」

（選自《國防》二〇〇七年第四期，發表時原名為〈兵動若神　謀無再計：三國著名將領司馬懿〉）

司馬懿早就有篡逆之心嗎

樂文潔

司馬懿在曹魏政權內四十餘年，歷經武帝、文帝、明帝，是為三朝元老，但同時也是曹魏政權的掘墓人，他於正始十年發動高平陵政變，篡奪了政權，為後來西晉的建立打下根基。史學界大多認為司馬懿的叛逆之心產生於明帝死後，其勢力已經無可匹敵之時，但事實上，他的不臣之心從入仕之初即產生了。

被迫入仕

在正史材料的記載中，可以看到司馬懿早年並不願入仕曹氏政權：

漢建安六年，郡舉上計掾。魏武為司空，聞而辟之。帝知漢運方微，不欲屈節曹氏，辭以風痺，不能起居。魏武使人夜往密刺之，帝堅臥不動。及魏武為丞相，又辟為文學掾，敕行者曰：「若復盤桓，便收之。」帝懼而就職。[1]

史家對這段材料歷來有爭議。周一良先生引宋人葉適《習學記言》「懿是時齒少名微，豈為異日雄豪之地，而曹操遽憚之至此？且言『不欲屈節曹氏』……亦可笑也」，謂「葉氏之言近是」，對司馬懿是否真不願入仕表示懷疑[2]。今人張大可也認為，司馬懿「未急用於世，不受曹操徵辟，坐作聲價」，並非真不願入仕[3]。

但筆者認為，司馬懿早年確有避世之心。

首先，《晉書．宣帝紀》載司馬懿：

少有奇節，聰朗多大略，博學洽聞，伏膺儒教。

從其家世出身上看，司馬懿和曹操從一開始就是對立的。陳寅恪先生曾指出：

魏晉統治者的社會階級是不同的。不同處是：河內司馬氏為地方上的豪族，儒家的信徒；魏皇室譙縣曹氏則出身於非儒家的寒族。[4]

魏晉時期社會等級劃分森嚴，同樣作為統治階級的「士族」即陳寅恪先生所說之「豪族」，與門第出身較低的「寒族」，在社會地位上差距甚大。士族不與寒族通婚，甚至不相往來。二者的思想意識形態也有所差別：東漢以來的世家大族多伏膺名教傳統，以儒家思想為指導，而「寒族」則傾向於實踐性、功利性強的名法思想。

曹操出身寒族，且與閹宦有關，這便決定了曹氏的崇尚與政策和崇尚儒學的士族大不一樣。據史料記載，曹操性忌，「重豪強兼併之法」[5]，壓制士族，且「細政苛慘，科防互設」[6]；對其下屬「掾屬公事，往往加杖」，以至於使何夔做出「常畜毒藥，誓死無辱」的極端行為[7]。熊德基先生在其文〈魏晉南北朝時期階級結構研究中的幾個問題〉中

1《晉書．宣帝紀》。
2 周一良，《魏晉南北朝史札記》（北京：中華書局，一九八五），頁二六。
3 張大可，《三國史研究》（北京：華文出版社，二〇〇三），頁三九〇。
4 萬繩楠，《陳寅恪魏晉南北朝史講演錄》（安徽：黃山書社，一九八七）。
5《三國志．魏書．武帝紀》。
6《三國志．魏書．袁紹傳》注引《魏氏春秋》載紹檄州郡文。
7《三國志．魏書．何夔傳》。

考證，曹操在政治上傾向於庶族地主，故除鍾繇在關中因情況特殊而能獨當一面外，他是不讓士族地主領兵的。直到司馬懿掌兵後，其子孫才藉此而取得天下，士族才從此得以專政[8]。

司馬懿的家族河內司馬氏是當地的望族，伏膺儒教，其家族成員世代為官。以士族出身而屈從於寒族出身，欲圖篡漢的曹操，顯然與其從小接受的社會觀念和儒家思想相衝突。這是司馬懿當初不願屈節曹氏的一個原因。

另外，《三國志・魏書・胡昭傳》注引《高士傳》載：

初，晉宣帝為布衣時，與昭有舊。同郡周生等謀害帝，昭聞而步陟險，邀生於崤、澠之間，止生，生不肯。昭泣與結誠，生感其義，乃止。

胡昭是當時的著名隱士，曹操為司空、丞相時，多次對他禮辟，他都婉言謝絕，終生不仕。他比司馬懿年長十七歲，二人有如此至深的情誼，可謂忘年之交、生死之交。由此可知，二人在思想觀點上必有極強的共鳴。曹操徵辟胡昭的時間與徵辟司馬懿相仿，故此時少年司馬懿有避世之心也屬自然。這是他不願屈節曹氏的第二個原因。

狡詐自隱，權變應世

入仕之後，司馬懿不久即迅速成為一個曹氏政權的積極擁護者。建安十六年，曹操討張魯，司馬懿從之並獻策曰：

劉備以詐力虜劉璋，蜀人未附而遠爭江陵，此機不可失也。今若曜威漢中，益州震動，進兵臨之，勢必瓦解。因此之勢，易為功力。聖人不能違時，亦不失時矣。

建安二十四年，孫權上表陳說天命，司馬懿亦趁勢勸進曰：「漢運垂終，殿下十分天下而有其九，以服事之。權之稱臣，天人之意也。虞、夏、殷、周不以謙讓者，畏天知命也。」[9]這與其當初「不欲屈節曹氏」判若兩人，又將作何理解？我們可以從心理學的角度，依其氣質、性格來分析：從心理學上講，氣質是個人典型的穩定的心理活動的動力

8《魏晉隋唐史論集》第一輯（北京：中國社會科學出版社，一九八一）。
9《晉書．宣帝紀》。

特徵，具有先天性；而性格是表現人對現實的態度和行為方式的個性特徵，是長期生活實踐中塑造出來的。氣質是性格形成的自然基礎；性格對氣質有一定制約作用，能夠在一定程度上調控、掩蓋或改造氣質。司馬懿的氣質屬於典型的「多血質」。此類型人物的各種心理活動和外部動作都非常敏捷而又極易發生變易，感受性低而耐受性較高。情緒興奮性高，善於表現，可塑性強。其活潑好動，頗不甘於寂寞；情緒和情感活動靈活多變，外部表露明顯。

司馬懿本不願加入曹氏集團，但經曹操的幾次威逼之後即就範，與三國時期許多寧死不仕的儒者形成鮮明的對比，這與其氣質的多變性有關。而他在被迫入仕後，又屢遭曹操的猜忌：

魏武察帝有雄豪志，聞有狼顧相，欲驗之。乃召使前行，令反顧，面正向後而身不動。又嘗夢三馬同食一槽，甚惡焉。因謂太子丕曰：「司馬懿非人臣也，必預汝家事。」太子素與帝善，每相全佑，故免。帝於是勤於吏職，夜以忘寢，至於芻牧之間，悉皆臨履，由是魏武意遂安。[10]

這從一方面反映出青年司馬懿在從政之初並不善於自我掩飾，於外部表露明顯；同時他在得知被懷疑之後果斷採取措施，免除殺身之禍，也得益於其敏捷善變的氣質。

正是以這種氣質為基礎，他才能夠在險惡的政治環境中生存下去。而史料記載他「內忌而外寬，猜忌多權變」，堅忍狡詐，「及平公孫文懿，大行殺戮。誅曹爽之際，支黨皆夷及三族，男女無少長，姑姊妹之適人者皆殺之，既而竟遷魏鼎云」[11]。可見其手段之殘忍、陰毒。他還精於偽裝，在與曹爽集團的鬥爭中，詐病不理政務，李勝前去刺探虛實，他便做出一副「年老枕疾，死在旦夕」之態，李勝竟對政敵動了惻隱之心，垂淚向曹爽彙報說：「太傅不可復濟，令人愴然。」[12]這便是他在殘酷的政治鬥爭中練就的性格。如此，司馬懿才得以巧妙地騙過曹氏集團，在其政權內部逐漸扎下根基。

始有豪志，終成權臣

三國時期群雄並起，曹魏政權內部亦人才濟濟、臥虎藏龍，而司馬懿最終能夠奪得政

10《晉書・宣帝紀》。
11《晉書・宣帝紀》。
12《三國志・魏書・曹爽傳》、《魏末傳》。

權，這還需要相應的客觀條件以及歷史機遇的眷顧。然而，外因是事物變化發展的依據，內因是事物變化發展的條件。司馬懿的個人意願也是不容忽視的，這是他後來能夠奪權的主觀前提條件。

起初，曹操以多年的政治敏感度懷疑司馬懿有「雄豪志」、「非人臣」，是相當準確的。《晉書・宣帝紀》載司馬懿：

少有奇節，聰朗多大略，博學洽聞，伏膺儒教。漢末大亂，常慨然有憂天下心。

年少時期即胸懷天下，與其直到晚年發動高平陵政變而自立家門，是相吻合的。

綜上所述，司馬懿在入仕之初即懷著雄豪之志與叛逆之心，在曹魏政權內部潛伏四十餘年，表面上臣服於曹氏，但實際上從未改變自己的初衷。確切地講，他在曹氏政權內所做的一切，都是在為自己服務，為自己的事業奠定基礎。

（選自《湖南工業職業技術學院學報》二〇〇九年第三期，發表時原名為〈司馬懿早期與曹魏政權之關係〉）

權傾天下

曹氏司馬氏之鬥爭

周一良

魏末曹氏、司馬氏之政治鬥爭，根源甚久，歷時甚長，極為尖銳激烈。《晉書》卷一本紀謂司馬懿早年本「不欲屈節曹氏」，故曹操為司空時辟之，懿「辭以風痺，不能起居」，以至操曾使人密往行刺。曹操為丞相，又辟司馬懿為文學掾，「敕行者曰：『若復盤桓，便收之。』」懿懼而就職。葉適曾謂：

> 懿是時齒少名微，豈為異日雄豪之地，而曹操遽憚之至此？且言「不欲屈節曹氏」，尤非其實，史臣及當時佞諛者，意在誇其素美而無辭以述，亦可笑也。[1]

1《習學記言》卷二十九。

葉氏之言近是。然司馬懿深沉狡詐，終操之世實未受重用，亦終免於曹操之嫉視。當孫權上表曹操稱臣時，司馬懿亦乘勢勸進曰：「漢運垂終，殿下十分天下而有其九，以服事之。權之稱臣，天人之意也。」十分之九云云，顯係阿諛誇大之詞，此即司馬懿善自保護、以騙取信任之一端也。

曹爽被殺與司馬懿「營立家門」

二三九年，魏明帝曹叡卒，司馬懿與曹爽受遺詔輔政。十年之後，於二四九年殺曹爽，獨攬政權。司馬懿欺騙曹爽，使其不為之備，詐病以見李勝，種種偽裝，可謂極詭譎之能事。而在爭奪政權之鬥爭中，司馬氏對曹氏取得決定性勝利，即在曹爽及其一黨之誅除。《三國志・魏書》卷二十八〈鍾會傳〉注引《世語》云，曹爽被殺後，「夏侯霸奔蜀，蜀朝問司馬公如何德。霸曰：『自當作家門。』」又引《漢晉春秋》：

> 姜維問之曰：「司馬懿既得彼政，當復有征伐之志不？」霸曰：「彼方營立家門，未遑外事。」

所謂「營立家門」，並非謀求發家致富，而是謀求取代曹氏、篡奪政權，司馬氏之心固不待司馬昭而路人皆知矣。《習學記言》卷二十七謂司馬懿「虛位無權，勢同單庶，一旦因人主在外，閉門截橋，劫取事柄，與反何殊？此至愚者不敢為」，以為是一異事，實則對司馬氏估計過低也。

政治鬥爭必有黨羽，曹爽有何晏、丁謐、鄧颺等。魏朝大臣之中，明顯黨於司馬氏及偏向於司馬氏者更多。如何曾、荀顗、石苞，皆司馬氏死黨也。當曹爽執政時，司馬懿稱疾，「曾亦謝病，爽誅，乃起視事。魏帝之廢也，曾預其謀焉」。《晉書》卷三十三本傳言，咸熙初司馬昭封晉王，何曾與高柔、鄭沖俱為三公，「將入見，曾獨致拜盡敬，二人猶揖而已」[2]。高貴鄉公即位後，荀顗為司馬師謀劃：「今上踐阼，權道非常，宜速遣使宣德四方，且察外志。」其目的即在於監視地方之擁曹勢力。荀顗討好司馬氏，又唯恐落後於何曾，亟仿其先例，以魏之三公身分而拜封為晉王之司馬昭[3]。石苞之為司馬氏盡力，更死心塌地、無微不至。《晉書》卷三十三本傳云：

---

2 張熠，《讀史舉正》四據〈高柔傳〉及《陳留王紀》，謂柔死於景元四年，咸熙初「安得尚存」。

3《晉書》卷三十九本傳、卷三十三〈王祥傳〉。

> 苞因入朝。當還，辭高貴鄉公，留語盡日。既出，白文帝曰：「非常主也。」數日而有成濟之事。

司馬昭死後，葬禮未定。石苞以為「基業如此，而以人臣終乎」？於是高規格之葬禮遂定。「後每與陳騫諷魏帝以歷數已終，天命有在。及禪位，苞有力焉」。又如蔣濟、高柔、王觀、孫禮，多為魏室舊臣，年歲已老，先依違於曹爽、司馬懿兩黨之間，而終在曹爽失敗後倒向司馬氏者也。《魏志》卷十四〈蔣濟傳〉稱濟隨司馬懿屯洛水浮橋，知其必參與除曹爽之陰謀。爽死後，蔣濟進封都鄉侯，邑七百戶。注引《世語》云：

> 初，濟隨司馬宣王屯洛水浮橋，濟書與曹爽，言宣王旨唯免官而已。爽遂誅滅，濟痛其言之失信，發病卒。

司馬懿殺曹爽後，高柔「假節行大將軍事，據爽營。太傅（司馬懿）謂柔曰，君為周勃矣」[4]。行大將軍事，即取代曹爽。曹爽事件後，孫禮入為司隸校尉，乃代替曹爽黨人畢軌。王觀則「行中領軍，據爽弟羲營，賜爵關內侯，復為尚書」[5]。中領軍為取代曹羲。爽黨何晏、丁謐、鄧颺等皆為尚書，王觀原亦為尚書，為爽所免，今復其職。此皆司馬氏「作家門」之內容也。

葉水心謂何晏、鄧颺「皆勝流名士，並居要職，命令所由出；方天子朝陵，爽、羲扈從，未知晏、颺之流安在，而變起倉猝。但有桓範拔劍南奔」，以此為二異，而未見黨於司馬氏者更多於何、鄧也。王懋竑《白田草堂存稿》五雜著門「魏志餘論」條亦論蔣濟、高柔、孫禮、王觀，謂蔣濟與餘人有所不同。據濟讓爵所云「語識則臣不先知，語戰則非臣所率」，以為「益自明其非懿之黨。而於爽之誅，力言曹真之勛不可無後，則猶能與懿異也。懿誅爽後，篡奪之勢已成。濟固知之，而力不能制，故不三月發病而卒。考其始末，與孫禮、王觀、高柔不同」。立論對蔣濟有所寬容，可以參考。

淮南三叛與竹林七賢的分化

矛盾激化，政治鬥爭發展而為武力鬥爭，於是有「淮南三叛」之武裝反對司馬氏。二

4《三國志．魏書》卷二十四本傳。
5《三國志．魏書》卷二十四本傳。

五一年，王淩起兵，司馬懿擊敗之。二五五年，毌丘儉起兵，司馬師力疾出軍擊敗之。二五七年，諸葛誕起兵，堅持八閱月，終為司馬昭所敗。二五四年，子婦為魏公主之李豐，聯合當時在位之齊王芳之後父張緝、世與曹氏為姻戚本人又係曹爽外弟（姑之子）之夏侯玄，共同反對司馬氏而被殺。是年九月，司馬師廢齊王芳，立高貴鄉公曹髦。曹髦立時年才十五，少年有為，司馬氏黨羽之鍾會亦以為「才同陳思，武類太祖」。在毌丘儉、諸葛誕起兵失敗以後，不甘心為司馬氏傀儡，謀以宮廷武力消滅司馬氏而未果，於二六〇年被害。此一系列政治軍事事變，皆「作家門」之又一內容也。十年中，司馬懿父子兄弟三人接力相繼，終在二六五年篡奪魏朝皇位。

魏晉之際統治階級內部尖銳激烈之政治鬥爭，在當時文人及思想方面，亦有所反映。著名之竹林七賢，如確有同遊之事，據近人考訂約當在二五五至二六〇年之間。此五年中，淮南兩次起兵、高貴鄉公發動反司馬氏鬥爭，矛盾激化，竹林七賢中之主要成員遂亦開始分化。山濤於曹爽事件之後一度「隱身不交世務」，參與竹林之遊當即由於此。然因與司馬懿之妻有中表親，為司馬師兄弟所拉攏而投降，與司馬氏羽翼鍾會、裴秀等「並申款昵」，成為司馬氏一黨。山濤以後盡忠於晉室，王應麟以為：

> 山濤欲釋吳以為外懼，又言不宜去州郡武備。其深識遠慮，非清談之流也。[6]

王戎當時年輩較晚，亦與鍾會友善。二六三年鍾會之伐蜀，曾問計於戎，則戎亦於此前已投身司馬氏也。宋顏延之作《五君詠》以述竹林七賢，「山濤、王戎以貴顯被黜」[7]。雖意在自序，亦足窺延年之識見。蕭統乃特詠山、王兩人，其詩謂山濤「聿來值英主，身遊廊廟端」，謂王戎「薄莫至中臺」。昭明之識見如此，故《文選》中頗多無聊作品也。七賢中另一成員嵇康，則堅決抵制司馬氏，為司馬昭所殺，卒於二六二年。《晉書》卷四十九〈嵇康傳〉言其「與魏宗室婚」。《世說新語．德行篇》注引《文章敘錄》：「康，魏長樂亭主婿。」《文選．恨賦》李善注引王隱《晉書》言康妻魏武帝孫穆王林之女。《魏書．穆王林傳》注引《嵇氏譜》則云林子之女。具體是誰之婿，史料有所不同，但嵇康乃魏皇家之婿，則無可疑，因而自然黨於曹氏。嵇康又與山、王兩人不同，不禮鍾會，為會所憾，於是鍾會「譖康欲助毌丘儉，賴山濤不聽」。復威脅司馬昭，「嵇康，臥龍也，不可起。公無憂天下，顧以康為慮耳」[8]。嵇康之「非湯武而薄周孔」，並非否定名教禮法，其矛頭所向，乃針對「作家門」、謀篡位之司馬氏而已。嵇康被殺後，向秀

6《困學紀聞》十三。
7《宋書》卷七十三本傳。
8《晉書．嵇康傳》。

「應本郡計入洛。文帝問曰：『聞有箕山之志，何以在此？』秀曰：『以為巢、許狷介之士，未達堯心，豈足多慕？』帝甚悅」[9]。足見向秀懾於司馬氏之威勢而完全屈服。與山濤、嵇康皆有不同，未公開投身司馬氏，亦未堅決維護曹家皇室，依違其間，以生活上之酗酒放達掩蓋其政治上之徬徨矛盾，則為阮籍。《晉書》卷四十九本傳云：

籍本有濟世志，屬魏、晉之際，天下多故，名士少有全者，籍由是不與世事，遂酣飲為常。文帝初欲為武帝求婚於籍，籍醉六十日，不得言而止。鍾會數以時事問之，欲因其可否而致之罪，皆以酣醉獲免。

可見阮籍非不關心政治者，而是處於魏、晉鬥爭中不願捲入漩渦，故司馬氏拉攏之不遂，而中傷之亦不可得。阮籍「嘗登廣武，觀楚漢戰處，嘆曰：『時無英雄，使豎子成名。』」一般多謂豎子指漢高祖，蘇東坡已辯之：

昔先友史經臣彥輔謂余：「阮籍登廣武而嘆曰『時無英雄，使豎子成其名』，豈謂沛公豎子乎？」余曰：「非也。傷時無劉、項也，豎子指魏、晉間人耳。」……今日讀李太白〈登古戰場〉詩云「沉湎呼豎子，狂言非至公」，乃知太白亦誤認嗣宗語，與先友之意無異也。嗣宗雖放蕩，本有意於世。以魏、晉間多故，故一放於酒，何至以沛公為豎子乎？[10]

案：蘇氏之說甚是，豎子之嘆，顯然亦是針對司馬氏。阮籍之年輩與司馬師兄弟約略相等，豎子之云固非指年齡，而是表示輕視。然阮籍於緊要關頭終未能堅持。司馬昭讓九錫，「公卿將勸進，使籍為其辭。籍沉醉忘作。臨詣府，使取之，見籍方據案醉眠。使者以告，籍便書案，使寫之，無所改竄。詞甚清壯，為時所重」。加九錫為篡位之前奏，故阮籍不願作勸進表，然終不獲免。本傳言司馬昭於阮籍「每保護之」，與其兄之對待嵇康、夏侯玄等迥乎不同，其原因當亦在此。誠如葉適所云：

阮籍以酣縱逞人欲，而以慎密防世患，進不成顯，退不成隱，岌岌乎刑戮之間，深昵權強，粗免其身，奚異乎群虱之裩處，而所謂大人先生者烏在也？[11]

9《晉書》卷四十九本傳。
10《東坡志林》一，又見《東坡題跋》二。
11《習學記言》卷三十。

兩黨之爭與思想界之分化

曹氏、司馬氏兩黨之劃分，在思想領域亦有所反映。當時思想領域熱烈討論之問題之一為四本論。《世說新語．文學篇》鍾會撰〈四本論〉條注引《魏志》：

> 四本者，才性同，才性異，才性合，才性離也。尚書傅嘏論同，中書令李豐論異，侍郎鍾會論合，屯騎校尉王廣論離。

《魏書》卷二十一〈傅嘏傳〉亦云：「嘏常論才性同異，鍾會集而論之。」唐長孺同志〈魏晉才性論的政治意義〉[12]一文論證性指德行，才指才能，以為才性關係之討論，與當時選舉制度有關。陳寅恪先生〈書世說新語文學類鍾會撰四本論始畢條後〉[13]論證曹氏繼承東漢以來閹宦傳統，崇尚智術，孟德求才三令之重才不重德即其宗旨，故主張才性不必結合者為曹黨。司馬氏繼承東漢士大夫理想，貴經義，主張仁孝廉讓為本為體，治民治軍為末為用，本末必兼備，體用必合一，故司馬氏一黨認為才性必相結合。其說極是[14]。《真誥》卷十七《握真輔》敘述蓬萊仙公命弟子四人各賦詩，「讀畢而笑曰，此詩各表其才性也」，然後加以品評。所謂才性，即就才與德兩方面著眼。從最初論四本之代表性人物之政治派別加以考察，則四本論之政治意義更為實際，並不止於選舉標準，而是密切反映當時政治鬥爭中之主張也。

所謂四本，實只兩端。所謂才性合與才性同實為一事，即主張才能本於德性，互為一體，因而先操行而後才能。所謂才性異與才性離亦為一事，即主張德性與才能無干，先才能而後德性，不重操行。主張才性同而合之傅嘏、鍾會，皆司馬氏一黨也。〈傅嘏傳〉言：

時曹爽秉政，何晏為吏部尚書，嘏謂爽弟羲曰：「何平叔外靜而內銛巧，好利，不念務本。吾恐必先惑子兄弟，仁人將遠，而朝政廢矣。」晏等遂與嘏不平，因微事以免嘏官。……曹爽誅，為河南尹，遷尚書。

「為河南尹」即代曹爽黨人李勝，因李勝由河南尹遷為荊州刺史，「未及之官而敗」[15]。

---

12 載《魏晉南北朝史論叢》。
13 載《中山大學學報》一九五六年第三期。
14 札記寫定後，始獲讀先生此文，竊喜私見與之暗合。
15《三國志》卷九注引《魏略》。

當毌丘儉起兵時，司馬師適病重，或以為師不宜自行討伐。傅嘏勸師自行，未從。「嘏重言曰：『淮、楚兵勁，而儉等負力遠鬥，其鋒未易當也。若諸將戰有利鈍，大勢一失，則公事敗矣。』是時景王新割目瘤，創甚，聞嘏言，蹶然而起曰：『我請輿疾而東。』」[16]司馬師死於軍中，傅嘏祕不發喪，與司馬昭逕還洛陽，保證司馬昭及時取得輔政地位。凡此皆足見傅嘏在司馬氏黨中地位之重要。王懋竑《白田草堂存稿》四雜著門「論李豐」條詳論李豐之忠於曹氏，兼及傅嘏，以為：

其與何晏、鄧颺及（夏侯）玄、（李）豐不平，皆以其為魏故，而自與鍾毓、鍾會、何曾、陳泰、荀顗善，皆司馬氏之黨也。所譏議晏等語，大率以愛憎為之。

又謂史載傅嘏論夏侯玄、何晏、鄧颺、李豐等語，皆出《傅子》，而《傅子》乃傅玄所著，與嘏為從父兄弟，故多載其語。王氏之論多闡明曹氏、司馬氏對陣形勢及政治人物之黨派，頗足供參考也。《魏書》卷二十八〈鍾會傳〉稱：

毌丘儉作亂，大將軍司馬景王東征，會從，典知密事。衛將軍司馬文王為大軍後繼。景王薨於許昌，文王總統六軍，會謀謨帷幄。

會兄鍾毓為廷尉，治夏侯玄獄，親為「作辭」，「令與事相附」[17]，亦即誣使服罪，足見鍾氏兄弟皆司馬氏之黨。

主張才性異而離之李豐、王廣，則皆反對司馬氏之曹氏一黨也。李豐事見《魏書》卷九〈夏侯玄傳〉及卷二十一〈傅嘏傳〉注。李豐為中書令，聯合張緝、夏侯玄，謀殺司馬師，以夏侯玄代之輔政，事敗皆被殺。〈傅嘏傳〉注引《傅子》，言嘏與李豐同州，而「嘏又不善也」。另一主張才性異而離者王廣，乃首先起兵反對司馬懿之王凌之子。《世說新語．賢媛篇》王公淵娶諸葛誕女條注引《魏氏春秋》：「王廣字公淵，王凌子也。有風量才學，名重當世。與傅嘏等論才性同異，行於世。」又引《魏書》：「廣有志尚學行，凌誅，並死。」王廣為王凌之子，諸葛誕之婿，其黨於曹氏而反對司馬氏，自不待言。然《魏書》卷二十八〈王凌傳〉引《漢晉春秋》，言凌以齊王芳「制於強臣，不堪為主」，謀立楚王彪。使人告廣，廣言「曹爽以驕奢失民」，而司馬懿「擢用賢能，廣樹勝己，修先朝之政令，副眾心之所求。爽之所以為惡者，彼莫不必改，夙夜匪懈，以恤民為先。父子

---

16 本傳注引《漢晉春秋》。

17〈玄傳〉注引《世語》。

兄弟，並握兵要，未易亡也」。其言又似並不反對司馬氏者。裴松之以為：

> 如此言之類，皆前史所不載，而獨出習氏。且制言法體不似於昔，疑悉鑿齒所自造者也。

習鑿齒之書稱《漢晉春秋》，以晉承漢，尊司馬氏為正統，其於曹氏有微詞，對司馬氏多頌讚，是意中事。裴氏之論大致可信。葉適《習學記言》卷二十七謂「前史載與不載不必問，然此乃魏晉人議論兩黨根柢，非虛言也」，實狃於傳統觀點之論。嚴衍《資治通鑑補》卷七十五於王淩飲藥死之後補云：

> 廣正色對（司馬懿）曰：「廣父非反也。廣所以勸父弗舉者，欲須時耳。廣父不幸，舉不當而敗。廣父太傅之賊，而曹氏之忠臣也；廣太傅之忠臣，而父之賊也。賊父以求生，廣不為也。」伏劍而死。

嚴氏此文，當有所據。蓋王廣雖反對司馬氏而又不同意其父之輕舉，主張待時而後動，要不害其為曹氏營壘中人也。

《世說》注引《魏志》稱尚書傅嘏，據本傳，嘏於二四九年曹爽死後遷尚書，而王廣死於二五一年，則四人爭論四本大致在此期間。推測曹、馬兩黨人物立論之對峙，蓋有其原因。司馬氏主張以孝道治天下，其黨如何曾、荀顗，皆注重禮法名教，砥礪所謂操行，強調德性。傅玄曾著論稱讚何、荀二人：

以文王之道事其親者，其潁昌何侯乎？其荀侯乎？古稱曾、閔，今曰荀、何。內盡其心以事其親，外崇禮讓以接天下，孝子百世之宗，仁人天下之命。

又曰：「荀、何，君子之宗也。」[18]因而傅嘏、鍾會傾向於才性同而合，以為才能基於德性，德性為先而才能為次。《魏書》卷二十二〈盧毓傳〉言，毓為吏部尚書，「於人及選舉，先舉性行，而後言才。黃門李豐嘗以問毓。毓曰：『才所以為善也，故大才成大善，小才成小善。今稱之有才，而不能為善，是才不中器也。』豐等服其言」。盧毓曾為曹爽所黜，代以何晏。曹爽敗後，司馬懿使毓復為吏部尚書。毓之所論，即才性同而合主張之發揮也。至傳言李豐服其言，疑史家渲染之詞，未必可信。李豐、王廣乃傾向於才性

18《晉書‧何曾傳》。

異而離者也。曹黨諸人蓋皆宗奉曹操「唯才是舉」之主張，而不計「盜嫂」、「受金」之敗德。認為才能與操行無關，所謂「有行之士未必能進取，進取之士未必能有行」，故不重操行而重才能。因而才華橫溢、精明幹練、闊達放縱者受重視，而溫良恭儉、謹守禮法、拘泥名教者被排斥。

聚訟「浮華」與「才性四本」之爭

曹魏時有所謂「浮華」者，其確切含義史籍中未見界說。《魏書》卷三《明帝紀》注引《魏書》言帝：「務絕浮華譖毀之端。」卷二十八〈諸葛誕傳〉言：

> 與夏侯玄、鄧颺等相善，收名朝廷，京都翕然。言事者以誕、颺等修浮華，合虛譽，漸不可長。明帝惡之，免誕官。

裴注引《世語》曰：

是時，當世俊士散騎常侍夏侯玄、尚書諸葛誕、鄧颺之徒，共相題表，以玄、疇四人為四聰，誕、備八人為八達，中書監劉放子熙、孫資子密、吏部尚書衛臻子烈三人咸不及比，以父居勢位，容之為三豫，凡十五人。帝以構長浮華，免官廢錮。

卷十四〈董昭傳〉言昭於太和六年上疏，謂：

當今年少，不復以學問為本，專更以交遊為業；國士不以孝悌清修為首，乃以趨勢遊利為先。合黨連群，互相褒歎，以毀訾為罰戮，用黨譽為爵賞，附己者則歎之盈言，不附者則為作瑕釁。

於是明帝「發切詔，斥免諸葛誕、鄧颺等」。卷九〈曹爽傳〉注引《魏略》言鄧颺「與李勝等為浮華友。及在中書，浮華事發，被斥出」。又言李勝「雅有才智，與曹爽善。明帝禁浮華，而人白勝堂有四窗八達，各有主名。用是被收，以其所連者多，故得原，禁錮數歲。帝崩，曹爽輔政，勝為洛陽令」。卷二十二〈盧毓傳〉亦云：「前此諸葛誕、鄧颺等馳名譽，有四窗八達之誚，帝疾之。」細繹上述史料，所謂浮華，非指生活上之浮華奢靡，而是從政治著眼，以才能互相標榜，結為朋黨，標舉名號如「四窗」、「八達」之類以自誇。《晉書》卷四十五〈劉毅傳〉載毅表文「下長浮華朋黨之士」，以浮華與朋黨並列。《魏書》卷二十一〈傅嘏傳〉注引《傅子》，記嘏評論夏侯玄等人云：

> 泰初志大其量，能合虛聲而無實才。何平叔言遠而情近，好辯而無誠，所謂利口覆邦國之人也。鄧玄茂有為而無終，外要名利，內無關鑰，貴同惡異，多言而妒前；多言多釁，妒前無親。以吾觀此三人者，皆敗德也。遠之猶恐禍及，況昵之乎？

傅嘏雖未點出浮華二字，然其心目中所指責之三人共同缺點，似可用其他史料中所稱浮華一語概括之。蓋由重才能、輕操行發展而為互相標榜，亦即後漢以來朋黨之習，而曹爽一黨多是此輩也。賀昌群先生《魏晉清談思想初論》謂浮華主要指玄談清議本身，似有未諦。至於魏明帝之惡浮華，蓋與其一貫主張有關。《魏書》卷三本紀載太和二年詔稱：「尊儒貴學，王教之本」，「申敕郡國貢士，以經學為先」。四年又詔：

> 兵亂以來，經學廢絕，後生進趣不由典謨。豈訓導未洽，將進用者不以德顯乎？其郎吏學通一經，才任牧民，博士課試，擢其高第者，亟用；其浮華不務道本者，皆罷退之。

兩詔皆強調儒教為本，用人注重經明行修，與其祖曹操之用人方針迥不相同。曹操遺令「天下尚未安定，未得遵古」。明帝蓋以太平既久，遂轉崇儒術。此其所以不滿於何晏、鄧颺等人，而司馬懿在明帝時特受重用，或亦由於此也。

魏晉之際有袁準者，著《才性論》[19]。其文只存片段，謂「性言其質，才明其用」，似調和於同異離合之間，而近於才性異與離之說。《魏書》卷十一〈袁渙傳〉注引《袁氏世紀》言渙四子，侃「在廢興之間，人之所趣務者，常謙退不為也」。準「以世事多險，故常恬退，而不敢求進」。似袁氏兄弟在曹氏、司馬氏鬥爭之時，皆力求置身事外者。然《魏書》卷四〈齊王芳紀〉注引《漢晉春秋》載袁準言於曹爽云云，似非黨於司馬氏者。據嚴可均考訂[20]，袁準《袁子正論》乃魏時所作。其論才性接近於才性異與離之主張，或有其原因歟？

東晉以後，才性四本之討論仍為玄談之內容，但已失去現實政治意義，而純屬哲理問題。除諸家徵引之《世說．文學篇》及《南齊書》卷三十三〈王僧虔傳〉道及四本論之

19《藝文類聚》卷二十一。
20《鐵橋漫稿》六《袁子正論正書敘》。

外，猶有兩事：一、《晉書》卷四十九〈阮裕傳〉云：

裕雖不博學，論難甚精。嘗問謝萬云：「未見《四本論》，君試為言之。」萬敘說既畢，裕以傅嘏為長，於是構辭數百言，精義入微，聞者皆嗟味之。

阮裕贊同傅嘏之論，與其人之思想行為有關。本傳言裕「以德業知名」，「嘗以人不須廣學，正應以禮讓為先。故終日靜默，無所修綜，而物自宗焉」。此即其接受才性同而合學說之基礎也。二、《南史》卷七十五〈顧歡傳〉載：

會稽孔珪嘗登嶺尋歡，共談四本。歡曰：「蘭石危而密，宣國安而疏，士季似而非，公深謬而是。總而言之，其失則同；曲而辯之，其塗則異。何者？同昧其本而競談其末，猶未識辰緯而意斷南北。群迷暗爭，失得無準，情長則申，意短則屈。所以四本並通，莫能相塞。夫中理唯一，豈容有二？四本無正，失中故也。」於是著《三名論》以正之。

《南齊書・顧歡傳》不載此事。蘭石傅嘏字，士季鍾會字。《世說新語・容止篇》注引《魏略》：

李豐字安國……明帝得吳降人，問江東聞中國名士為誰？以安國對之。是時豐為黃門郎，改名宣。上問安國所在？左右公卿即具以豐對。上曰：「豐名乃被於吳、越邪？」

《魏書》卷九〈夏侯玄傳〉注引《魏略》脫「改名宣」三字。《魏書》卷二十三〈裴潛傳〉注引《魏略》作「字宣國」，與《南史》同。據陶弘景《真誥》卷十四《稽神樞》注：「李豐字安國，改字宣國」，則所改者字而非名也。公深當作公淵，王廣字也，唐人避諱所改。四人論四本之具體論據不得而知，因而顧歡之評論亦不易理解。然此時純以哲理看待才性問題，無復現實政治意義，則甚明確矣。梁庾元威論書[21]有「夫才能則關性分」語，是本於才性同而合學說，蓋梁時《四本論》猶為人所熟習，故論書法時引以為證也。

（選自《魏晉南北朝史札記》（補訂本），中華書局二〇一五年版）

21《法書要錄》二。

司馬懿與曹魏政治

王曉毅

關於司馬懿的專題研究論文相當少，僅有數篇。但這位曹魏重臣與晉王朝的締造者，又是斷代史和各種專門史無法迴避的人物。前輩學者一般認為：司馬懿代表了漢末以來儒學大族的利益，預謀篡魏已久；高平陵政變後，則以傳統儒學取代了曹操所代表的庶族名法派政治路線。這些觀點，對魏晉之際政治史與思想史研究的影響極大，然而對照史實，值得商榷。

司馬懿父兄與曹操

司馬懿的父兄與曹操關係相當密切。其父司馬防（字建公）早在熹平三年（一七四）任尚書右丞時，推薦了二十歲的孝廉曹操為洛陽北部尉。曹操對司馬防的薦舉一直懷著感激之情。四十二年後的建安二十一年（二一六）五月，曹操為魏王後，專門將司馬防請到鄴敘舊。司馬懿的長兄司馬朗，自建安元年（一九六）起便應辟為曹操掾屬，官至兗州刺史，是建安時期曹操集團的重要人物。生在這樣一個家庭，司馬懿加入曹操政治集團，應當是順理成章的事，然而，他竟兩次拒絕了曹操的辟書：

> 漢建安六年，郡舉上計掾。魏武帝為司空，聞而辟之。帝知漢運方微，不欲屈節曹氏，辭以風痺，不能起居。魏武使人夜往密刺之，帝堅臥不動。及魏武為丞相，又辟為文學掾，敕行者曰：「若復盤桓，便收之。」帝懼而就職。[1]

據上文曹操第二次辟司馬懿時的頭銜，可推出時間是建安十三年（二〇八）。面對曹操的嚴刑峻法，二十九歲的司馬懿結束隱士生活出山，當了曹操丞相府的文學掾。

在曹魏政治史上，司馬懿是野心勃勃的奪權高手，而青年時代竟為逃避仕途而險些入獄，令人費解。如果從功利角度看，建安六年（二〇一）時曹操還未真正統一北方，司馬懿有可能繼續觀望，建安十三年則絕無這個必要了。關於司馬懿不肯應辟的原因，似乎是受儒家正統觀念影響，準備為漢王朝效忠。《晉書．宣帝紀》稱司馬懿：

少有奇節，聰朗多大略，博學洽聞，伏膺儒教。漢末大亂，常慨然有憂天下心。[1]

陳寅恪先生根據這條資料，不僅對司馬懿一生的思想信仰定了「儒家」的基調，而且將其視為潛伏在曹魏王朝內部達四十年之久最終取而代之的儒家理想主義者[2]。事實上，在司馬懿爾後的歷史活動中，幾乎看不到「儒者」的形象。確切說，他是個與儒家道德背道而馳的人，堪稱不忠不信、不仁不義的典型：參與策劃了漢魏禪代，二十年後又發動政變實際上摧毀了曹魏王朝，可謂不忠；不但公開撒謊欺騙政敵，而且對同黨蔣濟食言，使之氣憤而死，可謂不信；在遼東，將已放下武器的七千名戰俘全部殺死，可謂不仁；原配

1《晉書．宣帝紀》。

2 陳寅恪，〈書世說新語文學類鍾會撰四本論始畢條後〉，載《陳寅恪史學論文選集》（上海：上海古籍出版社，一九九二），頁一四四—一四六。

張春華曾為了丈夫的安全而殺人滅口，年老珠黃後被他冷落，斥之為「老物可憎」，可謂不義。對照建安二十二年（二一七）的曹操反儒家道德標準的《選舉令》，司馬懿似乎正是曹操「唯才是舉」的對象。合理的解釋是：司馬懿的思想信仰有一個變化的過程。

儘管司馬氏並非漢代儒學大族[3]，但是司馬懿青少年時代曾受過儒家教育則是無疑的。其父司馬防深受禮教薰陶而近乎古板，對子女教育要求更為嚴格，把家庭當作模擬朝廷，「諸子雖冠成人，不命曰進不敢進，不命曰坐不敢坐，不指有所問不敢言，父子之間肅如也」[4]。司馬懿的長兄司馬朗，是該家族第一個以經學學者身分步入仕途者，他對二弟司馬懿的成長有重要影響。初平元年（一九〇），司馬防被迫隨董卓遷都長安，年僅十九歲的長子司馬朗率全家逃離洛陽，輾轉於故鄉河內溫縣與黎陽之間。在與父親中斷聯繫的七年中，他獨立擔負起撫育諸弟的責任：「時歲大饑，人相食，朗收恤宗族，教訓諸弟，不為衰世解業。」[5]司馬氏兄弟在其長兄的教育下，完成了儒家文化啟蒙。如三弟司馬孚，「博涉經史。漢末喪亂，與兄弟處危亡之中，簞食瓢飲，而披閱不倦」[6]。

儒家的道德觀念可能是青年司馬懿拒絕與曹操合作的思想基礎。天下有道則仕，無道則隱。少年時期，他有過明顯的避世傾向。據《高士傳》記載，司馬懿二十多歲時，曾與大隱士胡昭關係密切：

晉宣帝為布衣時，與昭有舊。同郡周生等謀害帝，昭聞而步陟險，邀生於崤、澠之間，止生，生不肯。昭泣與結誠，生感其義，乃止。昭因與斫棗樹共盟而別。[7]

胡昭多次被曹操「禮辟」，均婉言謝絕，終身不仕。高平陵政變後的嘉平二年（二五〇），司馬懿已是實際上的皇帝時，仍未忘記自己年輕時代的朋友，對其加以「公車特徵」，這是對在野隱士最高的禮遇。司馬懿與胡昭的關係，給我們提供了有關他早期思想狀況的寶貴信息。

當時許多士大夫對漢魏禪代或多或少都經歷了由不適應到適應的心理變化過程，以他們與漢、魏王朝關係的親疏而程度不同。從司馬氏家族的情況看，同樣有這種感情上的兩面性。司馬防雖然是曹操的朋友，長子又是曹操的親信，但他卻是個很傳統的人物，沒有

3 關於司馬氏家庭的儒學傳統，晉武帝司馬炎說：「本諸生家，傳禮來久。」（《晉書・禮志中》）然而細考其家世，到司馬懿之父司馬防為止，還未出現過一個經學家或以經學優異入仕者，東漢時期河內司馬氏僅僅完成了軍人世家的儒家化過程，與傳統的儒學大族不可同日而語。

4《三國志・魏書・司馬朗傳》注引司馬彪《序傳》。

5《三國志・魏書・司馬朗傳》。

6《晉書・司馬孚傳》。

7《三國志・魏書・胡昭傳》注引《高士傳》。

為曹魏政權服務。當青年司馬懿本人還沒有從曹魏得到利益時，有可能在儒家的忠義觀念影響下，同情漢王朝的悲慘命運。

司馬懿從入曹操丞相府後，在曹操身邊工作了整整十二年，歷任文學掾、東曹屬、主簿、軍司馬，參與了許多重大的戰略決策。如建安二十年（二一五）奪取漢中後對蜀作戰，建安二十三年（二一八）軍屯，建安二十四年（二一九）襄樊戰役等。無論司馬懿最初是怎樣不情願地被迫入仕，到建安二十五年（二二〇）曹操逝世時，經過丞相府長達十二年的幕僚生涯，進入不惑之年時，思想性格和政治立場都發生了重大變化。

建安時期曹操的丞相府不僅是政治中心，而且是新思潮的策源地。曹操以刑名法術治理亂世，故被學術界視為法家。其實，曹操是漢、魏之際新黃老派的傑出代表。其特點是，無固定信仰，刑名法術等雜用；以冷靜的理智態度審視利害，因勢利導，不擇手段奪取勝利。曹操的丞相府雲集了一大批新黃老派思想家，如仲長統、徐幹、劉劭等。作為掾屬，他們都是司馬懿的同事，共同構成了「建安名士」這個新興的士人群體。司馬懿進入了這個文化中心，不受影響是極其困難的。因為漢末社會大崩潰中所發生的一切，似乎都證明了黃老哲學的合理性：生存的真正依據，不是脈脈溫情的儒家道德修養，而是武力和權術。

經過這個時期的思想薰陶，司馬懿完成了從青年儒生向黃老名法派官僚的轉化。他早期讀經所學的儒家道德變成了理論招牌，骨子裡則以黃老道家冷靜的利害眼光審視一切，以曲求伸，以退為攻。他熟悉《老子》，「恆戒子弟曰：『盛滿者道家之所忌，四時猶有推移，吾何德以堪之。損之又損之，庶可以免乎。』」[8]從他日後選拔官員的標準看，與曹操「唯才是舉」的人才哲學一脈相承：重才能而不重門第與德行。「知人拔善，顯揚側陋，王基、鄧艾、州泰、賈越之徒，皆起自寒門而著績於朝」[9]。除上述寒士外，選用石苞的過程更為典型。石苞出身於縣府雜役，曾和鄧艾一起給謁者郭玄當臨時車夫，還一度靠販鐵為生，後被司馬師錄用為中護軍司馬：

宣帝聞苞好色薄行，以讓景帝。帝答曰：「苞雖細行不足，而有經國才略。夫貞廉之士，未必能經濟世務。是以齊桓忘管仲之奢僭，而錄其匡合之大謀；漢高舍陳平之汙行，而取其六奇之妙算。苞雖未可以上儔二子，亦今日之選也。」意乃釋。[10]

可見，司馬懿是同意司馬師的上述見解的。這不是無源之水。曹操建安十年（二〇

8《晉書．宣帝紀》。
9 虞預，《晉書》，見湯球輯，《九家舊晉書》。
10《晉書．石苞傳》。

五）的《選舉令》曰：「若必廉士而後可用，則齊桓其何以霸世？」以此對照司馬氏父子的談話，有異曲同工之妙。漢末「新黃老派」哲學，是後來司馬懿靈活運用刑名法術、儒術和一切權術，不忠不信、不仁不義地搞禪代、騙同黨、殺降卒、棄髮妻而面不改色心不跳的思想基礎。

在建安名士中，司馬懿的角色不是文學家或思想家，而是政治家和軍事家。他已由率直的青年書生變成了「性深阻有若城府」的幹練冷酷的中年官僚。司馬懿的氣質本色可能介於膽汁質與多血質之間——剛強進取並且樂於表現自己，少年時代得到名士楊俊賞識[11]，輕易得罪周某險些被殺是其證。進入丞相府後，伴隨心狠手辣的曹操，可謂危機四伏，許多正直的大臣謀士因缺乏必要的謹慎而紛紛落馬。如讚賞、推薦其入仕的荀彧、崔琰[12]，儘管功高一世，卻在建安十七年（二一二）、二十一年（二一六）先後死於非命。司馬懿本人的雄才大略引起了曹操的注意，為防止自己身後出現政治強人篡位，他打算找藉口殺了司馬懿，由於曹丕的力保和司馬懿本人的勤奮工作，才使其免於一死：

> 魏武察帝有雄豪志，聞有狼顧相，欲驗之。乃召使前行，令反顧，面正向後而身不動。又嘗夢三馬同食一槽，甚惡焉。因謂太子丕曰：「司馬懿非人臣也，必預汝家事。」太子素與帝善，每相全佑，故免。帝於是勤於吏職，夜以忘寢，至於芻牧之

間，悉皆臨履，由是魏武意遂安。[13]

這些可怕的經歷，使司馬懿的性格發生了重要變化，勇敢果斷的本性蒙上了膽怯謹慎的偽裝色，呈現出矛盾的人格特徵。「內忌而外寬，猜忌多權變」[14]。彭衛先生在其心態史著作《歷史的心鏡》中，將司馬懿作為典型的雙重人格進行分析，認為他是冷靜與急躁、果斷與猶豫、剛強與懦弱多種矛盾性格的組合[15]。

至於政治立場，司馬懿則由漢王朝的同情者轉變為漢、魏禪代的主要策劃者。他青少年時代之所以同情漢王朝，是因為沒有真正加入曹操集團並得到相應的利益。一旦成為曹氏的親信，自己的榮華富貴與新王朝的存亡息息相關時，觀念必然大變。研究政治史，將個人利益置於政治立場變化之外是不可思議的，因為文化理想、同情心及其他因素都要隨「利益」這根魔棒變化，這是不爭的事實。值得注意的是，司馬懿參加了曹魏內部的派

11《三國志・魏書・楊俊傳》。
12《三國志・魏書・荀彧傳》注引〈彧別傳〉，《晉書・宣帝紀》。
13《晉書・宣帝紀》。
14《晉書・宣帝紀》。
15 彭衛，《歷史的心鏡——心態史學》（河南：河南人民出版社，一九九二），頁三〇二。

系鬥爭，是太子曹丕的政治死黨。「魏國既建，遷太子中庶子。每與大謀，輒有奇策，為太子所信重，與陳群、吳質、朱鑠號曰四友」[16]。眾所周知，在曹丕與曹植為爭奪太子位置激烈爭鬥中，吳質多次出謀劃策，使曹丕獲勝，而日後曹丕對司馬懿的重用，遠大於吳質，可見司馬懿所出「奇策」更高明，僅是未被史家所知而已。由於司馬懿個人的榮華富貴已與曹魏政治集團的興亡緊密聯繫在一起，故他對漢、魏禪代表現出極大的熱情。建安二十四年，曹操將孫權勸其稱帝的書信出示給身邊的侍臣們看，說：「此兒欲踞吾著爐炭上邪！」司馬懿回答：

漢運垂終，殿下十分天下而有其九，以服事之。權之稱臣，天人之意也。虞、夏、殷、周不以謙讓者，畏天知命也。[17]

建安二十五年曹操逝世後，司馬懿是策劃禪代的主謀之一。他以督軍御史中丞身分率眾官勸進：「此乃天命去就，非一朝一夕……天時已至而猶謙讓者，舜、禹所不為也。」[18]

司馬懿與曹爽的矛盾與鬥爭

曹丕登上帝位時，司馬懿已是四十一歲的中年人了，因為是「太子黨」的骨幹，故在黃初時期上升的速度極快，由丞相長史轉尚書、御史中丞、侍中、尚書右僕射。黃初五年（二二四），任撫軍將軍、錄尚書事，黃初六年加撫軍大將軍，在曹丕率大軍遠征時留守許昌，總掌後方的軍政大權。曹丕逝世後，與曹真、陳群、曹休共同輔佐魏明帝曹叡。不過，這時的司馬懿，是因與曹丕的特殊關係而居高位，沒有突出的政績，甚至沒有率大軍作戰的經歷，地位排在四位顧命大臣之末。魏明帝曹叡執政的太和（二二七—二三三）至景初（二三七—二三八）年間，司馬懿的政治聲望急劇上升。他先後出鎮中南和西北戰場，負責對吳、蜀的戰爭，南擒孟達、西拒諸葛亮、東平遼東公孫淵，其軍事才能發揮得淋漓盡致，成為魏國公認的最傑出的軍事統帥，哪條戰線出現危機，那裡便由他出任軍事首領。隨著另外三位顧命大臣以及其他重臣元老相繼去世，司馬懿的實際地位已是一人之

16《晉書・宣帝紀》。
17《晉書・宣帝紀》。
18《三國志・魏書・文帝紀》注引《獻帝傳》。

下萬人之上了。

雖然景初年間司馬懿的威望已登峰造極，但是他絕不敢覬覦帝位。曹叡不是個昏君，登基不久，便將諸位顧命大臣分派各重要戰場，陳群主持政務，而自己總攬軍政大權。儘管司馬懿功大蓋世，但魏明帝如果決心除掉他，下一詔書足矣。問題在於，在三國鼎立的戰爭環境中，他沒有必要除掉這個常勝大將軍。況且，司馬懿本人十分謹慎，沒有培植親信的舉動，也沒有明顯的政治集團。他已從曹魏王朝那裡得到了超額回報，位極人臣。他此時關心的，是如何保持自己的地位，而不是反叛。

無論司馬懿本人如何效忠於曹魏王朝，他的軍事功績和政治影響，已使曹叡和他的「忠臣」們感到不安了，朝中的影射性言論此起彼伏，而曹叡更不可能無動於衷，表面上看君臣相安無事，而實際上猜疑已經發生。青龍二年（二三四）諸葛亮死後，蜀國已無力發動戰略進攻，但司馬懿仍長期滯留在西北，並未回朝主政。青龍四年，司馬懿向魏明帝進貢白鹿，明帝詔書曰：「昔周公旦輔成王，有素雉之貢，今君受陝西之任，有白鹿之獻。」[19]將司馬懿比作攝政的周公，是一個危險信號。該年發生地震後，大儒高堂隆上言：

> 地震者，臣下強盛，地故震動，冀所以警悟人主，不可不深思是災。[20]

魏明帝為社稷而擔憂，首先想到的竟是司馬懿的忠心，「帝憂社稷，問矯：『司馬公忠正，可謂社稷之臣乎？』矯曰：『朝廷之望；社稷，未知也。』」[21]一年後的景初元年（二三七），有喜鵲在剛動工的陵霄闕構架上築巢，魏明帝認為是「羽蟲之孽」，向高堂隆詢問其意義，得到的解釋是：「今興起宮室而鵲來巢，此宮室未成身不得居之象也。天戒若曰，宮室未成，將有他姓制御之，不可不深慮。」嚇得曹叡「改顏動色」[22]。景初二年（二三八），高堂隆臨死前，再向魏明帝進言：「宜防鷹揚之臣於蕭牆之內。」[23]弦外之音，不言而喻。

政治上極敏感的司馬懿，對洛陽上層的心態並非一無所知，景初二年正月，他受朝廷之命率四萬大軍討伐公孫淵時，地位和榮譽已達到了無以復加的程度：皇帝親自出洛陽西明門送行，特命其三弟司馬孚與長子司馬師同行至溫縣家鄉，由國家出資舉辦盛大酒會，

19《晉書．宣帝紀》。
20臧榮緒，《晉書．五行志》，見湯球輯，《九家舊晉書》。
21《三國志．魏書．陳矯傳》注引《世語》。
22《晉書．五行志中》。
23《三國志．魏書．高堂隆傳》。

當地官員赴宴作陪。在這個人生的輝煌時刻，司馬懿卻十分惆悵：「見父老故舊，宴飲累日。帝嘆息，悵然有感」，即興創作了一首悲涼的詩歌：

天地開闢，日月重光。
遭遇際會，畢力遐方。
將掃群穢，還過故鄉。
肅清萬里，總齊八荒。
告成歸老，待罪舞陽。[24]

司馬懿不是詩人，這唯一的詩作，卻寫得有帝王氣，像劉邦的〈大風歌〉，不過最後一句「告成歸老，待罪舞陽」，卻令人費解。平定公孫淵，猶如他所言，如囊中取物，根本不成問題。這位註定凱旋而歸的舞陽侯，為何必然「待罪」於封地？因為歷史經驗和眼前的跡象已告訴他：像一切功高震主的能臣那樣，無論勝利與否，其政治生命都即將結束了。

司馬懿的憂慮不是多餘的。景初二年十一月，司馬懿平定遼東後開始撤軍，預計三個月後可返回洛陽。十二月，曹叡忽然病重，感到自己將不久於人世時，所做出的身後政治安排，竟將司馬懿摒於顧命大臣之外，「帝以燕王宇為大將軍，使與領軍將軍夏侯獻、武衛將軍曹爽、屯騎校尉曹肇、驍騎將軍秦朗等對輔政」[25]。在曹宇、夏侯獻的策劃下，曹叡甚至下詔不許勝利凱旋的司馬懿進入洛陽，改由河內郡西渡黃河回長安。「燕王為帝劃計，以為關中事重，宜便道遣宣王從河內西還，事以施行」[26]。「獻等先詔令於軹關西還長安」[27]。形勢對司馬懿非常不利。在這個生死攸關的時刻，司馬懿建安時代曹操丞相府的同僚——此時的中書監劉放和中書令孫資起了決定性作用。他們與曹宇等顧命大臣矛盾較深，利用曹肇等人趁曹叡昏迷期間與才人調情一事激怒了皇帝，使其下令修改遺詔：原顧命大臣僅保留曹爽，增補司馬懿。這時的魏明帝，仍對司馬懿不放心，「放、資既出，帝意復變，詔止宣王勿使來。尋更見放、資……命更為詔」[28]。一日三次改詔，舉棋不定。行軍至白屋的司馬懿「三日之間，詔書五至」[29]。疑京師有變，乘追鋒車晝夜兼行四百里火速返京，魏明帝已處於彌留之際，司馬懿與曹爽共同輔八歲小皇帝曹芳登上帝位。

24《晉書・宣帝紀》。
25《三國志・魏書・明帝紀》注引《漢晉春秋》。
26《三國志・魏書・明帝紀》注引《魏略》。
27《三國志・魏書・劉放傳》注引《世語》。
28《三國志・魏書・劉放傳》。
29《晉書・宣帝紀》。

魏明帝的突然死亡雖然使司馬懿面臨的危機暫時化解，但並未從根本上解決問題。曹爽集團對司馬懿的排擠，從齊王曹芳即位不久便已開始，僅僅是沒有迅速激化而已。

曹爽是個知識淺薄、無德無才無功的平庸之輩，為了使自己的權力不被架空只得起用親朋好友，於是以何晏、夏侯玄、畢軌、丁謐等為首的太和「浮華」分子（即後來的正始名士）東山再起[30]。這是一個具有政治集團和玄學流派雙重性質的名士群體，有自己完整的政治哲學理論，並力圖在政治實踐上有所作為。因此，以司馬懿為代表的老一代建安名士成了他們施展抱負的絆腳石，必須予以排除。景初三年（二三九）正月司馬懿輔政時，職權是以太尉「持節都督中外諸軍、錄尚書事，與爽各統兵三千人，共執朝政」[31]。而在一個月後高升司馬懿為「太傅」的丁丑詔書中，權力分配已發生了變化，「其以太尉為太傅，持節統兵都督諸軍事如故」[32]，省去了原「錄尚書事」這個關鍵詞。這絕非疏忽，而是剝奪了司馬懿的行政權，內幕為：

丁謐畫策，使爽白天子，發詔轉宣王為太傅，外以名號尊之，內欲令尚書奏事，先來由己，得制其輕重也。[33]

漢魏之際的尚書臺是行政權的核心，如果不能控制尚書臺，無「錄尚書事」的權力，那麼執政大臣不過空有虛名。

魏晉時期的太傅，理論上有兵權；司馬懿的巨大威望，也很難被立刻架空，故他被明升暗降後，並沒有消極對待，而是利用手中法定的軍權，繼續為曹魏王朝效忠。如正始二年（二四一）率軍南征，解樊城之圍；正始三年，要求在淮北軍屯，大修水利；正始四年，率軍南下，擊敗諸葛恪，主持了淮南軍屯；正始五年，曹爽為了樹立威信而率軍伐蜀，司馬懿出面制止無效，結果魏軍大敗而歸。自正始六年後，曹爽集團加緊蠶食司馬懿手中的權力。如正始六年秋八月，曹爽將中壘、中堅營的兵權歸其弟中領軍曹羲；正始七年，在沔南作戰問題上曹爽拒不採納司馬懿的正確意見。尤其是正始八年，曹爽將郭太后遷往永寧宮，使司馬懿與曹爽集團的關係急劇惡化，成為司馬懿對曹魏王朝政治態度的轉折點：

八年夏四月……曹爽用何晏、鄧颺、丁謐之謀，遷太后於永寧宮，專擅朝政，兄

30 詳見拙作〈曹魏太和「浮華」案研究〉，載《史學月刊》，一九九六年第二期。
31《晉書・宣帝紀》。
32《三國志・魏書・三少帝紀》。
33《三國志・魏書・曹爽傳》。

弟並典禁兵，多樹親黨，屢改制度。帝不能禁，於是與爽有隙。五月，帝稱疾不與政事。時人為之謠曰：「何鄧丁，亂京城。」[34]

郭太后是魏明帝曹叡之妻，對未成年的養子曹芳，有名正言順的監護權，故對小皇帝的決策會產生直接影響。將郭太后遷永寧宮與皇帝分居，可將曹芳完全置於曹爽的控制之下。司馬懿與郭太后的關係雖無明確記載，但此事使矛盾激化，可見司馬懿對郭太后能施加影響。《三國志．魏書．后妃傳》記載，郭皇后的從父郭芝，為虎賁中郎將。高平陵政變後，郭芝的政治形象是司馬師的親信，曾率兵進宮廢齊王曹芳。郭芝與司馬氏的關係，可能在正始時期已經較為密切，是司馬氏與郭太后發生聯繫的橋梁。曹爽集團遷太后於永寧宮，意味著司馬懿對皇帝的間接影響會從此中斷，失去皇帝身邊的保護傘，在皇權至上時代，處境變得十分危險。如果曹爽借皇帝誅司馬懿，下一詔書足矣，儘管阻力甚大，但在當時的情況下一旦發生，社會也只能接受這個事實。司馬懿當然明白這一點，故放棄了正面抗爭，「稱疾不上朝」，轉入了實際的政變陰謀活動，等待時機。

如果沒有適宜的政治形勢，司馬懿的陰謀活動是很難成功的。但恰逢曹爽集團改制失誤，使司馬懿成為政治反對派的領袖，並以精湛的鬥爭藝術，於嘉平元年（二四九）正月導演了高平陵政變這場有聲有色的歷史活劇[35]。

高平陵之變的實質

司馬懿發動的高平陵政變使曹爽政治集團遭到了毀滅性打擊，中國歷史走上了血腥的魏、晉禪代之路。學術界習慣性地認為，司馬懿改變了曹操的名法路線，恢復了傳統的儒學治國方針。筆者也曾一度沿襲了這一觀點，但是經過反覆研究這一時期的史料，可以斷定此說並無史實依據。

曹操建安時期的名法之治，可視為處於休克狀態的中國社會的自救性應急措施，並非治國的長遠之計。經學思潮雖然陷入危機，有為的名教之治及其神學外衣已難以維繫人心，但是儒家政治倫理思想的統治地位並未徹底動搖。黃老之學的作用僅僅是在特定條件下糾正名教的弊端，而無法取代儒學，因為儒家思想已不僅僅是某種學說，經兩漢幾百年實踐，已成為無法超越的文化傳統。因此，曹操雖然以黃老刑名法術治國，頒布過三道與儒家道德針鋒相對的《選舉令》，宣布起用「不仁不孝而有治國用兵之術」的人[36]，但他

34《晉書．宣帝紀》。

35 詳見拙作〈政治改制與高平陵政變〉，載《中國史研究》，一九八九年第四期。

36《三國志．魏書．武帝紀》注引《魏書》。

仍認為這只是戰亂形勢下的權宜之計，一俟政局穩定，仍需以儒術為治國之本，「治平尚德行，有事賞功能」[37]。「治定之化，以禮為首；撥亂之政，以刑為先」[38]。隨著三國鼎立局面的確立，刑名法術的治國方針明顯不合時宜，如何避免兩漢經學的弊端，使儒學適合時代的需要，成為重要的思想課題。儘管這一時代需求在建安後期已經出現，但是曹操並未對其政策做方向性調整。這個歷史性變化，發生在曹丕、曹叡相繼執政的黃初至景初年間，表現為於名法基礎上，強調儒學的根本作用，並採取了相應的措施。如恢復了儒家經典的官學地位和以儒家倫理為標準的選官制度。「立太學，制五經課試之法」[39]。「今之計、孝，古之貢士也……儒通經術，吏達文法，到皆試用」[40]。並多次下達尊崇儒教的詔書：「吾備儒者之風，服聖人之遺教。」[41]「尊儒貴學，王教之本也……申敕郡國，貢士以經學為先」[42]。從刑名法術向儒、法（禮法）結合的演變，是曹操政治路線合乎邏輯的繼續和發展。

曹丕、曹叡的政策走向不是他們個人的行為，而是曹魏前期的當權派建安名士共同的政治意識，故成為官方政治哲學的主流。但是，儒學與黃老名法的嫁接是不成功的：儒學僅僅是個思想軀殼，無法恢復儒家在兩漢時期的絕對統治地位。因為儒學失去了兩個重要支柱：一是不再與選舉制度緊密結合，使之失去了現實利益的驅動；二是天命論和大同社會理想的哲學基礎動搖，使之失去了神聖性而無法安置民族的終極關懷，故無力支撐以倫理價值系統為核心的意義世界。因此，儒學的地位並沒有因政府的提倡而真正復興。對平民來說，太學是逃避兵役徭役的避難所；對統治者來說，儒學只是一種統治術，而不是安身立命的信仰。因此，在曹叡時期，隨著建安名士的子弟——未來的正始名士走上社會政治舞臺，出現了新的理論動向：他們不滿父輩的意識形態，聚眾清談論辯，試圖以道家「自然」哲學與儒家倫理相結合，給儒學注入新的活力。這便是早期玄學思潮，萌動於太和「浮華案」，興盛於正始之音。

按魏、晉士族社會的正常發育，曹魏前期是建安名士執政的時代，禮法思潮基本上適合廣大官僚階層的理論胃口，玄學名士還不可能於正始時期在實踐中推行其早熟的政治哲學。但是曹叡突然死亡和曹爽輔政，給了他們提前表演的機會。於是，一方面發起了旨在超越漢儒魏法的玄學清談，史稱「正始之音」；另一方面出臺了實施其政治學說的政治改革活動，史稱「正始改制」。從夏侯玄的《時事議》看，改制的要點有三項：改革九品中

37《三國志．魏書．武帝紀》注引《魏書》。
38《三國志．魏書．高柔傳》。
39《三國志．魏書．文帝紀》。
40《三國志．魏書．文帝紀》。
41《三國志．魏書．文帝紀》注引《魏書》。
42《三國志．魏書．明帝紀》。

正制，削弱中正權力，擴大吏部職能；改革行政機構，將州、郡、縣三級併為二級；服飾車輿各按等級，禁止奢侈逾制，轉變社會風氣。有些內容已貫徹到基層。比如合併郡縣、裁減官吏等。這不僅侵犯了老一代建安名士的利益，而且觸及了社會因循守舊的習慣，「變易朝典，政令數改，所存雖高而事不下接，民習於舊，眾莫從之」[43]。再加上正始名士集團並未實踐自己提出的「素樸」學說，奢侈腐敗有過之而無不及，最終導致了失敗。

司馬懿政變的矛頭所向，是正始名士及其改制。政變前，司馬懿的同志蔣濟上疏批評正始改制：「為國法度，惟命世大才，乃能張其綱維以垂於後，豈中下之吏所宜改易哉？」[44]政變之日，司馬懿在給皇帝的上奏中列舉曹爽的主要罪狀也是改制：「背棄顧命，敗亂國典。」[45]故他們上臺後所改變的，不是若干年前曹操的名法政策，而是正始名士的「改制」成果；恢復的更不是漢朝的制度，而是正始之前的曹魏政治法律制度。政變九個月後，司馬懿的政敵王淩之子王廣勸父親不要輕舉妄動時，這樣評價司馬懿的政策：

修先朝之政令，副眾心之所求。爽之所以為惡者，彼莫不必改。[46]

文中的「先朝政令」絕不是指漢朝政令，而是自曹操、曹丕、曹叡一脈相承的制度。這個問題在司馬師那裡有明確解釋：

嘉平四年春正月……或有請改易制度者，帝曰：「……三祖典制，所宜遵奉；自非軍事，不得妄有改革。」[47]

三祖者，曹操、曹丕、曹叡也。

關於司馬懿上臺後所實施的政策，歷史文獻沒有正面記載具體內容。但是，有以下兩條史實可以窺見其政治傾向。

其一，恢復魏明帝時期流產的考課制度：

嘉平初，太傅司馬宣王既誅曹爽，乃奏博問大臣得失。昶陳治略五事：……其二，欲用考試，考試猶準繩也，未有舍準繩而意正曲直，廢黜陟而空論能否也；……詔書

43《三國志·魏書·王淩傳》注引《漢晉春秋》。
44《三國志·魏書·蔣濟傳》。
45《晉書·宣帝紀》。
46《三國志·魏書·王淩傳》注引《漢晉春秋》。
47《晉書·景帝紀》。

褒贊。因使撰百官考課事。[48]

早在景初元年，為了防止何晏、夏侯玄等掀起的「浮華」風尚死灰復燃，魏明帝曹叡命劉劭作《都官考課》，企圖以考試來檢驗現職官員及候選人。該法於景初二年出臺後，因「名法」色彩太重而遭到了大臣的激烈反對[49]，恰逢曹叡逝世，該法也隨之夭折。政變後的司馬懿在王昶提出的五項建議中，唯獨對考課問題表現出極大興趣，以至讓王昶起草新的法案。儘管再立《都官考課》的要求在王昶的推託下落空，卻說明這位太傅的政治哲學仍以黃老刑名法術為主導。

其二，河南尹傅嘏的「復舊」措施。《傅子》云：

河南尹內掌帝都，外統京畿……前尹司馬芝，舉其綱而太簡；次尹劉靜（靖），綜其目而太密；後尹李勝，毀常法以收一時之聲。嘏立司馬氏之綱統，裁劉氏之綱目以經緯之，李氏所毀以漸補之。……其治以德教為本，然持法有恆，簡而不可犯。[50]

這是說，曹爽集團的骨幹分子李勝在正始後期任河南尹時曾推行改革，高平陵政變被殺後，由傅嘏繼任，恢復了由司馬芝、劉靜（靖）創建而被李勝破壞的制度。值得注意的是，司馬芝和劉靜都是曹魏前期典型的名法派官員，從他們《三國志》本傳所記載的任職河南的政績看，其共同點都是名法治郡，各自特點也與《傅子》所言相同。如司馬芝重大節，「舉其綱」，拒絕曹叡的祖母卞太皇太后的求情，以淫祀罪，殺了共事無澗神的曹洪乳母和臨汾公主侍者，卻不追究郡吏中發生的小件物品失竊案[51]。而劉靜重細節，「綜其目」，從作物種植的種類、農具，到備用的草苫，都一一建立制度[52]。傅嘏以「善名理」著稱[53]，思想傾向屬名法派，正始時期曾遭何晏等人的迫害，故高平陵政變後作為司馬氏的死黨擔任河南尹這一重要職務。他在任職期間綜合恢復司馬芝和劉靜制度的做法，並不僅是偶然的個人行為，應視為落實司馬懿集團的名法政治路線。

以上分析表明，司馬懿上臺後政治指導思想的突出特點，不僅不是儒學，反而是名法。曹操「治定之化，以禮為首；撥亂之政，以刑為先」的教導，永遠銘刻在這位建安老人的記憶中，而政變後危機四伏的政局，使其政策明顯向後者傾斜，所以歷史上沒有留下

48《三國志．魏書．王昶傳》。
49《三國志．魏書．杜恕傳》。
50《三國志．魏書．傅嘏傳》注引《傅子》。
51《三國志．魏書．司馬芝傳》。
52《三國志．魏書．劉馥傳》。
53《三國志．魏書．荀彧傳》注引何劭〈荀粲傳〉。

一條司馬懿在嘉平時期推行儒家仁政的資料。但是，高平陵政變畢竟使政治路線回到了名法（法）與儒術（禮）結合的軌道，對司馬懿身後魏、晉之際的政治與文化產生了深遠影響。「治定之化，以禮為首」。隨著親曹勢力被消滅，形勢趨於穩定，儒術的地位日益顯要。司馬昭執政時，打起了「以孝治天下」的旗幟[54]，一方面利用儒學打擊反對派，形成了「禮教尚峻」的恐怖局面[55]；另一方面也用儒家的「德治」籠絡人心，「除其煩苛而布其平惠」[56]。但是，儒學更多的是掩飾名法政治的招牌，其道德精神並未在士人心中確立。故這一時期反政府的竹林名士並不稱當權派官員為「儒士」，而是「禮法之士」。到司馬炎西晉王朝，儘管儒家色彩更濃，但仍未改變其思想軀殼的命運。唐修《晉書》的作者認為，這一特點使新帝國「朝寡純德之人，鄉乏不貳之老」[57]，為其迅速滅亡埋下了致命的思想隱患。

（選自《文史哲》一九九八年第六期）

54《晉書・何曾傳》。

55《世說新語・任誕》注引《竹林七賢論》。

56《三國志・吳書・三嗣主傳》注引《襄陽記》。

57《晉書》卷五《史臣曰》。

司馬懿與曹魏的忠信恩仇

聶世軍

司馬懿（一七九—二五一），字仲達，三國時期魏國傑出的政治家、軍事家，是曹魏時期著名的功臣與權臣。其孫司馬炎稱帝後，追尊其為晉宣帝。司馬懿歷仕魏武帝曹操、魏文帝曹丕、魏明帝曹叡、齊王曹芳四朝，既是匡扶曹魏朝廷的柱石之臣，也是司馬氏取代曹魏政權、建立晉朝的奠基者。在史書和文學形象中，司馬懿往往都是一副奸詐陰狠的嘴臉，而他曾經對於曹魏的忠貞以及曹魏對他的猜忌卻無形中被淡化了。以司馬懿為標本分析政治人物政治忠誠的複雜性，即使在今天，仍然具有現實的意義。

司馬懿對曹魏的盡忠與大功

建安六年（二〇一），郡中推舉司馬懿為上計掾，他以身染風痺病而不應召。建安十三年（二〇八），曹操為丞相以後，用強制手段徵辟司馬懿為文學掾。司馬懿在曹操手下「勤於吏職，夜以忘寢，至於芻牧之間，悉皆臨履，由是魏武意遂安」[1]。

司馬懿為曹操所用後，積極地轉變態度，顯露忠誠。建安二十四年（二一九），蜀、吳聯盟破裂，孫權遭劉備征伐，為避免曹操趁火打劫，孫權就向曹操上表稱臣，攛掇曹操代漢自立。曹操說：「這小兒想讓我盤坐在爐炭上被燒烤嗎？」司馬懿說：

> 漢運垂終，殿下十分天下而有其九，以服事之。權之稱臣，天人之意也。虞、夏、殷、周不以謙讓者，畏天知命也。[2]

司馬懿在曹氏代漢這個根本問題上很早就鮮明表態支持曹操，因此曹操對他由猜忌逐漸轉為信任。

曹操進封魏王後，升任司馬懿為太子中庶子，佐助曹丕。時司馬懿「每與大謀，輒有奇策」[3]，為曹丕所信任和重用。此後，司馬懿更是常謀國事，多出奇策。如蜀國大將關羽統兵進攻樊城，水淹七軍，斬龐德、擒于禁，「威震華夏」[4]。當時都城在許昌，距樊城很近，曹操感到威脅，為避關羽鋒芒，一度準備遷都河北。司馬懿及時勸阻：「于禁等為水所沒，僅是戰術受挫，不是攻守的戰略失誤，對國家大計沒有大的損害。如果輕易遷都，不僅會示敵以弱，還會造成淮河沔水地域人心浮動。孫權與劉備外親內疏，關羽之得意就是孫權憂患。可以派人說服孫權，令其抄襲關羽後路，樊城之圍就會自動解除。」曹操採納了司馬懿的計策，孫權果然派呂蒙襲取江陵，俘殺關羽。司馬懿之計可謂參透和利用了孫權與劉備爭奪荊州的矛盾，充分運用外交謀略，四兩撥千斤，挑動鷸蚌之爭，坐收漁利，不僅挫敗了關羽的強大攻勢，解除了樊城之圍，而且也使諸葛亮原定的一路向宛洛、一路出秦川的兩面鉗擊中原的計畫無法實現。更重要的是，破壞孫、劉聯盟，改變了當時的戰略格局，掌握了主動權。

司馬懿不僅是一個高明的謀略家，更是一個卓越的軍事統帥，除屢獻奇謀外，最引人

1《晉書・宣帝紀》。
2《晉書・宣帝紀》。
3《晉書・宣帝紀》。
4《三國志・蜀書・關羽傳》。

注目的還是他在當時朝臣中無人能比的軍功。從魏文帝曹丕時期開始，司馬懿幾乎就成了曹魏的守護神，哪裡有強敵犯境或發生叛亂，那裡就會出現司馬懿的身影。他最重要的軍事成就有二：一是漫不經心地消解了諸葛亮處心積慮地策劃的多次進攻，把這位滿腹錦囊妙計的智慧之神耗死在五丈原上，後世文人才有了「出師未捷身先死，長使英雄淚滿襟」的詠嘆。二是平定遼東太守公孫淵的反叛。公孫淵自東漢末三世割據遼東，對曹魏陰懷二心，暗中結連東吳和鮮卑，時附時叛，是曹魏的邊境大患。魏明帝曹叡曾先後派汝南太守田豫和幽州刺史毌丘儉率兵征討，但都無功而返。景初二年（二三八）春正月，魏明帝從長安召司馬懿到洛陽命其征討公孫淵。魏明帝對司馬懿推心置腹地說：「此事本不應該勞你大駕，但為求一舉成功，還得相煩你出馬。」司馬懿慨然領命，並成竹在胸。需要特別說明的是，這年司馬懿已經六十一歲，可見當時除司馬懿外，朝中已經沒有可以擔當軍國大任的人了。當時魏明帝大修宮室，加之屢興軍旅，百姓饑疲。司馬懿出征前委婉地進諫說：

> 今宮室未備，臣之責也。然自河以北，百姓困窮，外內有役，勢不並興，宜假絕內務，以救時急。[5]

由此觀之，司馬懿對魏明帝是忠心可鑑了。

曹魏對司馬懿的信與忌

由於正統的道德觀，由唐太宗下詔修的正史《晉書・宣帝紀》和文學經典《三國演義》都著意刻劃渲染了司馬懿的奸詐陰狠和辜恩篡逆，而對於司馬懿從曹操始尤其是在明帝和齊王曹芳時受到猜忌、防範和排擠這個前提卻淡化和忽略了，片面地苛責他的不忠，而沒有反思曹魏對他的不信。如唐太宗李世民就專門為《晉書・宣帝紀》作史論，責備司馬懿受文帝、明帝託孤之重，「佐命三朝」，「曾無殉生之報」。實際上，這也是封建帝王只知責人、不知責己的傲慢以及上位者要求下級絕對忠誠的愚蠢道德觀。忠誠作為一種道德，有一個權利和義務大致對等的問題，是有條件的，沒有絕對的無條件的忠誠。從道德理性上講，下對上的忠誠比較符合韓非「君明臣忠，君暗臣奸」和孔子「君使臣以禮，臣事君以忠」的邏輯，同時也是彼此實力、勢力博弈制衡的結果。

曹操猜忌司馬懿，也是符合曹操一貫的用人風格的。曹操主張唯才是舉，說明他從內心不相信或不依賴作為道德的忠誠。唯才是舉實際上有一個前提，那就是無論是什麼人

5《晉書・宣帝紀》。

才，必須能夠保證其為我所用和為我所控。否則，必疑必忌，甚至必欲除之而後快。從這種意義上說，唯才是舉內在地包含著「唯才是疑」。司馬懿在曹操身邊十二年，歷任文學掾、東曹屬、主簿、軍司馬，都是參與機密的重要角色。曹操對司馬懿的雄才大略既暗自嘆服，又深為忌憚，唯恐自己身後出現政治強人，兒孫輩無人能夠駕馭。《晉書・宣帝紀》載：

> 帝內忌而外寬，猜忌多權變。魏武察帝有雄豪志，聞有狼顧相……因謂太子丕曰：「司馬懿非人臣也，必預汝家事。」太子素與帝善，每相全佑，故免。

所謂「預汝家事」應該是指將來曹丕立儲的問題，這說明曹操對於司馬懿曾暗中為曹丕謀劃與曹植爭立世子一事耿耿於懷，才預先提醒曹丕。但曹丕對司馬懿非常推重，情意相投，再者曹丕自視甚高，當時年富力強，比司馬懿還年少八歲，沒有考慮這件事的嚴重性，自然也就沒把曹操的告誡當回事。

延康元年（二二〇），曹操去世，朝野危懼，司馬懿管理喪葬諸事，內外肅然。同年，曹丕即魏王位，司馬懿受封河津亭侯，轉丞相長史。黃初三年（二二二）和黃初五年（二二四），曹丕兩次伐吳，都以司馬懿鎮守許昌，並改封司馬懿為向鄉侯。黃初六年（二二五）春二月，曹丕轉任司馬懿為撫軍大將軍、假節，領兵五千，加給事中、錄尚書事。司馬懿辭讓，曹丕說：「吾於庶事，以夜繼晝，無須臾寧息。此非以為榮，乃分憂耳。」[6]同年，曹丕又大興水軍攻吳，仍命司馬懿留守，「內鎮百姓，外供軍資」[7]。臨行，曹丕下詔書給司馬懿說：「吾深以後事為念，故以委卿。曹參雖有戰功，而蕭何為重。使吾無西顧之憂，不亦可乎！」[8]後曹丕由廣陵回師洛陽，又下詔對司馬懿說：「吾東，撫軍當總西事；吾西，撫軍當總東事。」[9]由此可見，魏文帝曹丕是期待司馬懿像蕭何效忠於漢高祖劉邦一樣效忠於自己。於是，司馬懿留鎮許昌。

誰料，天不假年，黃初七年（二二六）五月，曹丕去世，時年虛四十歲。臨終時，令司馬懿與中軍大將軍曹真、鎮軍大將軍陳群為輔政大臣。曹丕對太子曹叡說：「有間此三公者，慎勿疑之。」[10]曹叡即位，是為魏明帝，時年二十二歲，司馬懿被改封為舞陽侯。魏明帝對三位顧命大臣都存有戒心，他一即位，就強化了自己的決策中樞機構，實際上將

6《晉書・宣帝紀》。
7《晉書・宣帝紀》。
8《晉書・宣帝紀》。
9《晉書・宣帝紀》。
10《晉書・宣帝紀》。

顧命大臣與核心決策隔離開來，以左右原來掌管機要、文祕的人員組成了新的決策班底，保證自己能總攬全域。

在這三位顧命大臣中，曹真是皇室成員，地位親貴，但才略平平；陳群主要長於政務；唯有司馬懿獨具政略與超群的軍事才能。雖然名義上他的政治地位不是最高，但在三國時期征伐不息、彼此存吞併之心的特定背景下，軍事的地位空前突出，實際形成了軍事統帥政治的局面，自然司馬懿也就成了魏明帝時期的柱石之臣，像一位救火隊長一樣東征西討，西敗諸葛亮、南拒孫權、北平公孫淵，功勛卓著。但是，才高遭嫉、功高震主、忠者遭疑，這是封建專制政治中的必然邏輯，也是作為臣子無法擺脫的劫數。隨著司馬懿功勛人望日隆，皇室成員和朝臣對司馬懿的猜忌和影射之言形形色色、此起彼伏，魏明帝曹叡不可能無動於衷，他陷入一種既離不開又信不過的糾結之中，君臣嫌隙難以彌縫。魏明帝曾經問尚書郎陳矯：「司馬公忠貞，可謂社稷之臣乎？」陳矯回答：「朝廷之望；社稷，未知也。」[11]

魏明帝醉心於營造宮室，青龍三年，陵霄闕始構，有雀在上築巢，人們感到怪異，魏明帝向高堂隆詢問是何預兆，高堂隆回答說：

> 今興宮室，起陵霄闕，而鵲巢之，此宮未成身不得居之象也。天意若曰：「宮室未

成，將有他姓制御之。」斯乃上天之戒也。[12]

青龍四年，魏國發生地震，大儒高堂隆上言：

臣下強盛，地故震動，冀所以警悟人主，不可不深思是災。[13]

高堂隆感到天下疲弊，人心離散，方面之臣專權，皇室孤弱，於景初元年病重之時又上言：

宜防鷹揚之臣於蕭牆之內。可選諸王，使君國典兵，往往棋跱，鎮撫皇畿，翼亮帝室。夫皇天無親，惟德是輔。民詠德政，則延期過曆；下有怨嘆，則輟錄授能。由此觀之，天下乃天下之天下，非獨陛下之天下也！[14]

11《資治通鑑．魏紀四》。
12《資治通鑑．魏紀五》。
13《晉書．五行志》。
14《資治通鑑．魏紀五》。

對於這種種輿論，魏明帝不能不有所感，而對於司馬懿這位極其聰察敏銳之臣，不能不心有所憂，誠所謂為君不易、為臣亦難。

景初二年司馬懿奉命征伐公孫淵時，路經故鄉溫縣，見到父老故舊，宴飲累日。司馬懿沒有光宗耀祖、衣錦榮歸的舒情暢意，反而喟然長嘆，作歌道：

天地開闢，日月重光。
遭遇際會，畢力遐方。
將掃群穢，還過故鄉。
肅清萬里，總齊八荒。
告成歸老，待罪舞陽。[15]

司馬懿之所以觸發「告成歸老，待罪舞陽」的蒼涼之感[16]，是因為他博通經史、久經宦海，憑藉對歷史經驗的深悟和現時朝局的洞察，深知殄平公孫淵如探囊取物，但狡兔死走狗烹，至多是飛鳥盡良弓藏，凱旋班師了，能夠終老封地，已屬萬幸。因為此時無論是他還是其他人都不會想到，虛歲才三十六歲的魏明帝曹叡會先於他撒手西去，所以他也不會想到自己後來會顛覆曹魏的社稷。

命運再次讓司馬懿成為顧命大臣。司馬懿還在班師途中，魏明帝突發重病，感到將不久於人世，其子齊王曹芳只有八歲，深以後事為憂。魏明帝的初始想法，並沒有把司馬懿納入託孤大臣的班底，而考慮的是以魏武帝子燕王曹宇為大將軍，與領軍將軍夏侯獻、武衛將軍曹爽、屯騎將軍曹肇、驍騎將軍秦朗等輔政。只是魏明帝的親隨中書監劉放、中書令孫資久典機任，與曹宇、曹肇因爭權產生嫌隙，乘間說曹宇才不堪任、曹肇趁明帝昏迷期間與才人調情，激怒了魏明帝，將曹宇、曹肇逐出，改為由曹爽和司馬懿為顧命大臣。劉放、孫資為造成既定事實，要魏明帝立即下手詔，明帝說：「我困篤，不能。」可恨可嘆的是，劉放這個魏明帝昔日寵信的心腹竟然爬上魏明帝的病床，強行抓著魏明帝的手寫了召司馬懿託孤的詔書。此前，按照燕王曹宇為魏明帝所做的計畫，是讓司馬懿西還長安，不讓他與魏明帝臨終訣別，而且詔書已發。等到司馬懿還師行到白屋這個地方時，有新詔相召，三日之間，詔書五至。手詔說：「間側息望到，到便直排入，視吾面。」司馬懿於是乘追鋒車晝夜兼行四百餘里，一宿而至。司馬懿流涕問疾，魏明帝緊緊抓著司馬懿的手目視齊王說：

15《晉書．宣帝紀》。
16司馬懿當時受封舞陽侯。

以後事相託。死乃復可忍，吾忍死待君，得相見，無所復恨矣。[17]

關於這令人悲憫的一幕，《三國演義》有更加動情的細緻刻劃：

叡曰：「朕惟恐不得見卿，今日得見，死無恨矣。」懿頓首奏曰：「臣在途中，聞陛下聖體不安，恨不肋生兩翼，飛至闕下。今日得睹龍顏，臣之幸也。」叡宣太子曹芳、大將軍曹爽、侍中劉放、孫資等，皆至御榻之前，叡執司馬懿之手說：「昔劉玄德在白帝城病危，以幼子劉禪託孤於諸葛孔明，孔明因此竭盡忠誠，至死方休。偏邦尚然如此，何況大國乎？朕幼子曹芳，年才八歲，不堪掌理社稷。幸太尉及宗兄元勛舊臣，竭力相輔，無負朕心！」又喚芳曰：「仲達與朕一體，爾宜敬禮之。」遂命懿攜芳近前，芳抱懿頸不放。叡曰：「太尉勿忘幼子今日相戀之情！」言訖，潸然淚下。懿頓首流涕。

司馬懿與大將軍曹爽並受遺詔輔少主。及齊王即帝位，遷侍中、持節、都督中外諸軍、錄尚書事，與爽各統兵三千人，共執朝政，更直殿中，乘輿入殿。

曹爽借助皇室成員的親貴身分，步步緊逼，對司馬懿進行擠兌和排斥。正始八年（二四七），曹爽用心腹何晏、鄧颺、丁謐之謀，把太后遷到永寧宮，一時曹爽兄弟「專擅朝政，兄弟並掌禁兵，多樹親黨，屢改制度」[18]，司馬懿不能禁止，從此與曹爽矛盾漸深。五月，司馬懿稱病辭朝，不問政事。

正始九年（二四八）三月，黃門張當私自把掖庭人石英等十一人送給曹爽，曹爽、何晏乘機與張當勾結，謀危社稷。曹爽及其同黨擔心司馬懿裝病，同年冬，曹爽的心腹河南尹李勝要到荊州任刺史，藉辭行之機去伺察司馬懿的身體狀況。司馬懿知其來意，假裝病重，騙過了李勝。李勝回去對曹爽說：「司馬公尸居餘氣，形神已離，不足慮矣。」曹爽等從此便不再防備司馬懿。

嘉平元年（二四九）春正月，乘魏帝曹芳、大將軍曹爽、中領軍曹羲、武衛將軍曹訓離開洛陽去祭掃魏明帝的墳墓高平陵之機，司馬懿以雷霆手段一舉清除了曹爽勢力。從此，曹魏的軍政大權完全落入司馬懿的手中，為司馬氏取代曹魏奠定了基礎。但終其一生，司馬懿仍稱魏臣，也算敷衍了與魏武帝曹操、魏文帝曹丕、魏明帝曹叡三朝的君臣之誼。

17《晉書．宣帝紀》。
18《晉書．宣帝紀》。

司馬氏對曹魏何以能李代桃僵

從魏武帝曹操到魏文帝曹丕、魏明帝曹叡，三代分別以雄武、卓才、明斷著稱，削平群雄，統一北方，傲立於蜀、吳，但為何苦心經營幾十年的成果被司馬氏巧手摘取？究其根本，遠非司馬懿道德品格的忠奸問題，而源於曹魏政權的脆弱基礎。

首先，曹丕、曹叡短命，曹魏王朝生命基礎脆弱。陳壽評價曹丕說：「文帝天資文藻，下筆成章，博聞強識，才藝兼該。」[19]但他只在位七年，活了不足四十歲，在一個政治人物精力旺盛、人生和為政經驗趨於豐富的黃金時段溘然長逝，無法施展政治宏圖。所幸，魏明帝即位時已屆二十二歲，思慮已較成熟，「沉毅明敏，任心而行，料簡功能，屏絕浮偽。行師動眾，論決大事，謀臣將相，咸服帝之大略」[20]。不幸的是，魏明帝曹叡只活到三十五歲，讓只有八歲的兒子曹芳即位。儘管處心積慮地安排了託孤大臣，近乎哀求地囑託後事，試想一想，此舉無異於遺珍寶於路，即使司馬氏不撿取，也極容易被他人攫取。曹丕和曹叡早逝，除了自身生理原因外，可能還與不健康的生活方式有關。曹魏時期，上層已開始流行吃丹藥養生，企圖長生不老。如曹叡就曾不顧群臣反對，大興勞役從長安拆取漢武帝建造的承露盤。他們突發重病，有可能是誤食或過食丹藥所致。另外，防親甚於防賊，羽翼脆弱。從曹操開始，由於過度地解讀了袁紹和劉表眾子爭立的教訓，對宗室子弟防範森嚴，嚴格地限定在封地，形同圈禁。因為幼主在位，母后攝政，為防微杜漸，魏文帝曹丕曾明令諸侯王不得留住京都，以至魏明帝曹叡有十二年沒有見過諸侯王[21]。這固然可以避免宗室干預朝政，但一旦皇帝出現重大變故，則完全失去了宗室的拱衛，顯得孤立無援。

其次，體制單薄，政治基礎脆弱。由於三國紛爭，曹魏採用的是典型的軍國體制，以軍統政。司馬懿久典軍兵，不僅掌控了軍事力量，而且不斷滲透和擴展了政治力量。尤其是魏明帝曹叡為了便於集權，把本來負責文祕事務的機構改成中樞決策機構，使中書官職的實際地位超越於群臣之上，並且只寵任劉放、孫資二人。這一方面雖有利於皇帝個人專行獨斷，可以擺脫群臣的制約；但另一方面，不僅不利於集思廣益，吸取群臣的決策智慧，更為嚴重的是造成了皇帝與群臣感情的疏遠和利益的阻隔，群臣失去了向皇帝和社稷表達忠誠的機會與途徑，而容易為朝中的權臣所籠絡，造成朝廷空虛、皇帝孤立，以至出現了魏明帝彌留之際劉放、孫資因顧及個人利害而強使他更改詔書的事。

19《三國志．魏書．文帝紀》。
20《資治通鑑．魏紀六》。
21 參見《資治通鑑．魏紀四》。

再次，唯才是舉用人方式逐步廢棄，人才基礎脆弱。唯才是舉是曹魏招攬人心、迅速崛起的法寶。但隨著曹魏統治的鞏固，日漸形成了世家大族的既得利益集團。到了魏文帝曹丕時期，開始採取九品中正制的用人之法，這一方面強化了人才選拔的規範性，較為符合政局穩定時期選拔人才的需要。但是，另一方面，用人權逐漸被高官豪族所把持，士族子弟逐步壟斷了高官顯位，而大量才學優異、勇於進取的幹練之才卻缺少晉升之路，導致文帝和明帝時期傑出人才相對匱乏，官吏的素質與魏武時期相比不可同日而語，以至司馬懿有鶴立雞群之勢，無人能與其比肩並加以制衡。魏明帝曹叡雖然安排了宗室曹爽作為託孤大臣，但曹爽是典型的膏粱子弟，羊質虎皮、鳳毛雞膽，與曹操時期的曹洪、曹仁和夏侯惇、夏侯淵（曹操一脈本屬夏侯氏）及魏明帝時期的曹真（曹爽之父）相比，庸劣不可用，起不到護翼皇室的作用，雖有高位和重權，但完全不是司馬懿這位已是衰病老臣的對手。面對高平陵之變，曹爽完全有機會和實力逆轉，但他駑馬戀棧豆，束手待斃，以至冒死去追隨他的智囊桓範失望痛哭：「曹子丹佳人，生汝兄弟，犢耳！何圖今日坐汝等族滅也！」[22]

最後，於民少惠，於官寡恩，道義基礎脆弱。曹魏為取代漢，有意淡化了忠君的道德教化，這既為其解除了篡漢的道德束縛，也等於同時拆毀了維護自身統治地位的道德堤防。曹操專漢政，司馬懿專魏政，如出一轍，像比葫蘆畫瓢，沒有太大的道德障礙。更為關鍵的是，曹魏時期，一直征伐不息，「天下凋敝，民無擔石之儲，國無終年之蓄，外有強敵，六軍暴邊，內興土功，州郡騷動」[23]，百姓對曹魏沒有太多的感恩戴德之情。再者，魏文帝和魏明帝都喜好奢華，尤其是魏明帝曹叡大興土木，營造宮室，在芳林園中起土山，竟然「使公卿群僚皆負土，樹松、竹、雜木、善草於其上，捕山禽雜獸置其中」。司徒軍議掾董尋冒死上疏進諫：

陛下既尊群臣，顯以冠冕，被以文繡，載以華輿，所以異於小人；而使穿方舉土，面目垢黑，沾體塗足，衣冠了鳥，毀國之光以崇無益，甚非謂也。孔子曰：「君使臣以禮，臣事君以忠。」無忠無禮，國何以立？[24]

曹叡沒被說服，反而非常生氣。從這可以看出，曹魏尤其是到魏明帝時，既不重視得民心，也不注意籠絡官心，道義基礎脆弱，所以司馬氏篡魏政時，多數官民都作壁上觀。司馬懿「內忌而外寬，猜忌多權變」，酷冷無情，平公孫淵時，大行殺戮；誅曹爽之際，支黨皆夷及三族，男女無少長，姑姊妹女子已出嫁的都不能倖免。所以，他的成功帶

22《資治通鑑．魏紀七》。
23《資治通鑑．魏紀五》。
24《資治通鑑．魏紀五》。

有濃重的不道德的底色。東晉明帝時，大臣王導侍坐。帝問先祖如何得天下，王導於是陳述了司馬懿開創晉朝基業和司馬昭廢高貴鄉公的故事。明帝聽罷非常羞愧，將臉埋在床上說：「若如公言，晉祚復安得長遠！」[25]

關於司馬懿的忠奸問題，千百年來論評不休，見仁見智。鑑於司馬懿與曹操既英雄識英雄，又算是有隔世的恩仇，特摘錄《三國演義》第七十八回有人感嘆曹操的〈鄴中歌〉，藉以表達對司馬懿事蹟的感懷：

英雄未有俗胸中，出沒豈隨人眼底？
功首罪魁非兩人，遺臭流芳本一身。
安有斯人不作逆，小不為霸大不王？
嗚呼！古人作事無巨細，寂寞豪華皆有意。
書生輕議塚中人，塚中笑爾書生氣！

（選自《領導科學》二〇一三年第一六期）

25《晉書．宣帝紀》。

司馬懿、曹爽之爭的是是非非

李志民、柳春藩

司馬懿同曹爽之間的鬥爭是三國時期重要的政治事件之一。正始十年（二四九）受曹爽排擠、裝病不問政事的司馬懿，突然發動政變，殺掉曹爽及其黨羽，控制了朝政。之後不久，又鎮壓了太尉王淩的謀反，為司馬氏最後奪取曹魏政權打下了基礎。

如何評價司馬懿（或司馬氏集團）和曹爽（或曹爽集團）之間的鬥爭呢？過去看法不一，總的說來是否定司馬懿者居多。封建統治者和史家用正統主義觀點，譏諷他「篡」奪別人天下[1]。新中國建立後，史學界對他也多持貶低的態度，甚至有人說司馬懿戰勝曹爽

1 如石勒說司馬懿同曹操一樣，是一個「欺他孤兒寡婦，狐媚以取天下」的貳臣賊子（《晉書・石勒載紀》）。李世民說他「雖自隱過當年，而終見嗤後代」（《晉書・宣帝紀・制曰》）。胡三省說司馬懿父子是「盜國」有術的竊國大盜（《資治通鑑》卷七十六「嘉平五年」注）。王鳴盛說他「少壯則為魏畫篡漢策，及老則又自為子孫定篡魏策，興亡若置棋，亦可嘆矣」（《十七史商榷》卷四十四《大謀奇策》）。

是「歷史上一個不幸的事件」[2]。這種評價是不公允的。

評價一個歷史人物（或集團）在歷史上的作用，主要的是看他的所作所為，是否對社會、對歷史的發展有利，是否對經濟、文化的發展有利，而不是看他的出身如何，或者是否奪取了別人的政權。

能臣司馬懿

司馬懿是一個有謀略的軍事家[3]和政治家。他雖然出身於世代官僚家庭[4]，但政治思想並不落後，他執行的一些方針政策在統治集團中比較起來是開明的，起到了一定的積極作用。

在政治上，司馬懿注意改善政治，緩和階級矛盾。魏明帝曹叡盛修宮室，百姓勞瘁，「力役不已，農桑失業」[5]。他上書要求罷除一些徭役，以減輕人民的負擔。景初二年（二三八），司馬懿在遠征遼東前夕，諫告明帝說：

自河以北，百姓困窮，內外有役。勢不並興，宜假絕內務，以救時急。[6]

自遼東返回後，「役者猶萬餘人，雕玩之物動以千計。至是皆奏罷之，節用務農，天下欣賴焉」。對新征服的地區，司馬懿也注意「勸農桑，禁浮費」，因而「南土悅附」。他還勸明帝對新附的邊郡民戶，不要「密網束下」，要「弘以大綱，則自然安樂」。他對手下將士的約束也比較嚴，禁止他們「侵侮」百姓。青龍中，司馬懿在長安立軍市，「軍中吏士多侵侮縣民」，他得知這一情況後，怒召軍市侯，杖一百，「嚴持吏士」。自是以後，「軍營、郡縣各得其分」[7]。可見司馬懿是較為注重民力和民意的。連他的政敵丁謐、畢軌等人也不得不承認他「甚得民心」[8]。司馬懿很注重節儉，臨死前留下遺命，要求把他葬於首陽山，「不墳不樹」，「斂以時服，不設明器」。這種思想和作風，在當時浮

2 徐德嶙，《三國史講話》，頁一〇七。
3 司馬懿一生的大部分時間是在戎馬倥傯中度過的。他成功地阻止了諸葛亮的進攻，出奇兵殺死降而復叛的孟達，一舉殲滅割據遼東的公孫淵，很有軍事才能和指揮藝術。孫權曾說他「善用兵，變化若神，所向無前」（《晉書・宣帝紀》）。
4 司馬懿的高祖司馬鈞曾任漢征西將軍，曾祖量曾任豫章太守，祖父儁曾任潁川太守，父防曾任京兆尹。
5《資治通鑑》卷七十三「青龍三年」。
6《晉書・宣帝紀》。以下文中引用《宣帝紀》的資料，不再注明出處。
7《三國志・魏書・倉慈傳》注引《魏略》。
8《三國志・魏書・曹爽傳》注。

華厚葬風氣盛行的情況下是難能可貴的。

在經濟上，司馬懿關心農業的發展，注意興修水利和屯田事業的推廣。早在司馬懿為丞相軍司馬時，就首先提出實行軍屯的建議。他對曹操說：

昔箕子陳謀，以食為首。今天下不耕者蓋二十餘萬，非經國遠籌也。雖戎甲未卷，自宜且耕且守。

曹操採納了這個建議，「於是務農積穀，國用豐贍」。正始二年（二四一），司馬懿督軍伐吳，「欲廣田積穀，為兼併之計」，要鄧艾協助他。鄧艾提出「開河渠」、「通運漕」，在淮河南北大搞軍屯的建議，他「皆如艾計施行」。「遂北臨淮水，自鍾離而南橫石以西，盡泚水四百餘里，五里置一營，營六十人，且佃且守。兼修廣淮陽、百尺二渠，上引河流，下通淮、潁，大治諸陂於潁南、潁北，穿渠三百餘里，溉田二萬頃，淮南、淮北皆相連接。自壽春到京師，農官兵田，雞犬之聲，阡陌相屬。每東南有事，大軍出征，泛舟而下，達於江、淮，資食有儲，而無水害」[9]。可見軍屯的規模是很大的。這一措施具有戰略意義，它為以後晉一舉滅吳、統一天下，奠定了雄厚的物質基礎。

在和西蜀毗鄰的關中地區，司馬懿也注重經濟的發展。史載：

太和四年（二二〇）關中饑，宣王表徙冀州農夫五千人佃上邽，興京兆、天水、南安鹽池，以益軍實。[10]

時司馬懿之弟司馬孚為度支尚書，「遣冀州農丁五千屯於上邽，秋、冬習戰陣，春、夏修田桑。由是關中軍國有餘，待賊有備矣」[11]。太和五年，諸葛亮第四次北伐時，司馬懿領兵拒之。有人提出「自芟上邽左右生麥以奪賊食」，魏明帝不許。並增兵給司馬懿使護麥。「宣王與亮相持，賴得此麥以為軍糧」[12]。

青龍元年（二三三），司馬懿在關中「開成國渠，自陳倉至槐里；築臨晉陂，引汧、洛溉舄鹵之地三千餘頃，國以充實焉」[13]。青龍三年，關東地區饑饉，司馬懿「運長安粟五百萬斛輸於京師」以濟糧荒，這是和他注重關中地區的農業生產，並取得了相當成績分

9《晉書・食貨志》。
10《晉書・食貨志》。按《食貨志》原謂此事在嘉平四年，誤，從中華書局標點本《校勘記》改。
11《晉書・宗室列傳・安平獻王孚傳》。
12《三國志・魏書・明帝紀》注引《魏書》。
13《晉書・食貨志》。

不開的。

三國時期，曹操是民屯的主要推行者，而司馬懿則是軍屯的主要倡議者和推行者。司馬懿對北方經濟的恢復和發展，起了一定的積極作用。

在用人上，司馬懿注意推薦、選用一些有才幹的文武人才。早在黃初年間，司馬懿就薦舉剛直不阿、主張「寬惠百姓」的鮑勳為御史中丞，使「百寮嚴憚，罔不肅然」。鮑勳多次諫阻文帝遊獵，終被曹丕尋故殺掉。「勳內行既修，廉而能施，死之日，家無餘財」[14]。青龍四年（二三六），明帝「詔公卿舉才德兼備者各一人」，司馬懿以兗州刺史太原王昶應選。王昶懂政治，通軍事，著有《治論》、《兵書》，「勤勸百姓，墾田特多」。司馬懿推薦了他，可謂知人。後來司馬懿向他請教政事，他主張「抑絕浮華」、「務崇節儉」、「約官實祿，勵以廉恥，不使與百姓爭利」[15]，確是一個德才兼備之人。

司馬懿還能從下層寒士中選拔人才。如鄧艾「家貧」，「為農民養犢」，「以口吃，不得作幹佐」。但很有才能，司馬懿「奇之，辟之為掾，遷尚書郎」[16]。他協助司馬懿搞軍屯，獲得良好效果。後來成為獨當一面的大將，並率軍一舉滅蜀。史稱：

鄧艾為將軍三十餘年，賞罰明斷，善恤卒伍，身之衣食，資仰於官，不苟素儉，然終不治私，妻子不免饑寒。[17]

石苞出身寒微，與鄧艾同為典農部民，曾一起為郭玄信御車。青龍中「鬻鐵於長安」，得見司馬懿，「宣王知焉。後擢為尚書郎，歷青州刺史、鎮東將軍」[18]。南陽州泰也是一個有才能「好立功業」的人物。初為荊州刺史裴潛從事，司馬懿鎮宛時，將其選用，州泰「居喪」，司馬懿「留缺待之」，擢為新城太守。後來歷任兗、豫州刺史，「所在有籌算績效」[19]。後人稱讚司馬懿「知人拔善」，使「王基、鄧艾、周（州）泰、賈越之徒皆起自寒門而著績於朝，經略之才可謂遠矣」[20]。

對於司馬懿的政績，王船山曾評論說：

> 司馬懿執政，而用賢恤民，務從寬大，以結天下之心。於是而自搢紳以迄編氓，乃

14《三國志．魏書．鮑勳傳》。
15《三國志．魏書．王昶傳》。
16《三國志．魏書．鄧艾傳》。
17《藝文類聚》卷五十九《武部》。
18《三國志．魏書．三少帝紀》注引《世語》。
19《三國志．魏書．鄧艾傳》注引《世語》。
20《太平御覽》卷九十五《皇王部二十》「西晉宣帝」。

知有生人之樂。[21]

除後一句話有些過譽外，其餘應該說是符合實際的。

上述情況表明，司馬懿是一個有遠見卓識、有作為的政治家。他可以說是屬於地主階級中的清明派。

司馬懿死後，他的兒子司馬師、司馬昭相繼執政。他們雖然不像其父親那樣有見識，但也是有一定作為的。在同他們的政敵進行政治、軍事鬥爭的同時，也做了些有意義的事情。

嘉平四年（二五二），司馬師開始控制朝政，「命百官舉賢才，明少長，恤窮獨，理廢滯」，安排和重用一些司馬懿時期提拔起來的有才幹的文武官員，在中央和地方發揮他們的作用。於是「四海傾注，朝野肅然」[22]。司馬師掌政的時間不長就病死了。

正元二年（二五五）司馬昭執政後，對政治、經濟制度做了一些改革。在政治上，「諸禁網煩苛及法式不便於時者」，他「皆奏除之」。並且患前代「律令本注煩雜」、「科網本密」，令賈充、鄭沖、羊祜、杜預等十四人，本著「蠲其苛穢，存其清約」的原則，正式制定新律，到晉武帝泰始四年（二六八年）完成，頒行全國。這個《晉律》實質上固然是地主階級專政的工具，但它的內容比漢律已大為精簡，這樣就相對減輕了人民動輒觸犯刑律、處罪輕重無準的弊端。同時律文「減梟斬族誅從坐之條」，「去捕亡、亡沒為官奴婢之制」，在某種程度上可以說是「刑寬禁簡」[23]。在經濟上，咸熙元年（二六四），司馬昭「罷屯田官以均政役，諸典農皆為太守，都尉皆為令長」[24]，開始廢除民屯制度。屯田制度是在特定的條件下發展起來的，它對經濟的恢復和發展起一定的積極作用。但屯田客的地租負擔很重，身分地位很低，到一定時期便不能繼續適應生產力的發展。在新的情況下，司馬昭罷掉屯田官，廢除民屯制度，將民屯的一些國家佃農改變為國家的一般編戶齊民——自耕農，使他們的經濟負擔有所減輕，身分地位有所提高，這對生產力的發展是有好處的。此外，在軍事上。司馬昭於景元四年（二六三）派鄧艾、鍾會領兵滅掉蜀漢，為以後晉滅吳統一天下創造了有利條件，這也有值得肯定的一面。

由此可見，所謂司馬懿父子是魏國「一個極端腐朽的集團」[25]的結論，是站不住腳的。

21《讀通鑑論》卷十《三國》。
22《晉書・景帝紀》。
23《晉書・賈充傳》。
24《三國志・魏書・三少帝紀》。
25 范文瀾，《中國通史》第二冊，頁一〇七。

驕侈昏瞶的曹爽集團

下面再看看曹爽及其一夥。

曹爽雖然是曹操的宗室後代，卻是曹氏的不肖子孫。如果說曹魏的政治在曹叡時開始走下坡路，那麼在曹爽掌政時期，則更為黑暗腐敗。

曹爽並無政治才幹，主要是憑藉「宗室支屬」的身分掌握政權的。明帝託孤之時，他「流汗不能對」，幸虧中書監劉放躡其足，耳語教他說：「臣以死奉社稷」[26]，才算接下了輔政的重任。為了樹立個人威望，「立威名於天下」，他不聽司馬懿的勸阻，貿然率大軍攻蜀，結果大敗而歸，「關中為之虛耗」[27]。冀州的「清河、平原爭界，八年不能決」，刺史孫禮按天府所藏「烈祖（明帝）初封平原時圖決之」。這本來是個公正的好辦法，但曹爽卻偏信清河之訴，認為「圖不可用」。孫禮上書據理力爭，曹爽「劾禮怨望，結刑五歲」[28]。可見曹爽剛愎自用和昏瞶無能。

曹爽把持朝政後，「日縱酒沉醉」，「飲食車服，擬於乘輿；尚方珍玩，充牣其家；妻妾盈後庭，又私取先帝才人七八人，及將吏、師工、鼓吹、良家子女三十三人，皆以為伎樂」。還「作窟室，綺疏四周，數與（何）晏等會其中，飲酒作樂」[29]。曹爽等人的驕奢無度，是有目共睹的。其弟中領軍曹羲「深以為大憂，數諫止之」，並且「著書三篇，陳驕淫盈溢之致禍敗，辭旨甚切」，曹爽「甚不悅」。侍中鍾毓參加曹爽的酒宴回家後，其母說：

> 樂則樂矣，然難久也。居上不驕，制節謹度，然後乃無危溢之患。今奢僭若此，非長守富貴之道。[30]

何晏之妻金鄉公主對其母說：「晏為惡日甚，將何保身？」[31]杜有道妻嚴氏說：「晏等驕侈，必當自敗。」[32]辛毗的女兒憲英也說：「曹爽與太傅俱受寄託之任，而獨專權勢，行以驕奢，於王室不忠，於人道不直。」[33]

26《三國志・魏書・劉放傳》注引《世語》。
27《資治通鑑》卷七十四「正始五年」。
28《三國志・魏書・孫禮傳》。
29《三國志・魏書・曹爽傳》，以下文中引用《曹爽傳》的資料，不再注明出處。
30《三國志・魏書・鍾會傳》注。
31《三國志・魏書・曹爽傳》注引《魏末傳》。
32《晉書・列女列傳・杜有道妻嚴氏傳》。
33《三國志・魏書・辛毗傳》注引《世語》。

曹爽還支持何晏等侵奪屯田土地，「共分割洛陽、野王典農部桑田數百頃，及壞湯沐地以為產業，承勢竊取官物，因緣求欲州郡。有司望風，莫敢忤旨」。他輕視傑出的機械製造家馬鈞的發明創造，還限制和反對馬鈞搞試驗[34]。

在用人方面，曹爽推行任人唯親的政策，對廉潔耿直的官員，予以排擠打擊。如王觀掌少府，曹爽派人將公物據為私有，王觀得知後「皆錄奪以沒官」。少府統「御府內藏玩弄之寶」，曹爽等「奢放，多有干求」，但「憚觀守法」，便把他徙為太僕[35]。另一方面，他把一些阿諛附會、缺乏政治才幹、崇尚浮華的人引為己用。如：

> 畢軌及鄧颺、李勝、何晏、丁謐皆有才名，而急於富貴，趍時附勢，明帝惡其浮華，皆抑而不用。曹爽素與親善，及輔政，驟加引擢，以為腹心。[36]

其中何晏是個「粉白不去手，行步顧影」的浪蕩哥兒，他同夏侯玄等人「競為清談，祖尚虛無」，常常是「談客盈座」[37]，開創了魏晉清談的先河，被魯迅斥為「空談的祖師」。他任吏部尚書主選舉後，更是「依勢用事，附會者升進，違忤者罷退」[38]，「其宿與之有舊者，多被拔擢」[39]。鄧颺「少得士名於京師」，曾任中書郎等職，因「與李勝等為浮華友」，被明帝「斥出，遂不復用」。他「為人好貨，前在內職，許臧艾授以顯官，艾以父妾與颺，故京師為之語曰：『以官易婦鄧玄茂。』每所薦達，多如此比」[40]。何晏的「選舉不得人」，和他有重要關係。丁謐「為人外似疏略，而內多忌」，與何晏、鄧颺被稱為曹爽的「臺中三狗」[41]。

以上情況表明，曹爽及其一夥掌政時，曹魏的政治是黑暗腐敗的。

這裡涉及對曹爽等人「變易舊章」[42]、「變改法度」[43]的看法問題。肯定曹爽、否定司馬懿的人認為曹爽等人的「變改」是革新的，因而他們是「新的」派別，「新的失敗了，老的勝利了」，所以是「不幸的事件」。其實，曹爽「變改」的內容以及「變改」的程

34《三國志．魏書．杜夔傳》注。
35《三國志．魏書．王觀傳》。
36《資治通鑑》卷七十四「景初三年」。
37《世說新語．文學》。
38《資治通鑑》卷七十四「景初三年」。
39《三國志．魏書．曹爽傳》，注引《魏略》。另《晉書．傅玄傳附子咸傳》載：傅咸稱何晏選用的人「各得其才」。這當和前引《資治通鑑》中說的何晏、丁謐等「皆有才名」一樣，是指一些在文化思想上有虛名的人，而不是指在政治上有才幹的人。
40《三國志．魏書．曹爽傳》注引《魏略》。
41《三國志．魏書．曹爽傳》注引《魏略》。
42《三國志．魏書．劉放傳》注引〈資別傳〉。
43《資治通鑑》卷七十五「正始八年」。

度，史書都無明確記載，不應一看到「變改」的字樣，就認為它是新的、進步的。應從它對人民、對社會的實際作用、實際效果來考察。從當時人們的評論來看，曹爽等人的「變改」，並無積極作用和效果。如太尉蔣濟上疏稱他們的改易「終無益於治，適足傷民」[44]。應瑒的弟弟應璩對曹爽的「多違法度」「為詩以諷焉。其言雖頗諧合，多切時要，出共傳之」[45]。司馬懿的政敵王凌的兒子王廣也說曹爽等「變易朝典，政令數改，所存雖高而事不下接」[46]。這說明曹爽一夥的「變改」，是不切時要、與民不利的，因而不值得稱讚和肯定。

如果說誰是魏國「極其腐朽的集團」，那應是曹爽一夥，而不應是司馬懿父子。

功過自有後人評說

對於司馬懿、曹爽集團的優劣，王廣在勸阻其父王凌起兵反對司馬懿時說：

凡舉大事，應本人情。今曹爽以驕奢失民，何平叔（何晏）虛而不治，丁、畢、桓、鄧雖並有宿望，皆專競於世。……同日斬戮，名士減半，而百姓安之，莫或之哀，失民故也。今懿情雖難量，事未有逆，而擢用賢能，廣樹勝己，修先朝之政令，副眾心之所求。爽之所以為惡者，彼莫不必改，夙夜匪懈，以恤民為先。[47]

這段話出自王廣之口，應該說是可信的。

司馬懿能夠戰勝曹爽，不是偶然的。正因為他在政治上是比較有作為的、清明的，才有能力、有條件一舉消滅「勢傾四海，聲震天下」，但已腐朽不堪、失掉人心的曹爽集團，並且比較快地穩住了政局。對此，當時吳國的屯騎校尉張悌曾作過重要的評論：

> 司馬懿父子，自握其柄，累有大功，除其煩苛而布其平惠，為之謀主而救其疾，民心歸之，亦已久矣。故淮南三叛而腹心不擾，曹髦之死，四方不動……任賢使能，各盡其心，非智勇兼人，孰能如之？[48]

44《三國志．魏書．蔣濟傳》。
45《三國志．魏書．王粲傳》注引《文章敘錄》。
46《三國志．魏書．王淩傳》注引《漢晉春秋》。
47《三國志．魏書．王淩傳》注引《漢晉春秋》。
48《三國志．吳書．三嗣主傳》注引《襄陽記》。

張悌很有政治見識，後來在吳國做過丞相。他的這段評論是客觀的、中肯的。司馬懿的成功有其主觀條件和客觀條件。過去有人認為他是「一個時代的幸運兒」[49]，顯然是不妥當的。

現在我們可以得出結論：司馬懿同曹爽集團鬥爭的性質，是統治階級內部不同集團間的爭權奪勢鬥爭。但不管司馬懿的目的企圖如何，鬥爭的結果卻是一個較有作為、較為清明的統治集團代替了一個腐敗無能的統治集團，這對社會、對人民都是比較有利的。因此司馬懿父子戰勝曹爽集團，非但不是「歷史上一個不幸的事件」，反而應該看成是一件好事，有一定積極意義。

不容否認，魏晉時期發展起來的世族門閥勢力，總的傾向是偏於保守、趨於腐敗。但不能因此認為世族門閥中所有的人，都是保守腐敗的，從而不予肯定，或不予應有的肯定。尤其是對漢末三國時期的一些世代官僚地主出身的人物，更不能帶著這種有色眼鏡去看。

司馬懿的政治、軍事才能和在歷史上起的積極作用，同曹操相比，是相差一籌的，把司馬懿和曹操相提並論，中間畫一等號，是不合適的。但同昏庸無能、荒淫無度的曹爽相比，司馬懿不知要高明多少倍。

作為「篡逆」之臣，司馬懿被封建統治者唾棄千年。作為「世族」的一員和西晉腐朽統治者的祖宗，司馬懿也為今人冷眼相對。我們應該正確理解「世族腐朽」論，具體問題具體分析，對世族中有作為、有一定「歷史功績」的人，給予應有的肯定，還其歷史的本來面目。

（選自《史學集刊》一九八二年第四期，發表時原名為〈關於司馬懿曹爽之爭的評價問題〉）

49 祝秀俠，〈司馬懿論〉，《南風》一卷一期，一九四五年第二期。

司馬懿殺曹爽的因緣際會

馬植傑

關於司馬懿殺曹爽事件，史書記載多有歧異，史家對司馬懿和曹爽兩派人物的評論亦不一致，今試將事件真相及有關人物論述如下。

曹叡在確定皇位繼承人及輔政大臣方面的問題

如所周知，世族地主到東漢時已成為最有勢力的階層，漢末割據軍閥如果得不到世族的支持，都不可能有大作為。曹操創業時期曾大量吸收和重用世族，固不待言。曹丕在與其母弟曹植爭為太子時，亦曾仰賴所謂「四友」等臣僚為之參謀佑護，故曹丕即位後，對幫助他登上太子寶座的賈詡、桓階、陳群、吳質、司馬懿等予以重用，其中名士世族陳群、司馬懿甚至被任為鎮軍[1]、撫軍大將軍，並錄尚書事。這樣，便打破了以往非曹氏親族不能充當軍事大帥的慣例。二二六年（黃初七年）曹丕臨死時，中軍大將軍曹真、鎮軍大將軍陳群、征東大將軍曹休、撫軍大將軍司馬懿並受遺詔輔曹叡（即魏明帝），後曹休、曹真相繼死去，陳群只擔任文職，統兵大帥唯餘司馬懿一人。司馬懿南擒孟達，西拒諸葛亮，東滅公孫淵，養成了很高的威望，當時曹魏統治集團內部居於勢要位置的人，除司馬懿以外，即推掌管機要的劉放和孫資。二人在曹操時即已為祕書郎，曹丕改祕書為中書，以劉放為中書監、孫資為中書令。曹叡對二人尤為寵任。當二三八年（景初二年）曹叡考慮是否派司馬懿去討伐遼東時，劉放、孫資曾加以贊助，故遼東平定後，放、資以「參謀之功」，各進封縣侯[2]。由此可知，掌握機要的放、資與統兵大帥司馬懿關係甚好，日後如君主不能掌握政柄時，他們便可能勾結在一起，竊奪大權。據《三國志．魏書．陳矯傳》注引《世語》說：

帝憂社稷，問矯：「司馬公忠正，可謂社稷之臣乎？」矯曰：「朝廷之望；社稷，未知也。」

《三國志・魏書・高堂隆傳》載高堂隆臨終口占上疏說：

宜防鷹揚之臣於蕭牆之內，可選諸王，使君國典兵，往往棋跱，鎮撫皇畿，翼亮帝室。

陳矯對司馬懿能否忠於魏室既表示懷疑，高堂隆所說「鷹揚之臣」也顯然係指司馬懿。又據《三國志・魏書・蔣濟傳》言：

時中書監、令號為專任，濟上疏曰：「大臣太重者國危，左右太親者身蔽，古之至戒也。……陛下既已察之於大臣，願無忘於左右。左右忠正遠慮，未必賢於大臣，至於便辟取捨，或能工之。今外所言，輒云中書，雖使恭慎，不取外交，但有此名，猶惑世俗，況實握事要，日在目前，儻因疲倦之間，有所割制，眾臣見其能推移於事，即亦因時而向之。……此宜聖智所當早聞，外以經意，則形際自見。」

1 見《晉書・宣帝紀》、《三國志・魏書》有關各傳。吳質事見《三國志・魏書・王粲傳》裴注引《世語》。

2《三國志・魏書・劉放傳》。

蔣濟以上的話顯然是針對放、資二人而言的。陳壽《三國志》對司馬氏之代魏事蹟，每多回護，避不敢書，然猶能於〈高堂隆傳〉及〈蔣濟傳〉對司馬懿及其黨羽劉放、孫資之可疑形跡有所揭示，是陳壽所以不失為良史處。曹叡在位正當魏國興盛時，然內部已埋下權臣擅權的陰影。可是曹叡本人對此並無真正覺察，對高堂隆等的微言深意亦未認真思考，自然也就不會採取任何預防措施了。

曹叡本人沒有兒子，按理說，他應當從父祖後嗣中擇立賢而長者，可是他卻收養了兩個嬰兒曹芳和曹詢作為己子。二三九年（景初三年）十二月，曹叡病重，以宗室武衛將軍曹爽為大將軍，令他與太尉司馬懿共同輔佐幼主曹芳（或云曹芳為任城王楷子，即曹操次子曹彰之孫），那時曹芳年只八歲，如何能擔負起外對吳、蜀，內有權門勢族的艱巨重任呢？陳壽在《三少帝紀》評論此事說：

> 古者以天下為公，唯賢是與。後代世位，立子以適，若適嗣不繼，則宜取旁親明德，若漢之文、宣者，斯不易之常準也。明帝既不能然，情繫私愛，撫養嬰孩，傳以大器，託付不專，必參枝族，終於曹爽誅夷，齊王替位。

陳壽首先指出曹叡應擇立有為的長君，是極中肯的。他又指摘曹叡對司馬懿託付不專，一定要在司馬懿頭上加一曹氏親族，致使兩個輔臣爭權互訌，則用意頗為深婉。因壽為晉臣，不得不如此措辭，實則壽的真意還是認為既已令曹爽輔政，就不宜再讓異姓梟雄司馬懿參與，致造成「曹爽誅夷，齊王替位」的結局。

曹叡原來也有「圖萬年後計，莫過使親人廣據權勢，兵任又重」的想法[3]，而且也曾執行。如《明帝紀》注引《漢晉春秋》載：

> 帝以燕王宇為大將軍，使與領軍將軍夏侯獻、武衛將軍曹爽、屯騎校尉曹肇、驍騎將軍秦朗對輔政。

可是，曹叡這種布置，很快便因受到劉放、孫資的阻撓而變計。《漢晉春秋》接著又說：

> 放曰：「陛下忘先帝詔敕，藩王不得輔政。且陛下方病，而曹肇、秦朗等便與才人侍疾者言戲。燕王擁兵南面，不聽臣等入，此即豎刁、趙高也。今皇太子幼弱，未能

3《三國志・魏書・劉放傳》注引〈孫資別傳〉。

統政，外有強暴之寇，內有勞怨之民，陛下不遠慮存亡，而近繫恩舊。委祖宗之業，付二三凡士，寢疾數日，外內壅隔，社稷危殆，而己不知，此臣等所以痛心也。」帝得放言，大怒曰：「誰可任者？」放、資乃舉爽代宇，又白：「宜詔司馬宣王使相參。」帝從之。放、資出，曹肇入，泣涕固諫，帝使肇敕停。肇出戶，放、資趨而往，復說止帝，帝又從其言。放曰：「宜為手詔。」帝曰：「我困篤，不能。」放即上床，執帝手強作之，遂齎出，大言曰：「有詔免燕王宇等官，不得停省中。」於是宇、肇、獻、朗相與泣而歸第。

但〈劉放傳〉所載燕王宇被免職的原因，卻與《漢晉春秋》不同。〈劉放傳〉言：

帝寢疾，欲以燕王宇為大將軍……宇性恭良，陳誠固辭。帝引見放、資入臥內，問曰：「燕王正爾為？」放、資對曰：「燕王實自知不堪大任故耳。」帝曰：「曹爽可代宇不？」放、資因贊成之。又深陳宜速召太尉司馬宣王，以綱維皇室。帝納其言，即以黃紙授放作詔。放、資既出，帝意復變，詔止宣王勿使來。尋更見放、資曰：「我自召太尉，而曹肇等反使吾止之，幾敗吾事！」命更為詔。帝獨召爽與放、資俱受詔命，遂免宇、獻、肇、朗官。

由上可知，〈劉放傳〉與《漢晉春秋》所載燕王宇之用而復免事大相徑庭，《漢晉春秋》言燕王之被免職是由於放、資道出「藩王不得輔政」的先帝遺詔，並進了讒言；〈劉放傳〉則言先是燕王固辭大將軍之職，隨後放、資又說了燕王「不堪大任」等話，二者究竟誰是誰非？《通鑑》等書都採用〈劉放傳〉的記述。依我看來，〈劉放傳〉所言燕王陳誠固辭之語絕不符合事實，據《明帝紀》注引《魏略》言：

帝既從劉放計，召司馬宣王……先是燕王為帝畫計，以為關中事重，宜便道遣宣王從河內西還，事以施行。宣王得前詔，斯須復得後手筆，疑京師有變，乃馳到，入見帝。

以上燕王曾向曹叡建議令司馬懿從河內逕還長安的事，《通鑑》亦加採用。燕王既然提出這種計策，表明他是積極過問政事並不欲令司馬懿參加輔政的。這樣，他怎會自動固辭大將軍職呢？假若燕王真願辭職，他還會因被免官而同肇、獻、朗等「相與泣而歸第」嗎？所以我認為陳壽在〈放傳〉所言「燕王陳誠固辭」的話是不可信的。再考〈放傳〉言：「帝寢疾，欲以燕王宇為大將軍……宇性恭良，陳誠固辭。」這是言：當曹叡欲以燕王為大將軍，可是尚未正式任命時，燕王便推誠固辭，然而陳壽在《明帝紀》又言：

帝寢疾不豫，辛巳……以燕王宇為大將軍，甲申免。[4]

以上數語，已明確述出曹叡於辛巳日已正式任命燕王為大將軍，到甲申日又把他免職了。這記載與陳壽自己寫的〈劉放傳〉說法不同，可是，同《漢晉春秋》所載相吻合，又有明確日期，自屬無可置疑。所以陳壽在〈放傳〉的記述是為劉放和司馬懿掩飾，但他在《明帝紀》又保存真相，這是陳壽慣用的敘事方法，即既不開罪於當世權勢，亦不全部抹殺事實真相，故而留下一二直筆處，以令後人追尋其真。

總之，曹叡確定皇位繼承人和輔政大臣的兩項措施，都不利於其政權的延續。

司馬懿發動政變與曹爽被殺

二三八年（景初二年）十二月，曹叡病危，乃以曹爽為大將軍，又從外召司馬懿，次年正月，司馬懿自河內汲縣至洛陽，曹叡執其手曰：

以後事相託。死乃復可忍，吾忍死待君，得相見，無所復恨矣！

懿頓首流涕，當日，叡死去，太子曹芳即位，尊曹叡皇后郭氏為皇太后，加曹爽、司馬懿侍中、都督中外諸軍、錄尚書事。

從來兩個大臣共同輔政，都有主次之分，陳壽不敢將曹爽為主輔、司馬懿為次輔的事明白交代，但他在《少帝紀》敘述輔政大臣時，仍然把大將軍曹爽排列在太尉司馬懿之前，這是陳壽特意留下的訊息，用意亦良苦，非一味歪曲史實者可比。

曹爽輔政後第一個措施，即把司馬懿由太尉升為太傅。〈爽傳〉言：

丁謐畫策，使爽白天子，發詔轉宣王為太傅，外以名號尊之，內欲令尚書奏事，先來由己，得制其輕重也。

以上所謂曹爽對司馬懿明升暗降的說法，並不符合事實。清代學者王懋竑也早已論及[5]。因司馬懿早已是居百官之首的太尉，論資歷、功勛、名望，司馬懿都遠遠勝過曹

4 盧弼《三國志集解》在此下注云：「拜免僅四日。」
5 盧弼，《三國志集解．魏書．曹爽傳》，注引王懋竑語。

爽，曹爽之被封為大將軍而居於司馬懿之上，主要是憑其為皇族。曹爽恐司馬懿及大臣不服，故給司馬懿加以居大將軍之上的太傅官銜。這樣做，既不損己之權，又可表示他尊賢崇功的高姿態，正如曹爽為此上表中所說：「上昭陛下進賢之明，中顯懿身文武之實，下使愚臣免於謗誚。」[6]事實上，司馬懿既仍都督中外諸軍，並錄尚書事，實權依然如故。當然，也未改變曹爽之為首輔的地位。

曹爽與司馬懿共同輔政，從二三九年正月開始到二四九年正月司馬懿發動兵變殺曹爽，前後整整十年，在前幾年，雙方矛盾尚未公開化，但兩個對立的勢力已逐漸形成。曹爽既為首輔，要取得實權，必須撤換一些重要官吏，這樣，曹爽固然扶植了一些人，但也使對他不滿的人投向司馬懿。大致看來，曹爽派人物有何晏、鄧颺、丁謐、畢軌、李勝等；司馬派有傅嘏、盧毓、孔禮、王觀、高柔、劉放、孫資等。《晉書．宣帝紀》載：

（正始）五年（二四四）……尚書鄧颺、李勝等欲令曹爽建立功名，勸使伐蜀。帝（司馬懿）止之，不可，爽果無功而還……六年秋八月，曹爽毀中壘、中堅營，以兵屬其弟中領軍羲。帝以先帝舊制禁之，不可。……八年……曹爽用何晏、鄧颺、丁謐之謀，遷太后於永寧宮，專擅朝政，兄弟並典禁兵，多樹親黨，屢改制度。帝不能禁，於是與爽有隙。五月，帝稱疾，不與政事。

由上可知，到正始五年，曹與司馬矛盾已因爭奪軍權而激化，曹爽是首輔，自然據有領先地位，但司馬懿在軍政界的關係盤根錯節；且懿梟雄，二子已長，絕不甘心居爽下。他所以「稱疾，不與政事」，不過是以退為進，掩人耳目，暗地裡是在積極策劃一網打盡爽派的兵變。據《晉書．景帝紀》載：

宣帝之將誅曹爽，深謀祕策，獨與帝潛劃……帝陰養死士三千，散在民間。

司馬懿這種密謀潛劃，當時也有人覺察到。早在正始四年（二四三），魏宗室曹冏已曾上書建議重用宗子，以強幹弱枝[7]，但從曹爽本人的利益講，重用其他親屬，也就意味著削弱自身的權力，因之擱置不理。又如《晉書．山濤傳》：

濤……州辟部河南從事。與石鑒共宿，濤夜起蹴鑒曰：「今為何等時而眠邪！知太傅臥何意？」鑒曰：「宰相三不朝，與尺一令歸第，卿何慮邪？」濤曰：「咄！石生

6《三國志．魏書．曹爽傳》注引《魏書》。
7《三國志．魏書．武文世王公傳》注引《魏氏春秋》。

無事馬蹄間邪！」投傳而去。未二年，果有曹爽之事。

連局外人都知道為曹爽擔憂，可是作為當事人的曹爽卻無預感。曹爽除了對司馬懿疏於防範以外，由於他執政稍久而滋長的驕奢作風也與日俱增。如《通鑑》載：

大將軍爽，驕奢無度，飲食衣服，擬於乘輿；尚方珍玩，充牣其家；又私取先帝才人，以為伎樂。作窟室，綺疏四周，數與其黨何晏等縱酒其中。弟羲深以為憂，數涕泣諫止之，爽不聽。爽兄弟數俱出遊，司農沛國桓範謂曰：「總萬機，典禁兵，不宜並出，若有閉城門，誰復內入者？」爽曰：「誰敢爾邪！」

按曹爽以遠支宗室，一旦受拔擢，典掌軍國大任，朝臣既多不服，吳、蜀亦日尋兵革。爽本人迄無建樹，而先驕奢自滿，晏然以為莫我能毒，可謂輕慮寡謀。

二四九年（嘉平元年）正月初六，少帝前往謁明帝高平陵，曹爽及其弟中領軍羲、武衛將軍訓、散騎常侍彥均跟隨車駕，於是司馬懿父子調集軍隊，首先占領儲存兵器的武庫，並以郭太后詔關閉城門，司馬懿率領太尉蔣濟等勒兵出屯洛水浮橋。隨後奏曹爽罪狀於少帝，奏狀載在〈曹爽傳〉，雖洋洋數百字，卻說不出發動政變的真理由和實據。其中聲言令爽兄弟「以侯就第」，不過是誘騙爽兄弟先放下武器，然後再誣害之而已。

曹爽得到司馬懿奏事以後，窘迫不知所為，於是將車駕留宿伊水南，砍伐樹木以為鹿角，調發附近屯田兵數千人，以充警衛。

司馬懿趁爽兄弟猶豫不決之際，再施招誘之計，令侍中許允、尚書陳泰往說爽從速歸罪；又使爽所信殿中校尉尹大目告爽，只免其官位，懿指洛水為誓，以示絕不食言。為了分化爽集團，懿還搶先拉攏與爽關係密切的大司農桓範，桓範不上圈套，仍舊出城投爽。桓範勸爽兄弟奉天子去許昌，調發四方兵與懿對抗，爽不能用，他說：

> 司馬公正欲奪吾權耳，吾得以侯還第，不失作富家翁。

從這一點看，曹爽也是一個懦怯無所作為的人。

曹爽回府以後，司馬懿給他加上謀反罪名，誣「爽與尚書何晏、鄧颺、丁謐、司隸校尉畢軌、荊州刺史李勝等陰謀反逆，須三月中發」[8]，於是逮捕以上諸人及桓範，皆夷三族。

司馬懿也不是把曹爽派的人都殺掉，一些忠於曹爽但尚不足為患的爽部屬還是得到了

8《資治通鑑》卷七十五「邵陵厲公嘉平元年」。

寬恕，其中有的甚至予以重用。如爽出城謁陵後，其司馬魯芝留在大將軍府。魯芝聽到兵變消息，立即「將營騎斫津門出赴爽」。及爽解印綬，將出歸罪時，其主簿楊綜止之曰：「公挾主握權，舍此以至東市乎？」曹爽被殺後，有司請收魯芝、楊綜治罪，懿曰：「彼各為其主也，宥之。」懿還用魯芝為御史中丞、楊綜為尚書郎[9]。他這樣做是籠絡人心、減少敵對力量的高招。

從此次事變以後，魏國政權便歸司馬氏主宰了。

司馬懿、曹爽兩派之優劣

我曾寫過〈論漢末魏晉之際世族勢力的消長與曹魏政權的死亡〉一文[10]，其中曾談及司馬懿與曹爽兩派的優劣問題。我認為司馬懿父子比較能崇尚事功，曹爽派則流於浮華，缺乏作為，所以司馬懿能取得勝利。之後，有幾位同志發表文章，與我的意見不約而同[11]，也有同志撰文對曹爽派成員何晏等評價較高[12]，認為陳壽等晉人修史，對司馬氏多回護，對曹爽派則一味貶低，所以史書中敘述之曹爽派罪過多屬誣衊、誇大，其論據主要有以下二條：一見《晉書．傅玄傳附子咸傳》：

正始中，任何晏以選舉，內外之眾職，各得其才，粲然之美，於斯可觀。

一見《三國志・魏書・夏侯尚傳附子玄傳》注引《世語》：

（夏侯）玄世名知人，為中護軍，拔用武官，參戟牙門，無非俊傑，多牧州典郡，立法垂教，於今皆為後式。

對諸如以上的稱述，應當怎樣看待？我的看法是：史書上這樣空泛地稱述某人某政權能夠拔用人才的例子很多，如《三國志・魏書・袁紹傳》注引《九州春秋》說何進：「其部曲將吏，皆英雄名士。」《三國志・蜀書・姜維傳》注引《世語》言：「時蜀官屬皆

9《三國志・魏書・曹爽傳》注引《世語》。
10 載《史學月刊》一九六五年第五期。
11 鄭欣、楊希珍，〈論司馬懿〉，《史學月刊》一九八一年第六期；李志民、柳春藩，〈關於司馬懿曹爽之爭的評價問題〉，《史學集刊》一九八二年第四期。
12 楊耀坤，〈有關司馬懿政變的幾個問題〉，《四川大學學報》一九八五年第三期。

天下英俊。」然而，這些「英雄」和「英俊」，並未見有何作為，也無益於何進與蜀漢的滅亡。又如漢末大名士揚州刺史袁遺被稱為有「冠世之懿，幹時之量」[13]；并州刺史高幹也被稱為「才志弘邈，文武秀出」[14]，但他們後來都經不起實踐的檢驗，輕易地被人砍了頭。我們觀察一個人，首先要從他的實際行事中去看，至於別人對他的評語只能作為參考，要「從事實的全部總和，從事實的聯繫中去掌握」[15]。拿曹爽派中聲譽最高的夏侯玄來說，他的為人和作風確實很好，但在事功上並無任何卓著表現，他與曹爽共同發動的伐蜀之役，勞民傷財，而無成功，致受時人譏議。他曾向司馬懿提出過三項改革措施，其中選官用人與禁奢崇樸二項，在當時情況下很難有效貫徹；另一建議是廢除郡級地方建制，只保留州和縣兩級機構，這種辦法很不適應當時戰爭頻繁的實際形勢。因為如果裁撤郡太守，則縣令長地小力微，無以禦敵；州刺史因轄區太大，遇有敵人進犯，亦難迅速調集分散於各縣的兵力。單就軍事而論，裁撤郡級機構就是不可取的。何況裁下來的許多太守亦不易安置，勢必引起反對。所以清人何焯言：

> 吳、蜀未一，各署重鎮，郡守之權，不得不有所統。又其人素貴，驟與令長等列，雖爵命不齊，必以失權為恨，猶當徐俟混一，乃議之也。

何焯的評語是切合實際的。當時司馬懿不採納夏侯玄裁減郡級機構的建議，也是由於同樣道理。懿對夏侯玄的答覆非常圓滑，他先言「大指如所示」，故意表示尊重夏侯玄的主張，然後又說：「恐此三事，當待賢能然後了耳。」這不只是謙虛，並且也令夏侯玄等知道他殊無改變政制的雄圖壯志，以安撫曹爽等人，使之產生痲痺思想，而不懷疑自己。爽等所以始終對懿缺乏足夠的警惕，是與懿善自韜晦分不開的。陳壽在《諸夏侯曹傳》評夏侯玄說：

> 玄以規格局度，世稱其名，然與曹爽中外繾綣；榮位如斯，曾未聞匡弼其非，援致良才。舉茲以論，焉能免之乎！

可見在陳壽眼中，夏侯玄也只是有「規格局度」的名士。陳壽說玄未能匡弼曹爽之非，是責玄無智，言玄未能援致良才，是說爽手下缺乏人才。陳壽在《三國志・蜀書・姜維傳》中記述鍾會對姜維的評論說：

13《三國志・魏書・武帝紀》注引《張超集》。
14《三國志・魏書・高柔傳》注引謝承《後漢書》。
15《列寧全集》卷二十三，頁二七九。

以伯約（姜維字）比中州名士，公休（諸葛誕字）、太初（夏侯玄字）不能勝也。

鍾會對姜維與諸葛誕、夏侯玄的比較只是就言談風度而言，如果論軍事才略，夏侯玄顯然比不上姜維。

底下，我們再談談何晏，《三國志．魏書．三少帝紀》載有何晏為尚書時給少帝上的奏章說：

可自今以後，御幸式乾殿及遊豫後園，皆大臣侍從，因從容戲宴，兼省文書，詢謀政事，講論經義，為萬世法。

以上建議曾得到清儒錢大昕和陳澧的稱讚[16]，陳澧且稱何晏「有大儒之風」。實際，何晏這個建議亦迂闊而不切實際。在古代，從未見有哪個君主與大臣經常在御花園中處理政務和講論經義，就能把國家治好。一些情況表明，何晏和夏侯玄類似漢末的清議派人物，他們講究姿貌容觀、善於談吐，可是疏於從政，更不習軍事。何晏連行步時都「顧影」[17]；夏侯玄則恥與皇后弟毛曾並坐[18]，都不似能忍辱負重的實際政治家。

至於曹爽本人，陳壽稱他「少以宗室謹重，明帝在東宮，甚親愛之」。「謹重」二字，應是陳壽如實的描述，正因為曹爽比較謹重，所以他才能與司馬懿相持達十年之久。陳壽言爽之缺點為「沉溺盈溢」，也是中肯之辭。因爽掌權稍久，驕奢之習也與日俱增，連爽弟羲也看出爽有此缺點，「以為大憂，數諫止之，又著書三篇，陳驕淫盈溢之致禍敗」[19]。驕則必疏，疏則輕慮寡謀，而爽之對手卻是老謀深算、矯情待物的司馬懿，怎能不相形見絀、歸於失敗呢！

同時，我們也要知道，司馬懿奪權所以能夠得逞，也非全靠陰謀詭計，主要還應歸咎於曹魏統治者本身存在著這樣或那樣的問題和弱點。比如曹操殺了甚得眾心的荀彧和崔琰；曹丕為了報復舊日私憾，不顧群臣諫阻，相繼殺害耿直之臣楊俊、鮑勳，致使「眾冤痛之」[20]，「莫不為勳嘆恨」[21]。曹叡對諫臣雖比較寬容，但喜營宮室，奢淫過度，也在臣民之中造成惡劣影響。魏自曹操創業以來，一直重用宗親曹氏和夏侯氏，功勛大臣早已對此不滿，曹叡死前對選擇繼承人和輔政大臣又處理不當。所以到一定時候，司馬懿父子便

16見錢大昕，《潛研堂文集》卷二〈何晏論〉及陳澧《東塾讀書記》卷十四《三國》。
17見《三國志．魏書．諸夏侯曹傳》注引《魏略》。
18《三國志．魏書．諸夏侯曹傳》。
19《三國志．魏書．諸夏侯曹傳》。
20《三國志．魏書．楊俊傳》。
21《三國志．魏書．鮑勳傳》。

乘隙盜竊政柄了。

從司馬氏專攬魏政的情況看，他們矯正了曹叡過分浪費民力的虐政，更遠遠勝過蜀、吳統治者的昏庸殘暴。陶元珍在其所著《三國食貨志》中說過：

魏之所以終能並蜀，則明帝沒後司馬氏父子節用興利之功也。

二六七年（晉武帝泰始三年），吳臣華覈給孫皓上疏，也拿司馬氏「積穀養民，專心向東」的事實，告誡孫皓要息民重農。說明司馬氏祖孫三代都能有所作為。因此，我們評論司馬懿奪權事件，既不能一味遵循一姓家天下的正統觀念來衡量，也不能無視時代的道德規範，全盤原恕司馬氏父子的陰謀詭詐行徑。正因為這樣，我們用了較多的篇幅來闡明司馬懿發動政變的來由和真相，同時也將司馬氏與其對手做了對比和評論。但限於理論水準和判斷能力，意見是否妥當，尚望閱者諸公，不吝賜教。

（選自《蘭州大學學報（社會科學版）》一九九〇年第二期，發表時原名為〈論司馬懿殺曹爽事件〉）

司馬懿政變的幾個問題

楊耀坤

司馬懿政變，是魏晉南北朝時期的重大政治事件。這一事件後，司馬氏控制了曹魏政權，後又取而代之，開創了世家大族統治的歷史。但舊史對這一事件及其前後史事的記載多所篡改[1]，為後世治史者造成重重困難。故時至今日，史學界對這段歷史還有不少分歧

1 現存記載這段史事最早的著作是陳壽《三國志》，而《三國志》成於西晉。其中《魏書》部分，主要依據魚豢《魏略》和王沈《魏書》。而魚豢《魏略》是私撰，王沈《魏書》是官修。官修書更具約束性，故陳壽寫曹魏史事多以王沈《魏書》為藍本。而王沈是司馬氏死黨，於魏、晉更迭之際，多為司馬氏回護。東晉人對這一點已經指出，《太平御覽》卷二三三引王隱《晉書》云：「王沈為祕書監著《魏書》，多為時諱。」《史通．古今正史》亦謂王沈書「多為時諱，殊非實錄」。不僅王沈書如此，晉人所撰魏末史著，大多也有此偏向。《史通．書事》云：「若王沈、孫盛之伍……論王業，則黨悖逆而誣忠義；敘國家，則抑正順而褒篡奪。」故現存魏末史料，數量既少，問題又多。

的看法。

魏明帝時期的政治

有著作認為，曹氏集團在「魏文帝時開始腐化，魏明帝時腐化加甚」[2]。又有的說「曹魏的政治在曹叡時開始走下坡路」，「曹爽掌政時期，則更為黑暗腐敗」[3]。但是，也有著作認為：「曹叡統治的時期，是魏王朝的全盛時期。」[4]對這一問題究竟應當怎樣看待呢？說曹丕、曹叡時期政治腐敗者，多舉曹丕開始在洛陽修建宮室，至曹叡時又大加擴建，並多納民女以充後宮，耗費巨大，又圈禁土地，廣設獵場，給人民造成災害等等。這些固然是曹叡後期的弊政，但不能以點概面，應當具體地、全面地分析。就以修建宮室而論，自董卓挾持漢獻帝西遷長安，洛陽宮室焚毀殆盡。建安元年獻帝逃歸洛陽時，史稱：「是時宮室燒盡，百宮披荊棘，依牆壁間。」[5]劉協也只有住於張楊新建的簡陋宮室——楊安殿[6]。此後的二十餘年中，漢獻帝都於許，而曹操又以鄴為據點，對洛陽並未修復。到了建安二十五年，曹操征漢中至洛陽，才修建了建始殿[7]。曹丕代漢後建都洛陽，方能於「建始殿朝群臣」[8]。因此，曹丕建都洛陽後營建宮室，似無可厚非。只是曹丕開靈芝池、天淵池，以及曹叡營建的規模太大，過於勞民傷財，這是他們侈靡的表現。

在政治方面，曹丕代漢後的主要目標，在於鞏固政權。他繼承了曹操權法並用的為政方針[9]，繼續爭取世家大族的支持擁護。他提倡儒學，封孔羨為宗聖侯，恢復太學，尊崇世家大族的代表人物等等，便是他爭取世家大族的主要措施。但另一方面，曹丕卻在強化中央集權。他改祕書為中書，設置中書監、令掌管機要，尚書臺事實上成了執行機構。至於三公，更「不使知政，遂各偃息養高，鮮有進納」[10]。曹丕就這樣把大權集中在自己手裡。他還鑑於東漢外戚、宦官專權亂政的教訓，在即將代漢時，就下令：「宦人為官者不

---

2 范文瀾，《中國通史》第二冊，頁二八五。翦伯贊主編，《中國史綱要》第二冊第十二頁也說曹魏政權至魏明帝曹叡時，「政治也很腐敗」。
3 李志民、柳春藩，〈關於司馬懿曹爽之爭的評價問題〉。
4 王仲犖，《魏晉南北朝史》上冊，頁一四三。
5《後漢書．孝獻帝紀》。
6《後漢書．孝獻帝紀》。
7 見《三國志．魏書．武帝紀》注引《世語》。
8《三國志．魏書．文帝紀》裴松之按語。
9《三國志．魏書．文帝紀》裴松之按語。
10 關於曹魏時期採用權法並用的為政方針，參見拙著〈從傅嘏「難劉劭考課論」看曹魏為政的特點〉，載福建人民出版社版《中國古代史論叢》第九輯。

得過諸署令，為金策著令，藏之石室。」[11]在他即帝位後，又下令禁止太后外戚與政[12]。這就剷除了東漢後期亂政的根源。

曹丕在位七年而卒，其子曹叡繼位。曹叡更能繼承其父、祖權法並用的為政方針。他即位後，繼續籠絡世家大族，爭取他們的支持擁護。如以鍾繇為太傅，華歆為太尉，王朗為司徒，陳群為司空，陳矯為尚書令、司空，等等。但另一方面，曹叡更強化了中央集權。他即帝位前，因「不交朝臣，不問政事，唯攢思書籍而已」[13]。曹丕對此不放心，臨終時便指定曹真、陳群、曹休、司馬懿為輔政大臣。但曹叡即位後，卻令曹真出鎮關中，曹休出鎮淮南，司馬懿出屯宛。東晉孫盛說：

> 聞之長老，魏明帝天姿秀出……沉毅好斷。初，諸公受遺輔導，帝皆以方任處之，政自己出。[14]

對能加強中央集權的中書監、令，曹叡更加寵任。《三國志．魏書．辛毗傳》云：「中書監劉放、令孫資，見信於主，制斷時政。」故曹魏的法家集權政治，在曹叡時期最為顯著。

曹叡除緊握大權外，對具體政務還相當關心，對行政官吏又嚴加督促。他曾親至尚書臺「欲案行文書」[15]，檢察政務。他甚至對某些官吏，「知其不盡力也，而代之憂其職，知其不能也，而教之治其事」[16]，足見他對政務相當關心。曹叡認為官吏要做到無私是不可能的，但應做到先公而後私。他曾下詔說：「憂公忘私者必不然，但先公後私即自辦也。」[17]所以他對官吏之徇私舞弊，嚴加禁絕。他曾擔心「臺閣禁令之不密，人事請屬之不絕，作『迎客出入之制』，以惡吏守寺門」[18]，嚴防官府徇私受賄。曹叡要求官吏忠誠篤實，勤於職守。他曾對吏部尚書盧毓說：「選舉莫取有名，名如畫地作餅，不可啖也。」盧毓因進言：「古者敷奏以言，明試以功。今考績之法廢，而以毀譽相進退，故真偽渾雜，虛實相蒙。」曹叡即採納盧毓建議，命劉劭作《都官考課法》，作為考核官吏優劣之準則。後雖因曹叡去世而未施行，但也可看出曹叡對官吏督導之嚴格。

11 見《三國志．魏書．文帝紀》。
12 見《三國志．魏書．文帝紀》。
13《三國志．魏書．明帝紀》注引《魏書》。
14《三國志．魏書．明帝紀》注引孫盛語。
15 見《三國志．魏書．陳矯傳》。
16《三國志．魏書．杜畿傳附恕傳》。
17《三國志．魏書．杜畿傳附恕傳》。
18《資治通鑑》卷七十二「魏明帝太和六年」，《三國志．魏書．杜畿傳附恕傳》與此略同，而有不可解之字，故從《通鑑》。

曹叡雖然對臣下嚴厲，但也能接受一些意見。如《三國志．魏書．楊阜傳》載：

阜嘗見明帝著繡帽，被縹綾半袖，阜問帝曰：「此於禮何法服也？」帝默然不答，自是不法服不以見阜。

再如曹叡銳意營建宮室之事，《冊府元龜》卷四六〇《臺省部四．正直》載：

明帝方修宮室，而節氣不和，天下少穀。禮固爭罷役，詔曰：「敬納讜言，促遣民作。」時李惠監作，復奏留一月，有所成訖。禮徑至作所，不復重奏，稱詔罷民。帝奇其意而不責也。

後雖繼續營建，但也因大臣之諫而有所減省[19]。故孫盛聽故老說：魏明帝「優禮大臣，開容善直，雖犯顏極諫，無所摧戮，其君人之量如此其偉也」[20]。

曹叡還很重視刑獄。他常說，「獄者，天下之性命也」[21]。他改平望觀為聽訟觀，「每斷大獄，常幸觀臨聽之」[22]。曹操、曹丕時均承用秦漢舊律。而漢律至東漢後期就有：

叔孫宣、郭令卿、馬融、鄭玄諸儒章句十有餘家，家數十萬言。凡斷罪所當用者，合二萬六千二百七十二條，七百七十三萬二千二百餘言。言數益繁，覽者益難。[23]

曹叡針對如此繁雜的刑律條文，以及在執法中出現的弊病，最初規定只用鄭玄章句，「不得雜用餘家」[24]；又採納衛覬的建議，設置律博士，教導官吏正確執法。後來又命陳群、劉劭等人刪約舊律，「定為魏法，制《新律》十八篇、《州郡令》四十五篇、《尚書官令》《軍中令》合百八十餘篇」[25]。這較繁雜的漢律，已經精簡了，對人民來說，是有一定好處的。

在軍事方面，曹叡成功地對付了蜀漢諸葛亮的北伐。諸葛亮北伐從二二七年開始，至二三四年止，歷時七年。其中孫吳還數次配合進攻合肥新城。而曹叡除派曹真、司馬懿

19《三國志．魏書．陳群傳》謂陳群上疏諫阻營建宮室，「帝於是有所減省」。
20《三國志．魏書．明帝紀》注引孫盛語。
21《三國志．魏書．明帝紀》。
22《三國志．魏書．明帝紀》。
23《晉書．刑法志》。
24《晉書．刑法志》。
25《晉書．刑法志》。

西拒諸葛亮，派滿寵南擊孫吳外，還在具體戰略上親自指揮。如青龍二年（二三四），司馬懿與諸葛亮相持於渭濱，諸葛亮激司馬懿速戰，曹叡卻詔司馬懿，「但堅壁拒守以挫其鋒，彼進不得志，退無與戰，久停則糧盡，虜略無所獲，則必走矣。走而追之，以逸待勞，全勝之道也」[26]。並派辛毗杖節奉詔督察之。又如拒孫權的滿寵，欲放棄新城退守壽春，曹叡不同意，因而取勝。曹叡甚至還親臨前線督導軍隊。如太和二年（二二八），諸葛亮突然北伐，魏無準備，全國恐懼，關中震響，朝臣無計。曹叡遂遣曹真都督關右諸軍，又遣張郃督軍五萬西拒，自己又親至長安以張聲勢，遂有街亭之勝。又如青龍二年，諸葛亮北伐屯於渭濱，孫權又犯合肥新城，曹叡遂乘舟東征，孫權遁走，成功地指揮了對蜀、吳的戰爭，故《三國志．魏書．明帝紀》注引《魏書》說曹叡：「行師動眾，論決大事，謀臣將相咸服帝之大略。」又遼東公孫氏，自東漢末就據有遼東。在曹操、曹丕時代雖從屬於漢、魏，卻自行傳襲，實同割據。至曹叡時，公孫淵「南通孫權，往來賂遺」。後「遂自立為燕王，置百官有司，遣使者持節假鮮卑單于璽，封拜邊民，誘呼鮮卑，侵擾北方」[27]，曹叡先後三次遣軍討伐。最後一次由司馬懿率軍進討，所戰皆捷，斬公孫淵父子。遼東一帶的廣大地區，才直接納入了曹魏的統治。

從上述各方面看，曹叡還是一個有作為的國君，他在位期間的政治，也是比較好的，司馬氏之取代曹魏，並不是因為曹魏政治之腐敗。

曹爽與司馬懿之輔政

司馬懿出自河內溫縣的世家大族。《晉書．宣帝紀》說他：「少有奇節……伏膺儒教。」這樣一個世家大族的儒家信徒，對「贅閹遺醜」的曹氏，自然是看不起的，故當曹操召辟司馬懿時，他就託疾不赴。《晉書．宣帝紀》云：「帝知漢運方微，不欲屈節曹氏，辭以風痺，不能起居。」這自然是假托之辭。《晉書．后妃列傳上．宣穆張皇后傳》云：「宣帝初辭魏武之命，託以風痺，嘗暴書，遇暴雨，不覺自起收之。家惟有一婢見之，後乃恐事泄致禍，遂手殺之以滅口。」後來司馬懿還是迫於壓力，出仕曹氏。《晉書．宣帝紀》謂：「及魏武為丞相，又辟為文學掾，敕行者曰：『若復盤桓，便收之。』帝懼而就職。」陳寅恪對此有云：官渡戰後，「士大夫階級不得不隱忍屈辱，暫與曹氏合作，但乘機恢復之念，未始或忘也」[28]。司馬懿正是這類「士大夫階級」的代表。

司馬懿在曹操執政時期並未受到多大重用，及至曹丕為魏太子，司馬懿為太子中庶

26《三國志．魏書．明帝紀》。
27《三國志．魏書．公孫度傳附淵傳》。
28 陳寅恪，《金明館叢稿初編．書世說新語文學類鍾會撰四本論始畢條後》。

子後，才與曹丕關係日漸密切。曹丕代漢後，他便列居要位。曹丕死時，他已和曹真、曹休、陳群同為輔政大臣。但曹叡即位初期，由於「政由己出」，司馬懿等人被派遣出鎮，同時曹真、曹休的威望又比司馬懿高，故司馬懿在曹魏政權中的地位還不能居於首位。至太和二年曹休死，太和五年曹真死，司馬懿遂獨擔伐蜀重任，掌握了魏國的主要兵力。至伐蜀戰爭勝利，以及平定遼東公孫淵，司馬懿的聲望已無人可及了。按照常規，如果曹叡此時去世，司馬懿應是當然的輔政大臣。但事實卻有曲折，因曹魏君臣對司馬懿能否忠於魏王朝，有的人已產生了懷疑。早在對蜀戰爭勝利前，司馬師妻夏侯徽就看出司馬氏父子之野心。《晉書．后妃列傳上．景懷夏侯皇后傳》云：

> 景懷夏侯皇后諱徽……母曹氏，魏德陽鄉主。……魏明帝世，宣帝居上將之重，諸子並有雄才大略。后知帝非魏之純臣，而后既魏氏之甥，帝深忌之。青龍二年，遂以鴆崩。

夏侯徽之被毒死，正說明了她對司馬氏父子看法的正確。而又不只夏侯徽有這種看法，如光祿勛高堂隆臨死時就上書曹叡說：「宜防鷹揚之臣於蕭牆之內。可選諸王，使君國典兵，往往棋跱，鎮撫皇畿，翼亮帝室。」[29]高堂隆所說的「鷹揚之臣」，就是司馬懿。曹叡較早對司馬懿也有疑心，他曾問尚書令陳矯：「司馬公忠正，可謂社稷之臣乎？」陳矯答：「朝廷之望；社稷，未知也。」[30]君臣倆對司馬懿能否忠於魏王朝都有了懷疑，因而曹叡對司馬懿就有所戒備。在他病危時，出乎常情地排開了司馬懿，並違背其父之成命，命燕王宇為大將軍，與夏侯獻、曹爽、曹肇、秦朗等共同輔政[31]。後由於夏侯獻、曹肇不滿中書監、令劉放、孫資，劉、孫二人懼有後患，而二人又黨於司馬氏，故曹宇為大將軍僅四日，劉放、孫資便乘間搬出「先帝詔敕，藩王不得輔政」的金牌，阻止曹叡的決斷，並薦舉太尉司馬懿輔政[32]。由於司馬懿羽翼已成，曹叡也無可奈何，但仍不放心讓司馬懿為輔政之首，欲以一宗室親貴控制他，故曹叡問劉放、孫資：「誰可與太尉對者？」劉放答：「曹爽。」曹叡疑惑說「堪其事否？」因曹叡知道曹爽資望輕而能力弱，不是司馬懿之對手。而曹爽也自知責任重大，又非司馬懿之匹敵，故「流汗不能對」[33]。但病危之曹叡又找不出更適當之人選，只有以曹爽為大將軍，用老練之能臣尚書孫禮為

29《三國志．魏書．高堂隆傳》。盧弼《集解》引胡三省、李慈銘說，謂高堂隆之言是針對司馬懿的。
30《三國志．魏書．陳矯傳》注引《世語》。
31見《三國志．魏書．明帝紀》注引《漢晉春秋》。
32以上事實見《三國志．魏書．劉放傳》注引《世語》。
33以上事實見《三國志．魏書．劉放傳》注引《世語》。

大將軍長史[34]，以彌補曹爽之不足。最後遂免除曹宇等人的官職，以大將軍曹爽為輔政之首，與司馬懿共輔幼主曹芳。

在曹芳即位後的正始初期，曹爽與司馬懿還無矛盾。《三國志・魏書・曹真傳附爽傳》（以下簡稱〈曹爽傳〉）云：「初，爽以宣王年德並高，恆父事之，不敢專行。」同傳注引《魏略》[35]亦云：「宣王以爽魏之肺腑，每推先之；爽以宣王名重，亦引身卑下，當時稱焉。」這些記載當是事實。但〈曹爽傳〉又說，至何晏、鄧颺、丁謐、畢軌、李勝等人進用後，丁謐遂為曹爽策劃，「使爽白天子，發詔轉宣王為太傅，外以名號尊之，內欲尚書奏事先來由己，得制其輕重也」，於是「諸事希復由宣王」。這些說法就值得研究了。清人王懋竑對此已提出異議，認為「此特晉人之辭耳」[36]。其辨析之數點，皆有道理，不復贅述，僅補充王氏所未及者。按〈曹爽傳〉云：

> （明）帝寢疾，乃引爽入臥內，拜大將軍、假節鉞，都督中外諸軍事，錄尚書事，與太尉司馬宣王並受遺詔輔少主。明帝崩，齊王即位，加爽侍中，改封武安侯，邑萬二千戶，賜劍履上殿，入朝不趨，贊拜不名。

《晉書・宣帝紀》又云：

與大將軍曹爽並受遺詔輔少主。及齊王即帝位，遷侍中、持節、都督中外諸軍、錄尚書事，與爽各統兵三千人，共執朝政，更直殿中，乘輿入殿。

據上所載，曹叡布置後事時，以曹爽為「大將軍、假節鉞、都督中外諸軍、錄尚書事」，則軍政大權皆由曹爽總握，而司馬懿僅以太尉身分參掌軍權，並無錄尚書事一職。這也可看出曹叡對司馬懿之防範。至曹叡死，曹芳即位後，司馬懿才為「都督中外諸軍、錄尚書事」[37]。這一安排，不知出於曹爽之膽怯，還是由於劉放、孫資之慫恿，詳情已不可得知。但是，司馬懿雖有了「都督中外諸軍，錄尚書事」之職，曹爽的地位權力，仍在司馬懿之上。故不能說曹爽「內欲尚書奏事先來由己，得制其輕重」，就排斥了司馬懿，

34《三國志．魏書．孫禮傳》云：「明帝臨崩之時，以曹爽為大將軍，宜得良佐，於床下受遺詔，拜禮大將軍長史，加散騎常侍。」

35原書注引無書名，《三國志集解》引陳景雲說疑為《魏略》。

36見王懋竑《白田草堂存稿》卷五〈魏志餘論〉。

37按《資治通鑑》卷七十四「魏明帝景初三年」載：「太子即位，年八歲……加曹爽、司馬懿侍中、假節鉞、都督中外諸軍、錄尚書事。」這是將〈曹爽傳〉與《晉書．宣帝紀》簡單地綜合在一起，而沒有區別二人為「都督中外諸軍、錄尚書事」的具體時間，是不確切的。

把他轉為太傅。司馬懿之由太尉轉為太傅，並非曹爽有意排斥他。從曹爽的上表看[38]，曹爽提出以司馬懿為太傅、大司馬，實出於對司馬懿之尊崇。因太傅、大司馬位皆高於大將軍[39]，至於最後只以司馬懿為太傅，實由朝廷考慮到司馬氏加「大」字，有逼上之嫌[40]，故去其大司馬之職。但詔書卻明言：「其以太尉為太傅，持節統兵都督諸軍事如故。」[41]則司馬懿掌軍之權並未變動。至於參與朝政方面，司馬懿錄尚書事一職，詔書中雖未明言，史籍中也沒有明確記載，但從某些事實來看，司馬懿仍是執政者之一。例如《三國志・魏書・夏侯尚傳附玄傳》有一段司馬懿向夏侯玄徵求時政意見的記載，其開頭即謂「太傅司馬宣王問以時事，玄議以為」云云，其後則載：

> 宣王報書曰：「審官擇人，除重官，改服制，皆大善。……恐此三事，當待賢能然後了耳。」玄又書曰：「……今公侯命世作宰……令發之日，下之應也猶響尋聲耳，猶垂謙謙，曰『待賢能』，此伊、周不正殷、姬之典也。竊未喻焉。」

司馬懿與夏侯玄論政事的這段話，未能確知議於何時。但當在司馬懿為太傅之後、夏侯玄為征西將軍之前，即景初三年二月至正始五年之間[42]。如果說司馬懿為太傅後就被排斥不過問政事了，他何必向夏侯玄訪問時政，並以執政者的口吻答覆呢？夏侯玄為何在覆書中說司馬懿「命世作宰」，「令發之時，下之應也猶響尋聲」呢？再如《三國志・魏書・鄧艾傳》云：「時欲廣田畜穀，為滅賊資，使艾行陳、項已東至壽春。」鄧艾乃著《濟河論》，請在淮南、北廣行屯田。「宣王善之，事皆施行」。這裡說的「時欲廣田畜穀」，概念不夠清楚。但當時鄧艾為尚書郎，能派他到陳、項、壽春等地勘測的，當然是魏朝廷。《資治通鑑》卷七十四「魏邵陵厲公正始二年」即書作：「朝廷欲廣田畜穀於揚、豫之間，使尚書郎汝南鄧艾行陳、項以東至壽春。」朝廷派遣鄧艾外出勘測，鄧艾勘測提出方案後，司馬懿「善之」就能「事皆施行」，可見司馬懿是魏朝廷執政者之一，而

38 曹爽表見《三國志・魏書・曹爽傳》注引《魏書》。

39 漢魏時期，太傅為上公，位在三司上。曹魏時，大司馬亦高於大將軍。如黃初三年，曹仁由大將軍為大司馬（見《三國志・魏書・文帝紀》）。太和四年，曹真由大將軍為大司馬，而司馬懿卻由驃騎將軍為大將軍副曹真伐蜀（見《三國志・魏書・文帝紀》）。可見大司馬高於大將軍。

40《曹爽傳》注引《魏書》載曹芳使劉放、孫資所作詔書有云：「今大將軍薦太尉宜為大司馬，既合先帝本旨，又放推讓，進德尚勳。……朕甚嘉焉。朕惟先帝固知君子樂天知命，纖芥細疑，不足為忌，當顧柏人、彭亡之文，故用低回，有意未遂耳！……其以太尉為太傅。」潘眉《三國志考證》卷三說：「玩此詔旨，蓋謂懿姓司馬氏，今若拜大司馬，則司馬氏加大名，嫌予逼上，近柏人、彭亡之讖，亦非所以安司馬氏也，故但拜太傅，不拜大司馬。」《晉書・宣帝紀》則謂：「朝議以為前後大司馬累薨於位，乃以帝為太傅。」

41《三國志・魏書・齊王芳紀》。

42 司馬懿為太傅在景初三年。夏侯玄為征西將軍的時間，卻無明文記載，而《三國志・魏書・夏侯尚傳附玄傳》裴松之的按語謂曹爽於正始五年伐蜀，時夏侯玄已為關中都督。則夏侯玄為征西將軍，當在正始五年前。

此時司馬懿為太傅已近三年，故說司馬懿為太傅後就被曹爽排斥不與政事的說法，是不符合實際的。這裡還要附帶說一點，有著作根據《晉書・食貨志》，將鄧艾在淮南、北之屯田，全歸功於司馬懿[43]，這是不大公平的。司馬懿固然是鄧艾屯田的支持者，但朝廷的其他主政者，如曹爽等，也不能說完全與此無關，至少他們是「欲廣田畜穀」者。

曹爽與司馬懿輔政之初，雖然曹爽的地位、權力高於司馬懿，但因司馬懿的資望高，曹爽並不敢獨斷專行，只是曹爽進用何晏、鄧颺、丁謐、畢軌、夏侯玄等人後，漸漸形成了一個集團。這個集團可能對有利於世家大族的傳統制度有所改變，損害了世家大族的利益，這是司馬氏所不容許的。但最初雙方沒有發生太大的衝突。後來隨著矛盾的發展，正始八年，司馬懿便託疾不與政事，至正始十年遂發動政變消滅了曹爽集團。

曹爽集團之正始改制

在《三國志》等史籍中，屢見曹爽集團改變舊章制度的說法。如《三國志》中的〈曹爽傳〉、〈蔣濟傳〉、〈劉放傳〉注引〈孫資別傳〉，〈王凌傳〉注引《漢晉春秋》，〈王粲傳附應瑒傳〉注引《文章敘錄》，《晉書》中《宣帝紀》、《天文志》等等，都說曹爽等人變易舊章，屢改制度。但變易的具體內容各書均未記載。甚至連司馬懿發動政變後，在奏免曹爽等人的奏章中，也只說曹爽「背棄顧命，敗亂國典」[44]，卻無具體事實。這就不能不使人懷疑，難道曹爽等人之變易是利國益民的嗎？而夏侯玄與司馬懿之論時政，正可對此作一旁證。

夏侯玄是曹爽集團的重要成員[45]。在曹爽輔政初期，他曾任散騎常侍、中護軍。曹魏時，散騎常侍與侍中等共掌尚書奏事，中護軍掌宿衛兵又主武官選舉[46]，皆為要職。正是夏侯玄任此職時，司馬懿向他徵詢對時政的意見。夏侯玄的意見有三點[47]：

第一，限制中正干預政府用人之權。他說：

43 見李志民、柳春藩，〈關於司馬懿曹爽之爭的評價問題〉。

44《三國志・魏書・曹爽傳》。

45 夏侯玄是曹爽之姑子，與曹爽關係密切。司馬懿政變中他未被誅，可能由於正始四、五年他為征西將軍鎮守長安後未在京都，故未被牽連。也可能由於他的名氣太大，司馬氏一時難以下手。但最終仍遭司馬氏殘殺。

46《宋書・百官志》云：「魏、晉散騎常侍、侍郎與侍中、黃門侍郎共平尚書奏事，江左乃罷。」又云：「建安十二年，改護軍為中護軍……魏初因置護軍，主武官選。」

47 以下三點所引均見《三國志・魏書・夏侯尚傳附玄傳》。本段有的論述參見臺灣「中華學術院中華史學協會」「中國文化學院史學研究所與史學系」印《史學彙刊》第九期劉顯叔〈論魏末政爭中的黨派分際〉一文。

自州郡中正品度官才之來，有年載矣，緬緬紛紛，未聞整齊。

其最大的弊病，是「中正幹銓衡之機於下，而執機柄者有所委仗於上，上下交侵，以生紛錯」。他主張使各級官長「各以其屬能否獻之臺閣，臺閣則據官長能否之第，參以鄉閭德行之次，擬其倫比，勿使偏頗。中正則唯考其行跡，別其高下，審定輩類，勿使升降」。這樣就可各行其職，杜絕政府用人中的弊病。

第二，將州、郡、縣三級行政機構，改為州、縣兩級。他說：

今之長吏（按：指縣官），皆君吏民，橫重以郡守，累以刺史。若郡所攝，唯在大較，則與州同，無為再重。宜省郡守，但任刺史。

他指出，若省去郡一級機構後，可使數以萬計的郡吏，「還親農業」，就可收到「省煩費，豐財殖穀」、「官省事簡」、「亂原自塞」、「大化宣流，民物獲寧」、「官才有次，治功齊明」等五大好處。總之，省去郡級機構，是「便民省費」的好措施。

第三，改革奢侈之服制。他說：

今科制自公、列侯以下，位從大將軍以上，皆得服綾錦、羅綺、紈素、金銀飾鏤之物，自是以下，雜彩之服，通於賤人，雖上下等級，各示有差，然朝臣之制，已得侔至尊矣，玄黃之采，已得通於下矣。

這是造成奢侈不合禮制的原因。他主張：「車輿服章，皆以質樸，禁除末俗華麗之事」，則可使「樸素之教興於本朝」，「彌侈之心自消於下矣」。

夏侯玄上述矯正時弊的三項主張，對加強中央集權、削弱地方豪強勢力、減輕人民負擔、樹立樸素風氣，都是很有好處的。特別是省去郡一級機構，對削弱地方豪強勢力，減輕人民負擔，意義尤大。因自漢代至魏晉，郡國守相除由中央政府任命外，守相下屬的官吏，皆由守相召辟本郡人擔任[48]。而被召辟的對象，自然是本郡的豪強大姓。豪強一旦仕郡後，便可利用職權，魚肉鄉里，欺壓百姓。正如夏侯玄所說：

48 參見《日知錄》卷八〈掾屬〉條。《舊唐書・魏玄同傳》載魏玄同上疏則謂郡國守相自置屬吏的制度僅行於漢代，至魏晉則「歸吏部」。陳寅恪對此說批云：「州郡掾吏之歸中央政府選任，始於北齊，至隋而成一固定制度，非起於魏晉時也。玄同之言不確。」（見蔣天樞，《陳寅恪先生編年事輯》卷中，頁九八—九九。）

幹郡之吏，職監諸縣，營護黨親鄉邑舊故，如有不副，而因公掣頓，民之困弊，咎生於此。[49]

郡被省去後，豪強大姓的這種權勢自然也被取締，對豪強大姓是極為不利的。因此司馬懿雖肯定它「皆大善」，但又說：「恐此三事，當待賢能然後了耳。」[50]又把它完全否定了。

夏侯玄的政治主張雖被司馬懿否定了，但正始中卻有過合併郡、縣，省減官吏的措施。《三國志．魏書．齊王芳紀》嘉平五年有云：

自帝即位至於是歲，郡國縣道多所置省，俄或還復，不可勝紀。

又《晉書．荀勖傳》云：

魏太和中，遣王人四出，減天下吏員，正始中亦併合郡、縣，此省吏也。

併合郡、縣，雖與夏侯玄省郡的主張不完全相同，但併合的目的在於省吏，這與夏侯玄省郡減吏的目的又是一致的。因此，夏侯玄的政治主張，可能對當時的施政措施是有一定影響的。也正因為如此，我們似乎可從夏侯玄的政治主張，推測曹爽集團在正始期間改變舊章制度的動向。

曹爽之用人

有著作認為，「在用人方面，曹爽推行任人唯親的政策」，「把一些阿諛附會，缺乏政治才幹，崇尚浮華的人引為己用」[51]。但是，《太平御覽》卷二三八《職官部》引臧榮緒《晉書》卻說：「大將軍曹爽輔政，高選賢明以為官屬。」現《晉書》所載曹爽選用的官屬，亦多為當時精明能幹之士，而他們又並非曹爽之親近故舊。在曹爽被誅後，他們又大多為司馬氏所進用，有的還成了司馬氏集團之骨幹。例如裴秀，「少好學，有風操」[52]，

49《三國志．魏書．夏侯尚傳附玄傳》。
50《三國志．魏書．夏侯尚傳附玄傳》。
51李志民、柳春藩，〈關於司馬懿曹爽之爭的評價問題〉。
52見《晉書》本傳，以下列舉諸人所引資料，凡未注明出處者，均見《晉書》本傳。

時人為之語曰：「後進領袖有裴秀。」曹爽輔政時，渡遼將軍毌丘儉舉薦之，曹爽遂以秀為大將軍掾。曹爽被殺，司馬氏控制政權後，裴秀又為廷尉正，後又為司馬昭「安東及衛將軍司馬，軍國之政，多見信納」。又如王沈，「好書，善屬文」。曹爽輔政時，辟為大將軍掾，又為中書門下侍郎。司馬氏掌政後，又為治書侍御史、祕書監。後便成為司馬氏之忠實死黨。再如荀勖，「博學，達於政」，曹爽辟為大將軍掾，又為中書通事郎。曹爽被殺，「門生故吏無敢往者」，而「勖獨臨赴，眾乃從之」。司馬氏掌權後，又以之為安陽令、驃騎從事中郎、廷尉正，又參司馬昭「大將軍軍事」，並以有功，「賜爵關內侯，轉從事中郎，領記室」，成了司馬氏之功臣。其他如王渾、鄭沖、盧欽、魯芝、楊綜、辛敞、羊祜、阮籍等，皆為當時智能之士，均為曹爽所召辟。他們原與曹爽並無親故關係，而後來又為司馬氏所用。故謂曹爽推行任人唯親的政策，是不大符合事實的。

至於何晏、鄧颺等人，《三國志》對他們的記載本不真實，我們不可輕易地據以指責他們。例如《三國志・魏書・曹爽傳》說：

南陽何晏、鄧颺、李勝、沛國丁謐、東平畢軌咸有聲名，進趣於時，明帝以其浮華，皆抑黜之。及爽秉政，乃復進取，任為心腹。

據《三國志》及裴松之注引有關史籍所載，在魏明帝時因浮華而被抑黜的共十五人[53]。其中屬曹爽集團的只有鄧颺、李勝、夏侯玄三人。何晏、丁謐、畢軌三人，並未因浮華而被抑黜。何晏雖為名士，但並未參與浮華之交。他之所以未受曹丕、曹爽重用，是因為他以前在宮中「無所顧憚，服飾擬於太子，故文帝特憎之，每不呼其姓字，常謂之為『假子』。晏尚主，又好色，故黃初時無所事任。及明帝立，頗為冗官」。丁謐，既非名士，也未參與浮華之交。《魏略》謂丁謐，「少不肯交遊，但博觀書傳。為人沉毅，頗有才略」。只因於魏明帝太和年中，在鄴城對諸王無禮，曾被收入鄴獄，而「以其功臣子原出。後帝聞其有父風，召拜度支郎中」[54]。畢軌，既未參與浮華之交，還得到曹叡之重視。《魏略》云：

軌以才能，少有名聲。明帝在東宮時，軌在文學中。黃初末，出為長史。明帝即位，入為黃門郎，子尚公主，居處殷富。[55]

53《三國志．魏書．曹爽傳》注引《世語》。
54《三國志．魏書．曹爽傳》注引。
55《三國志．魏書．曹爽傳》注引。

可見何晏、丁謐、畢軌三人與曹叡抑黜的浮華之士沒有關係。觀正始八年七月何晏規諫齊王芳之奏議，也可知其並非浮華之士。其奏云：

善為國者必先治其身，治其身者慎其所習。所習正則其身正，其身正則不令而行。……是故為人君者，所與遊必擇正人，所觀覽必察正象，放鄭聲而弗聽，遠佞人而弗近，然後邪心不生而正道可弘也。……可自今以後，御幸式乾殿及遊豫後園，皆大臣侍從，因從容戲宴，兼省文書，詢謀政事，講論經義，為萬世法。[56]

清人錢大昕和陳澧都認為《三國志》作者迫於壓力，對何晏「不無誣辭」，卻巧妙地在《齊王紀》中載何晏此奏議，有意讓後人窺知何晏的一點真貌：何晏乃是一個「有大儒之風」的能人[57]。

在實際為政中，何晏等人也是比較出色的。《三國志・魏書・管輅傳》注引〈管輅別傳〉載冀州刺史裴徽說：「何、鄧二尚書，有經國才略，於物理無不精也。」又《晉書・傅玄傳附咸傳》載傅咸上書云：

正始中，任何晏以選舉，內外之眾職各得其才，粲然之美於斯可觀。

傅咸此言應很真實，不會有所誇張。因何晏為司馬氏政敵，傅咸既為晉臣，不可能對何晏虛構讚美，並且傅咸的父親傅玄，與何晏等人有怨仇[58]，傅咸更不會有意稱讚其父之仇敵。主持吏部選事的何晏既如上述，主持武官選事的夏侯玄也很有成績。《世語》云：

（夏侯）玄世名知人，為中護軍，拔用武官，參戟牙門，無非俊傑，多牧州典郡，立法垂教，於今皆為後式。[59]

主持地方政務的李勝也較稱職。《曹爽傳》注引《魏略》云：

勝少游京師，雅有才智。……曹爽輔政，勝為洛陽令。夏侯玄為征西將軍，以勝為

56《三國志・魏書・齊王芳紀》。
57 見錢大昕，《潛研堂文集》卷二〈何晏論〉；陳澧，《東塾讀書記》卷十四〈三國〉。
58《晉書・列女列傳・杜有道妻嚴氏傳》謂嚴氏字憲，有一女名，「有淑德，傅玄求為繼室，憲便許之。時玄與何晏、鄧颺不穆，晏等每欲害之，時人莫肯共婚。及憲許玄，內外以為憂懼」。
59《三國志・魏書・夏侯尚傳附玄傳》注引。

長史。……累遷滎陽太守、河南尹。勝前後所宰守，未嘗不稱職。

至於史籍中說曹爽集團之過惡者，恐多為政敵或晉人誣枉不實之詞。如《曹爽傳》注引《魏略》謂何晏、鄧颺、丁謐為臺中三狗之說，《魏略》已明言是當時的「謗書」，則無疑為政敵攻擊之辭。又如《晉書．宣帝紀》說：「曹爽用何晏、鄧颺、丁謐之謀，遷太后於永寧宮。」《資治通鑑》又照抄錄。胡三省對此即駁斥說：

據陳壽《志》，太后稱永寧宮，非徙也。意者，晉諸臣欲增曹爽之惡，以「遷」字加之耳。[60]

又如《三國志．魏書．王凌傳》注引《漢晉春秋》載王廣所言「曹爽驕奢失民，何平叔虛而不治」等等，裴松之已疑為習鑿齒所自造。再如〈曹爽傳〉注引《魏末傳》說何晏妻金鄉公主，「即晏同母妹」。裴松之已證其不實，並說：「此搢紳所不忍言。」顯然也是政敵對何晏的攻擊誣衊。至於司馬懿以曹爽集團「大逆不道」之罪而誅及三族，當時蜀漢大將軍費禕設甲乙論已為曹爽集團申辯[61]。總之，由於司馬氏之黨對曹爽集團多所誣衊中傷，留下了不少不實之詞，爾後司馬氏又成為最高統治者，建立了晉王朝，故晉人更有意地將此等誣枉不實之詞寫入著作，給後人留下了不少假象。我們在研究魏末晉初這一段歷史中，去偽存真的工作更為重要，不應輕易地依據某些誣枉不實之詞而全盤否定曹爽等人。

（選自《四川大學學報（哲學社會科學版）》一九八五年第三期，發表時原名為〈有關司馬懿政變的幾個問題〉）

60《資治通鑑》卷七十五「魏邵陵厲公正始八年」注。

61《三國志．蜀書．費禕傳》注引殷基《通語》。

司馬懿的功與過

鄭欣、楊希珍

司馬懿是如何專權的

司馬懿（一七九—二五一），字仲達，河內溫縣孝敬里（今河南溫縣招賢鎮）人，他是西晉開國皇帝司馬炎的祖父，被晉朝尊奉為宣皇帝。

司馬懿的先祖司馬鈞，東漢安帝時為征西將軍。繼司馬鈞之後，其子量為豫章太守，孫儁為潁川太守，重孫防為京兆尹，司馬防就是司馬懿的父親。司馬炎在他的一個詔書中說：「本諸生家，傳禮來久。」[1]從司馬懿的家世和司馬炎的話來看，司馬懿的出身無疑是屬於從東漢時興起來的、以儒學禮法傳家的、世代為宦的門閥地主。

1《晉書．禮志中》。

司馬懿兄弟八人，號稱「八達」[2]，他在其中排行第二。史書說他「聰朗多大略，博學洽聞，伏膺儒教」[3]。因此，南陽太守楊俊、尚書崔琰等人對他十分推崇。他看不起出身「贅閹遺醜」的曹操，當建安六年（二〇一）曹操辟用他時，拒應曹命。後曹操為丞相，司馬懿才勉強應辟為文學掾。歷任黃門侍郎、議郎、丞相東曹屬、主簿。他勤於吏職，辦事認真，並以支持曹氏篡漢稱帝而取信。《晉書．宣帝紀》稱：

（孫）權遣使乞降，上表稱臣，陳說天命。魏武帝曰：「此兒欲踞吾著爐炭上邪！」（司馬懿答）曰：「漢運垂終，殿下十分天下而有其九，以服事之。權之稱臣，天人之意也，虞、夏、殷、周不以謙讓者，畏天知命也。」

當時曹操手下的門閥官僚擁漢者尚多，為曹操所深忌，荀彧、崔琰等著名人物，都因對曹氏代漢有異議而不得善終。因此，司馬懿在這個關鍵問題上表示支持曹操，就使曹操對他由猜忌轉為信任。故曹操稱魏王後，以司馬懿為太子中庶子，佐助曹丕。司馬懿對此也曾竭盡心力，《晉書．宣帝紀》載：

每與大謀，輒有奇策，為太子所信重，與陳群、吳質、朱鑠號為四友。

這裡的「大謀」、「奇策」，王鳴盛認為指的是「篡漢陰謀」[4]，這是有見地的。由於司馬懿為曹丕「篡漢」出了大力，因而進一步得到了曹丕「信重」。所以，他代漢稱帝後，便晉升司馬懿為撫軍大將軍、錄尚書事，封向鄉侯。兩次伐吳，都以司馬懿居守許昌。當其臨終時，又令司馬懿與曹真、陳群為輔政大臣，共同輔佐魏明帝曹叡，其信任可謂隆重。

曹叡時，司馬懿成了魏國的重要謀臣，又是獨當一面的軍事首領。並通過防吳、拒蜀的戰功由撫軍大將軍升大將軍，又遷太尉。當曹叡臨死前，他又取得了同曹爽同輔幼帝曹芳的重任。

司馬懿在曹芳即位後的前幾年，主要是主持對吳國的防禦。後朝政逐漸被大將軍曹爽壟斷，他引用心腹何晏、鄧颺、丁謐、畢軌、李勝、桓範等，來排擠司馬懿的勢力。司馬懿偽裝生病，不過問政事，實際上也在暗中布置，準備消滅曹爽集團。正始十年（二四九）初，司馬懿趁曹爽陪皇帝曹芳離開洛陽去祭掃魏明帝的墳墓——高平陵時，起兵控制

2《晉書．宗室列傳．安平獻王孚傳》。
3《晉書．宣帝紀》。以下未注明出處的資料，均出自《宣帝紀》。
4《十七史商榷》卷四十四〈大謀奇策〉。

京都，發動政變。懦弱的曹爽不敢鬥爭，在脅迫下向司馬懿投降。不久，司馬懿以謀反的罪名，殺曹爽及其黨羽，並夷滅三族，至此，曹魏的軍政大權完全落到司馬懿的手中，司馬氏取代曹魏的基礎奠定了。

但傾向曹魏的官僚還大有人在，時太尉王凌領大兵鎮壽春，他陰謀立楚王曹彪都許昌，來推翻司馬懿控制的洛陽政權。嘉平三年（二五一），司馬懿聞知這一陰謀後，立刻率大軍趕到淮南，擒殺王凌及其同黨，使這場統治階級內亂未來得及爆發就流產了。

司馬懿在殺王凌之後，不久病死。其子司馬師、司馬昭相繼在魏專權，又經過幾場大的流血事變，司馬氏徹底摧垮了親曹派的政治勢力，使曹魏政權名存實亡。因此，到司馬昭死後，其子司馬炎就仿照曹丕滅東漢的故事，又演了一場禪讓的鬧劇，廢掉曹魏，建立了歷史上的西晉王朝。

司馬懿的歷史功績

司馬懿的主要歷史功績之一，是大力推行軍事屯田，對北方生產的恢復與發展起了積極作用。

曹魏政權為了恢復北方經濟，解決軍糧問題，曾經推行包括民屯、軍屯兩類的屯田制度。民屯創立於建安元年（一九六），史有明文；軍屯最早見於記載的，大約是在興平二年（一九五）為陳留、濟陰二郡太守的夏侯惇「率將士勸種稻」[5]。但直至建安之末，軍屯還沒有形成為正式制度，故用士兵於屯墾的記載僅此一見。大約在建安二十三、四年，當司馬懿由太子中庶子轉丞相軍司馬後，他開始向曹操提出建立軍屯的問題。《晉書・宣帝紀》稱：

遷為軍司馬，言於魏武曰：「昔箕子陳謀，以食為首。今天下不耕者蓋二十餘萬，非經國遠籌也。雖戎甲未卷，自宜且耕且守。」魏武納之，於是務農積穀，國用豐贍。

曹操採納這個建議不到兩年就死去了，在這樣短的時間內要使軍屯走向正規、大規模地鋪開推行，當然是困難的。管理軍屯的主要官吏——度支中郎將、度支校尉、度支都尉等官員，都是在曹丕稱帝後的黃初年間（二二〇—二二六）設置的[6]。這說明軍屯走上正

5《三國志・魏書・夏侯惇傳》。
6《三國會要》卷九〈職官上〉。

軌，是在曹丕時期。

曹魏軍屯推行得很廣泛，但主要基地多是設置在邊境駐軍地區，特別是在和吳、蜀對立的地帶。曹魏和吳、蜀對立地帶的兩大軍屯基地的開創，都和司馬懿有關係。

曹魏和蜀漢的鄰近地區，如長安、槐里（今陝西興平）、陳倉（今陝西寶雞）、上邽（今甘肅天水西南）等地，都設置有民屯和軍屯組織。其中，上邽的軍屯最著名。在這裡屯駐有農丁五千人，「秋、冬習戰陣，春、夏修田桑」，以解決「穀帛不足」[7]。這個軍屯組織是在太和四年（二三〇）由司馬懿上表倡議建立[8]，而主持具體事宜的是那時的度支尚書、司馬懿的三弟司馬孚。因此，可以說上邽軍屯是在司馬懿、司馬孚兄弟的共同籌劃下開創的。

太和五年，諸葛亮進攻天水。這時上邽軍屯上的小麥已經生長出來，有人主張「自芟上邽生麥以奪賊食」，魏明帝不從，「前後遣兵增宣王軍，又敕使護麥」。司馬懿與諸葛亮相持，多虧以上邽軍屯的小麥作軍糧，才取得了勝利[9]。直到正元二年（二五五）安西將軍鄧艾又在上邽「為區種之法，手執耒耜，率先將士」[10]，進行屯墾。這都說明上邽軍屯的重要。

司馬懿在太和五年屯長安，都督雍、涼二州諸軍事，開始主持對蜀的戰爭。為了增強實力，他很重視對關中屯田基地的建設。在青龍元年（二三三），司馬懿組織興修水利，

「開成國渠自陳倉至槐里；築臨晉陂，引汧、洛溉舄鹵之地三千餘頃」，收到了「國以充實」[11]的效果，以至青龍三年，關東饑饉，司馬懿能調運長安存粟五百萬斛輸於京師洛陽，以資救濟。

曹魏和東吳鄰近地帶的屯田，主要是在淮河南北。在曹操時曾「開募屯田於淮南」[12]，但僅是民屯。正始二年（二四一），司馬懿主持對吳作戰時，始與鄧艾籌劃在淮南、淮北創建軍屯。第二年，司馬懿「奏穿廣漕渠，引河入汴，溉東南諸陂，始大佃於淮北」[13]。第三年，司馬懿又在這一地區「大興屯守」。《晉書・食貨志》云：

令淮北二萬人、淮南三萬人分休，且佃且守。水豐，常收三倍於西，計除眾費，歲完五百萬斛以為軍資。六七年間，可積三千萬餘斛於淮土，此則十萬之眾五年食

7《晉書・宗室列傳・安平獻王孚傳》。
8《晉書・食貨志》謂此事在嘉平四年，誤。此處從中華書局標點本《晉書》第七九七頁校勘記。
9《三國志・魏書・明帝紀》注引《魏書》。
10《晉書・段灼傳》。
11《晉書・食貨志》。
12《三國志・倉慈傳》。
13《晉書・宣帝紀》。

也。……遂北臨淮水，自鍾離而南橫石以西，盡沘水四百餘里，五里置一營，營六十人，且佃且守。兼修廣淮陽、百尺二渠，上引河流，下通淮、潁，大治諸陂於潁南、潁北，穿渠三百餘里，溉田二萬頃，淮南、淮北皆相連接。自壽春到京師，農官兵田，雞犬之聲，阡陌相屬。

這段資料說明，以淮南、淮北為中心的軍屯區域是在逐漸擴大的，以後自壽春到京師，都有軍屯的設置。《通典》卷二〈屯田〉稱：「令淮北屯二萬人、淮南三萬人，十二分休，常有四萬人且耕且守。」可知淮南、淮北的屯兵初為五萬人，常年進行耕作的為四萬人。但在甘露二年（二五七）諸葛誕反於淮南，曾「斂淮南及淮北郡縣屯田口十餘萬官兵」[14]，可見隨著淮南、淮北軍屯的擴大，那裡屯兵的數量也大為增多了。淮河南、北土地肥沃，水利條件好，所以收穫量很高，「常收三倍於西」。因此，司馬懿和鄧艾在這裡進行大規模的屯墾，對促進北方經濟的恢復和發展，特別是對增加曹魏的財力、支持與東吳的戰爭，起了重要作用，史稱：「每東南有事，大軍出征，泛舟而下，達於江淮，資食有儲，而無水害，艾所建也。」[15]

除上述兩大軍屯基地之外，其他地區的軍屯也取得了相當的成效。如王昶在正始年間遷征南將軍，都督荊、豫諸軍事，在那裡「廣農墾殖，倉穀盈積」[16]。征東將軍胡質，

「都督青、徐諸軍事，廣農積穀，有兼年之儲。置東征臺，且佃且守」[17]。鎮北將軍劉靖在嘉平二年（二五〇），令軍士千人「導高梁河，造戾陵遏，開車箱渠」，「溉灌薊（今北京廣安門一帶）南北」耕地二千頃，「三更種稻」。景元三年（二六二），謁者樊晨又對這一水利工程加以擴建，「水流乘車箱渠，自薊西北徑昌平，東盡漁陽潞縣，凡所潤含四五百里，所灌田萬有餘頃。」[18]類似例子很多。

綜觀曹魏的屯田制度，在前期主要是推廣民屯，後期則以建置軍屯為重點。這種前後不同，當然是因為漢、魏之際社會極度動盪，流民甚多，招募流民屯田不僅易行，而且對統治者也最有利；進入三國以後，社會相對安定，流民愈來愈少，因此建置民屯就比較困難了，而利用軍隊屯墾則成了擴大屯田制度的唯一可行方法。但除去這一客觀原因外，在前期民屯的推廣顯然是和那時的霸主曹操大力倡導、督促有關係，在後期軍屯的廣泛建置明顯地是與支配那時政局的司馬懿大力倡導、督促分不開。因此，可以說曹操和司馬懿是

14《三國志・魏書・諸葛誕傳》。
15《晉書・食貨志》。
16《三國志・魏書・王昶傳》。
17《三國志・魏書・胡質傳》。
18《水經注・鮑丘水》；《三國志・魏書・劉馥傳》。

推動魏國的屯田制度、促進北方經濟的恢復和發展、為以後北方統一南方奠定物質基礎的兩個至關重要的人物。

司馬懿的軍事才能

司馬懿的軍事才能也是很突出的。他自被曹操辟用後，就跟隨曹操南征北戰，以後又南抗孫吳，西拒蜀漢，東平遼東，直到他臨死前還挫敗了王凌的叛亂陰謀。司馬懿的一生可說是在戎馬生涯中度過的，在長期的軍事活動中，充分表現了他非凡的軍事家的才幹。一個傑出的軍事統帥，應該有勇有謀。司馬懿和曹操、諸葛亮一樣，都是智勇兼備，而特別是以謀略見長的軍事家。

建安二十四年（二一九），鎮守荊州的蜀將關羽率眾攻魏將曹仁於樊城（今湖北襄陽），虜于禁，斬龐德，威鎮華夏。時漢獻帝都許昌，離樊城很近，曹操怕失去「挾天子以令諸侯」這張王牌，欲遷都河北，以避關羽的兵鋒。司馬懿時為曹操的軍司馬，他經過認真分析局勢後，向曹操建議，「禁等為水所沒，非戰守之所失，於國家大計未有所損，而便遷都，既示敵以弱，又淮、沔之人大不安矣。孫權、劉備，外親內疏，羽之得意，權所不願也。可喻權所，令掎其後，則樊圍自解」。曹操採納了司馬懿的這個建議，暗地裡與孫權拉線搭橋，達成了聯合進攻蜀軍的密謀。結果關羽在魏、吳的聯合夾攻下，眾叛親離，一敗塗地，荊州全部丟失，連他本人也落個身首異處。由於這一仗的勝利，不僅解除了樊城之圍，而且也使諸葛亮原定的一路向宛洛、一路出秦川的兩面鉗擊中原的計畫無法實現，對於後來的魏、蜀戰爭影響很大。

魏明帝曹叡時，司馬懿長期參與領導對吳作戰，對戰局有深刻認識。有一天，曹叡向司馬懿詢問對吳作戰的方略，司馬懿答：

> 吳以中國不習水戰，故敢散居東關。凡攻敵，必扼其喉而搗其心。夏口、東關，賊之心喉。若為陸軍以向皖城，引權東下，為水戰軍向夏口，乘其虛而擊之，此神兵從天而墮，破之必矣。[19]

清代史學家王鳴盛對此評論道：

19《晉書・宣帝紀》。

厥後平吳，卒賴水師並進。懿之遠識，何減荀彧、賈詡一流。[20]

司馬懿於太和五年（二三一）、青龍二年（二三四）曾兩度領兵在祁山和五丈原抗擊蜀丞相諸葛亮的北伐。就雙方的情況來說，蜀軍有十萬人，魏軍大約在二十萬左右，魏占絕對優勢。諸葛亮孤軍深入，距離後方基地甚遠，而且道路艱險，運輸不便，所以軍糧供應是一個大問題，魏軍的背後就是自己的屯田基地，故糧食充裕。但諸葛亮善於治軍，指揮若定，蜀軍又經過長期北伐準備，訓練有素，故從戰鬥力來說，魏則遜蜀一籌。在這種情況下，魏如與蜀採取速決戰，失敗的可能性不小，必勝的把握則無；但若據險堅守，以逸待勞，避免決戰，不要多久就能把蜀軍拖垮，可穩操勝算。曹魏中央對這種情況十分清楚，所以當司馬懿領兵往拒諸葛亮時，魏明帝就向他下令：

但堅壁拒守，以挫其鋒，彼進不得志，退無與戰，久停則糧盡，虜掠無所獲，則必走矣。走而追之，以逸待勞，全勝之道也。[21]

深謀遠慮的司馬懿當然洞悉那時的戰局，所以他堅定地執行這一作戰方針。儘管他的將領諷刺他「畏蜀如虎」，但司馬懿仍輕易不與諸葛亮交鋒。諸葛亮也千方百計地想引誘魏軍出戰，甚至把一套巾幗裝飾送給司馬懿，譏笑他像婦女一樣懦弱。司馬懿偽裝大怒，向朝廷上表請求決戰，實際上是想讓朝廷出面制止軍事冒險，以壓服他手下求戰心切的將領。果然，魏明帝迅即派大臣辛毗「杖節為軍師」，趕到前線，堅決制止魏軍出戰。在司馬懿這種堅壁不戰的方針下，使足智多謀的諸葛亮竟一籌莫展，不能越雷池一步，他的北伐最後都以失敗告終。關於司馬懿用堅壁防禦戰略勝諸葛亮一事，後人多譏他為怯懦，如唐太宗評司馬懿說：「閉軍固壘，莫敢爭鋒……良將之道，失在斯乎！」[22]史學家胡三省說：「懿實畏亮。」[23]這實在都是膚淺的見解。

以上，說明司馬懿是一個講究謀略的將領。但他並不怯懦，非僅有謀而無勇。司馬懿在太和二年（二二八）指揮的平孟達戰役，在景初二年（二三八）指揮的平遼東戰役，都可以證明，為了取得戰爭的勝利，他不但善於規劃謀略，而且敢於猛衝猛打，是一個智勇兼備的軍事家。

孟達原是蜀漢的降將，曹丕任命他為新城（今湖北房縣）太守。曹丕死後，孟達在諸

20《十七史商榷》卷四十四〈水軍破吳〉。
21《三國志・魏書・明帝紀》。
22《晉書・宣帝紀》。
23《資治通鑑》卷七十二「太和五年」注。

葛亮的策動下，又欲叛魏歸蜀。司馬懿時領兵駐宛，他聽到這消息後，一面寫信給孟達進行假意安撫，一面立即倍道兼程，潛軍進討，僅用八天時間行軍一千二百里，趕到了新城郡的郡治上庸城下。起初孟達給諸葛亮的信說：

宛去洛八百里，去吾一千二百里，聞吾舉事，當表上天子，比相反覆，一月間也，則吾城已固，諸軍足辦。則吾所在深險，司馬公必不自來；諸將來，吾無患矣。24

司馬懿率領魏軍提前二十多天迅速趕來，完全出乎孟達的預料，打亂了他的叛亂部署，使他陷於被動地位。當時「孟達眾少而食支一年」，魏軍「四倍於達而糧不淹月」，在這種情況下，司馬懿只有採取速決戰才能取得戰爭的勝利。因此，他一面派兵分拒蜀、吳對孟達的援軍，一面親率主力分八道猛攻上庸城。僅用十六天的時間，司馬懿就破上庸，斬孟達，乾脆利落地結束了這場戰爭。

東漢末年軍閥混戰時，公孫度據有遼東。這個割據勢力對曹魏政權虛與委蛇，時叛時降，保持著半獨立的地位。公孫淵繼為遼東太守後，對魏更加不遜。景初元年，魏明帝派毌丘儉率兵伐遼東，反為所敗，公孫淵遂自立為燕王，並引誘鮮卑對魏進行侵擾。第二年，魏明帝改派司馬懿領兵四萬繼續伐遼東，在出兵前，他們君臣之間有一段對話：

天子曰：「……君度其（公孫淵）作何計？」對曰：「棄城預走，上計也。據遼水以拒大軍，次計也。坐守襄平，此成擒耳。」天子曰：「其計將安出？」對曰：「惟明者能深度彼己，豫有所棄，此非其所及也。今懸軍遠征，將謂不能持久，必先據遼水而後守，此中、下計也。」天子曰：「往還幾時？」對曰：「往百日，還百日，攻百日，以六十日為休息，一年足矣。」25

可見司馬懿對這場戰役早已運籌帷幄、成竹在胸。事實證明，平遼東戰役完全是按照司馬懿的預料進行的。

司馬懿率軍進入遼東後，公孫淵果然派步騎數萬在遼水東岸的遼隧（今遼寧海城西）堅壁拒魏。司馬懿用聲東擊西的戰術強渡遼水後，不攻遼東軍的營壘，而直指公孫淵的老巢襄平（今遼寧遼陽北），遼東軍大驚，離開壁壘往堵截魏軍，司馬懿縱兵迎擊，三戰皆捷，遼東軍退保襄平，魏軍進而圍之。時恰逢連日大雨，平地水深數尺，魏軍急切不能合

24《晉書・宣帝紀》。

25《晉書・宣帝紀》。

圍，遼東軍利用水勢仍照舊可以樵采、放牧。魏將欲斷其樵牧，司馬懿不聽，說：

> 自發京師，不憂賊攻，但恐賊走。今賊糧垂盡，而圍落未合，掠其牛馬，抄其樵采，此故驅之走也。夫兵者詭道，善因事變。賊憑眾恃雨，故雖饑困，未肯束手，當示無能以安之。取小利以驚之，非計也。[26]

不久雨停水退，魏軍遂完全包圍襄平，並「起土山地道，楯櫓鉤橦，發矢石雨下」，晝夜發動猛攻。公孫淵突圍逃跑，被魏軍擊斬，遼東悉平。

在歷史上常勝將軍是沒有的，即使對一個十分傑出的軍事家來說，我們也只能要求在他所指揮的大部分戰爭中取得勝利。司馬懿在長期跟隨曹操征戰的歲月中，鍛鍊了他的軍事才幹，當他在曹丕時上升為獨當一面的將領後，已經四十多歲，已是一個很老練的軍事家了。所以他所指揮的戰爭，除對諸葛亮的幾次小戰役偶有失誤外，大部分都能進退如意，獲致勝利。孫權說：「司馬公善用兵，變化若神，所向無前。」甚至對司馬懿有微詞的唐太宗，對他指揮的平孟達、滅遼東兩次戰役也極佩服，譽之為「兵動若神，謀無再計」。這些評論大體符合事實。

司馬懿的功過是非

據上述，司馬懿無疑是一個應該肯定的歷史人物。但是，古今史書對他的否定卻多於肯定。在這裡有必要予以辨析。

司馬懿果於殺戮，十分殘忍。如他平遼東公孫淵後，「男子年十五已上七千餘人皆殺之，以為京觀。偽公卿已下皆伏誅，戮其將軍畢盛等二千餘人」[27]。殺曹爽時，「支黨皆夷及三族，男女無少長，姑姊妹女子之適人者皆殺之」[28]。在政治鬥爭中，他經常玩弄陰謀，如他對曹爽的黨羽李勝「詐疾篤，使兩婢侍，持衣衣落，指口言渴，婢進粥，帝不持杯飲，粥皆流出霑胸」，形象確乎醜惡。過去論者往往以上述兩個方面來否定司馬懿。我們認為，嗜殺、耍陰謀是剝削階級的惡劣本質的表現，不足為訓，應該批判。但這兩方面與司馬懿的歷史功績相比，無疑是次要的，我們不應以此來全盤否定司馬懿。這也正如評價曹操一樣，曹操也是個殺人魔王和玩弄陰謀的老手，但這並不妨礙我們對他恰當地肯定。

26《晉書・宣帝紀》。
27《晉書・宣帝紀》。
28《晉書・宣帝紀》。

還有一種否定意見，是說司馬懿搞篡逆活動。《十七史商榷》卷四十四稱：懿「少壯則為魏畫篡漢策，及老則又為子孫定篡魏策。興亡若置棋，亦可嘆矣」。我們認為，這種封建正統觀念，不是評價歷史人物的正確標準，對於封建社會的人民來說，無論誰當皇帝都無關緊要，關鍵是他執行什麼樣的政策。司馬懿把業已腐朽了的東漢政權和曹魏政權搞垮又有什麼不可以呢？

還有一種意見說，曹爽集團代表庶族地主，司馬懿集團代表門閥地主，庶族進步，門閥反動，所以司馬懿戰勝曹爽是歷史上的一個不幸。這個問題比較複雜，但因篇幅限制，只簡單講幾個方面的問題。

首先，曹爽集團是不是代表庶族地主？

曹爽父真，為曹操族子，自幼為曹操收養。曹家因與宦官有瓜葛，在東漢的官僚中不是清流，但還不能說不算門閥。後來曹操官至丞相，曹丕更貴為天子，曹家的地位當然就上升為高級門閥了。因此，說曹爽出身庶族地主是很難說通的。再就曹爽集團的主要成員來看，也大多出身於門閥地主。如何晏，為東漢末大將軍何進之孫；鄧颺，東漢的功臣鄧禹之後；桓範，「世為冠族」；丁謐、李勝、畢軌的父親，也都做大官。這裡面的何晏，是玄學的創始人，目前學術界都認為玄學是代表門閥地主利益的哲學，這也反映了曹爽集團的門閥地主性質。

在門閥階層的人物中，也是魚龍混雜，有很多派別。《三國志・魏書・曹真傳》附〈曹爽傳〉稱：

南陽何晏、鄧颺、李勝、沛國丁謐、東平畢軌咸有聲名，進趣於時。明帝以其浮華，皆抑黜之；及爽秉政，乃復進敘，任為心腹。

同書《諸葛誕傳》注引《世語》稱：

是時，當世俊士散騎常侍夏侯玄、尚書諸葛誕、鄧颺之徒，共相題表，以玄、疇四人為四聰，誕、備八人為八達……凡十五人。（明）帝以構長浮華，皆免官廢錮。

以上何晏、鄧颺、李勝、丁謐、畢軌是曹爽集團的核心，夏侯玄、諸葛誕是曹爽集團的外圍，他們在當時都被目為浮華之徒，因此曹爽集團可稱為門閥階層中的浮華派。曹操因深嫉東漢末年浮華派的敗亂政治，所以對他們的打擊不遺餘力，曹丕、曹叡雖然放手進用門閥地主，但對打擊浮華之徒仍不放鬆，因此何晏、鄧颺等才被「免官廢錮」。曹爽專政後，浮華派才開始抬頭。

浮華派是門閥階層中的腐朽部分，大多不善於處理軍政事務。曹爽目光短淺，驕奢無能，他在正始五年（二四四）發兵伐蜀，結果大敗，使「關右悉虛耗」[29]。何晏等「共分割洛陽、野王典農部桑田數百頃及壞湯沐地以為產業，承勢竊取官物，因緣求欲州郡，有司望風，莫敢忤旨」[30]。在曹叡時魏國的政治已開始腐化，曹爽等浮華派專政後就更壞了。

有人根據舊史稱曹爽集團「多變易舊章」[31]，「輕改法度」[32]，「其親黨皆一時之俊」[33]，從而斷定曹爽集團是個革新派。我們認為，這個看法值得商榷：一、曹爽的「易舊章」、「改法度」內容為何，史書缺載。西晉傅咸曾大為稱讚何晏，但也只限於說他選用的人「各得其才」[34]，而未涉及他們的「改」、「易」。對曹爽變法的評價當時人倒是說過幾句，如蔣濟說它是「無益於治，適足傷民」[35]；王廣說它是「所存雖高，而事不下接」[36]，即不切實際。就現存的資料來看，曹爽集團在政治上也確是劣跡甚多，沒有治績可言。這都足以說明曹爽的改革沒有什麼積極成效。二、浮華派人士都有一些虛名，往往長於言辯、學術，卻短於事功。他們很可能是文化上的俊才，政治上的庸才，何晏、夏侯玄以及後來許多清談家都是這一類人。當時有人把曹爽一黨視為「皆一時之俊」，除了有所溢美外，就是混淆了這種文化與政治的區別。因此，我們認為把曹爽集團定為政治上的革新派是很不妥當的。

和曹爽集團相對立的司馬懿集團，是屬於門閥地主中的事功派，他們大都在政治上有建樹，司馬懿善於領兵打仗，他和他的兄弟司馬孚領導軍屯生產功效卓著，這在上文已詳述，不再重複。司馬懿拔擢人才，也著重於事功。如曾為「農民養犢人」的鄧艾，被司馬懿破格選用，後來成了廣建軍屯的幹員、魏國的著名將領，在滅蜀的戰役中立了大功。「好立功業，善用兵」的州泰，雖然頻遭父、母、祖父之喪，按理需「九年居喪」，被司馬懿選用後，「至，三十六日，擢為新城太守」，後來也成了魏國的名將，「所在有籌算績效」[37]。何晏評司馬師說：「唯幾也，故能成天下之務。」[38]也認為他長於政務。司馬懿集團中的人，大多善軍事，重視農業生產，不務虛名而尚實幹，這無疑優於曹爽集團。

29《三國志·魏書·曹真傳》附〈曹爽傳〉注引《漢晉春秋》。
30《三國志·魏書·曹真傳》附〈曹爽傳〉。
31《三國志·魏書·劉放傳》注引〈孫資別傳〉。
32《三國志·魏書·蔣濟傳》。
33《三國志·魏書·毌丘儉傳》注引〈文欽與郭淮書〉。
34《晉書·傅玄傳》附〈傅咸傳〉。
35《三國志·魏書·蔣濟傳》。
36《三國志·魏書·王凌傳》注引《漢晉春秋》。
37《三國志·魏書·鄧艾傳》注引《世語》。
38《三國志·魏書·曹真傳》附〈何晏傳〉注引《魏氏春秋》。

綜上所述，司馬懿集團與曹爽集團的鬥爭並不是門閥與庶族的鬥爭，而是門閥地主中的事功派與浮華派之間的鬥爭。對人民、對完成天下的統一事業、對歷史的發展來說，事功派掌權要比浮華派掌權有利。司馬懿的政敵王凌的兒子王廣說：

曹爽以驕奢失民，何平叔（何晏）虛而不治。丁、畢、桓、鄧雖並有宿望，皆專競於世。……故雖勢傾四海，聲震天下，同日斬戮，名士減半，而百姓安之，莫或之哀，失民故也。今（司馬）懿……擢用賢能，廣樹勝己，修先朝之政令，副眾心之所求。爽之所以為惡者，彼莫不必改，夙夜匪懈，以恤民為先。39

吳國人張悌也說：

曹操雖功蓋中夏，民畏其威而不懷其德也。丕、叡承之，刑繁役重，東西驅馳，無有寧歲。司馬懿父子累有大功，除其煩苛而布其平惠，為之謀主而救其疾苦，民心歸之亦已久矣。故淮南三叛，而腹心不擾；曹髦之死，四方不動。任賢使能，各盡其心，其本根固矣。40

這都可以說明司馬懿集團是一個較好的政治集團，它消滅曹爽集團和取代業已腐化的曹魏政權是有進步意義的。

最後還有一個問題，門閥地主的事功派雖較浮華派為好，但在那時整個門閥地主階層是不是社會上的反動勢力？我們認為，門閥地主所役使的勞動者是世襲的農奴——佃客、部曲制，魏晉南北朝時期奴隸制在社會上還嚴重地殘存，以門閥地主為代表的十分牢固的世襲農奴制度對殘存的奴隸制度起有力的肅清作用，那時社會上普遍存在的免奴為客、免奴為部曲的現象就是這種作用的表現。因此，直到南北朝的前期，還不能說整個門閥地主是社會上的反動勢力，也很難說庶族地主比它更進步些。因為這種看法在我們過去的文章中已有論述[41]，本文就沒有必要再多說了。

（選自《史學月刊》一九八一年第六期，發表時原名為〈論司馬懿〉）

39《三國志・魏書・王凌傳》注引《漢晉春秋》。
40《資治通鑑》卷七十八「景元四年」。
41 參看鄭欣，〈三國時期封建社會的變革〉（載齊魯書社版《歷史論叢》第二輯）、〈關於魏晉南北朝隋唐門閥政治的幾個問題〉（載福建人民出版社版《中國古代史論叢》一九八一年第一輯）。

附錄

《晉書·宣帝紀》

宣皇帝諱懿，字仲達，河內溫縣孝敬里人，姓司馬氏。其先出自帝高陽之子重黎①，為夏官祝融②，歷唐、虞、夏、商，世序其職。及周，以夏官為司馬。其後程伯休父③，周宣王時，以世官克平徐方④，錫以官族，因而為氏⑤。楚漢間，司馬卬為趙將⑥，與諸侯伐秦。秦亡，立為殷王，都河內。漢以其地為郡，子孫遂家焉。自卬八世，生征西將軍鈞⑦，字叔平。鈞生豫章太守量⑧，字公度。量生潁川太守儁⑨，字元異。儁生京兆尹防⑩，字建公。帝即防之第二子也。少有奇節，聰朗多大略，博學洽聞，伏膺儒教。漢末大亂，常慨然有憂天下心。南陽太守同郡楊俊名知人⑪，見帝，未弱冠，以為非常之器。尚書清河崔琰與帝兄朗善⑫，亦謂朗曰：「君弟聰亮明允，剛斷英特，非子所及也。」

【注釋】

①高陽氏：即傳說中國上古時期部落聯盟首領之一顓頊。為黃帝次子昌意之子，居帝丘（今河南濮陽），號高陽氏，又稱玄帝或黑帝。高陽氏曾命重任南正之官，掌管祭祀天神；命黎任火正（一作北正）之官，掌管民事。②祝融：為傳說中三皇五帝時夏官火正之官名，即大司馬。歷史上有顓頊族祝融氏和炎帝族祝融氏，其中炎帝後代黃帝夏官祝融容光為南方灶神火神、顓頊之孫重黎為高辛氏火正祝融乃北方之灶神火神，顓頊之孫吳回（楚國先祖）於帝嚳誅重黎後居火正為祝融。堯帝時棄祝融官名而用司馬，商朝祖先契即曾為火正大司馬。③程伯休父：父，一作「甫」。程，西周王畿內諸侯，位於今陝西咸陽東北。休父為其字。據傳為重黎之後，周宣王時官至司馬，掌王室軍隊，佐政輔國。時淮夷叛逆，宣王詔其率軍克平徐方，詩人作〈常武〉詩以美之。周王室特許他以官職為姓，其後遂成司馬氏。④徐方：上古時期的方國，大致位於古九州之一的徐州地區，其居民為「徐夷」，所操語言為「夷言」，與吳、越語同屬東南夷越語系。⑤氏：為古代貴族標誌宗族系統的稱號，最初「姓」和「氏」分用，姓是總的，氏是分支，後來姓和氏不分，可以混用。⑥司馬卬（？—前二〇五）：本為戰國末期趙國的將軍，巨鹿之戰後隨項羽入關。秦朝滅亡後，項羽分魏國地為西魏、殷兩國，司馬卬因功被封為

殷王，建都朝歌。楚漢戰爭第二年（前二〇五）三月，劉邦進兵楚地，司馬卬投降，以其地為河內郡。四月，彭城之戰，劉邦大敗，司馬卬被項羽軍所殺。⑦司馬鈞（？—一一五）：字叔平，司馬懿的高祖父，東漢將領，軍事才能出眾。漢安帝時，任征西將軍，與羌族作戰。後兵敗，被捕入獄，自殺而死。⑧司馬量：東漢末官至豫章太守，以文名聞世。⑨司馬儁（一一三—一九七）：字元異，東漢末為潁川郡（今河南禹州）太守。博學好古，倜儻大度，身高八尺三寸，腰帶十圍，儀態魁岸，與眾不同，深得鄉黨宗族的擁護。子司馬防，孫司馬懿。⑩司馬防（一四九—二一九）：字建公。曾多次讚揚曹操，是其伯樂。育有八子，依次為朗、懿、孚、馗、恂、進、通、敏，俱知名於時，因每人的字中都有「達」字，故時號「司馬八達」。⑪南陽：各本皆作「南郡」。錢大昕《廿二史考異》（以下簡稱《考異》）：「《魏志》俊為南陽太守，非南郡。」今據改。楊俊（？—二二二）：字季才，河內獲嘉（今河南新鄉）人。漢末三國名士，受學於邊讓，曾任三國魏的南陽太守、平原太守、中尉等職，後被迫自殺。⑫崔琰（一六三—二一六）：字季珪，清河東武城（今河北清河）人。漢末名士，曹操的重要謀士之一。建安二十一年（二一六），被逮下獄，不久被曹操賜死。

漢建安六年，郡舉上計掾①。魏武帝為司空②，聞而辟之。帝知漢運方微，不欲屈節曹氏，辭以風痺，不能起居。魏武使人夜往密刺之，帝堅臥不動。及魏武為丞相，又辟為文學掾，敕行者曰：「若復盤桓，便收之。」帝懼而就職。於是，使與太子游處，遷黃門侍郎，轉議郎、丞相東曹屬，尋轉主簿。

【注釋】

①上計掾：指古代佐理州、郡上計事務的官吏。②魏武帝：即曹操（一五五—二二〇），字孟德，一名吉利，小字阿瞞，沛國譙（今安徽亳州）人。東漢末年傑出的政治家、軍事家、文學家，三國曹魏政權的奠基人。其子曹丕稱帝後，追尊為武皇帝，廟號太祖。

從討張魯①，言於魏武曰：「劉備以詐力虜劉璋②，蜀人未附而遠爭江陵，此機不可失也。今若曜威漢中，益州震動，進兵臨之，勢必瓦解。因此之勢，易為功力。聖人不能違時，亦不失時矣。」魏武曰：「人苦無足，既得隴右③，復欲得蜀！」言竟不從。既而從討孫權，破之。軍還，權遣使乞降，上表稱臣，陳說天命。魏武帝曰：「此兒欲踞吾著爐炭上邪！」答曰：「漢運垂終，殿下十分天下而有其九，以服事之。權之稱臣，天人之意也。虞、夏、殷、周不以謙讓者，畏天知命也。」

【注釋】

①張魯（？—二一六／二四五／二五九）：字公祺，祖籍沛國豐（今江蘇豐縣）人。天師道（五斗米道）教祖張陵之孫，五斗米道的第三代天師（稱系師），殺張修後繼續在漢中一帶傳道，並自稱「師君」，為東漢末年割據漢中一帶的軍閥，雄踞漢中近三十年。後投降曹操，官拜鎮南將軍，封閬中侯，食邑萬戶。②劉備（一六一—二二三）：字玄德，東漢末年幽州涿郡涿縣（今河北涿州）人。西漢中山靖王劉勝的後代，少年時拜盧植為師，後參與鎮壓黃巾起義。三國時期蜀漢的開國皇帝、政治家，史家又稱其為「先主」。劉璋（？—二二〇）：字季玉，江夏竟陵（今湖北天門）人。繼其父劉焉為益州牧，東漢末年割據軍閥之一。二一四年，投降劉備，被遷往荊州公安。建安二十四年（二一九），病逝於荊州。③隴右：古人以山以西為右。「隴右」一詞則由陝、甘界山的隴山（六盤山）而來，指六盤山以西，包括今天水、平涼、定西、蘭州以及過烏鞘嶺的河西四郡（即武威、張掖、酒泉、敦煌四郡），再加西域都護府（今新疆大部）。

魏國既建，遷太子中庶子①。每與大謀，輒有奇策，為太子所信重，與陳群②、吳質③、朱鑠④號曰「四友」。

【注釋】

①中庶子：戰國時國君、太子、相國的侍從之臣。秦、漢為太子侍從官。歷代沿置。②陳群（?—二三七）：字長文，潁川許昌（今河南許昌東）人。三國時期著名政治家、曹魏重臣，歷仕曹操、曹丕、曹叡三代，竭忠盡職，為曹魏政權的禮制及政治制度的建設，做出了突出貢獻。魏晉南北朝選官制度「九品中正制」和曹魏律法《魏律》的主要創始人。③吳質（一七七—二三〇）：字季重，兗州濟陰郡（今山東定陶西北）人。漢末三國時代著名文學家，因文才為曹丕所喜愛。在魏文帝曹丕被立為太子的過程中，吳質立下大功。與司馬懿、陳群、朱鑠一起被稱作曹丕的「四友」。為人放蕩不羈，怙威肆行，飛揚跋扈，卒後被諡為「醜侯」。④朱鑠（?—二二七）：字彥才，沛國譙（今安徽亳州）人。三國曹魏將領，建安後期為曹丕重要智囊之一，與陳群、司馬懿、吳質並稱魏太子「四友」。

遷為軍司馬，言於魏武曰：「昔箕子陳謀①，以食為首。今天下不耕者蓋二十餘萬，非經國遠籌也。雖戎甲未卷，自宜且耕且守。」魏武納之，於是務農積穀，國用豐贍。帝又言荊州刺史胡脩粗暴，南鄉太守傅方驕奢，並不可居邊。魏武不之察。及蜀將關羽圍曹仁於樊，于禁等七軍皆沒，脩、方果降羽，而仁圍甚急焉。

【注釋】

①箕子：名胥餘，殷商末期人，商王文丁之子，帝乙之弟，紂王叔父，官太師，封於箕，與微子、比干，並稱「殷末三仁」。周武王滅商建周後，向箕子詢問怎樣順應天命來治理國家，箕子於是將夏禹傳下的《洪範九疇》陳述給武王聽，史稱「箕子陳謀」。

是時漢帝都許昌，魏武以為近賊，欲徙河北。帝諫曰：「禁等為水所沒，非戰守之所失，於國家大計未有所損，而便遷都，既示敵以弱，又淮、沔之人大不安矣。孫權①、劉備，外親內疏，羽之得意，權所不願也。可喻權所，令掎其後，則樊圍自解。」魏武從之。權果遣將呂蒙西襲公安，拔之，羽遂為蒙所獲。

【注釋】

①孫權（一八二—二五二）：字仲謀，吳郡富春（今浙江杭州富陽區）人。三國時代東吳的開國皇帝。建安十三年（二〇八），與劉備聯盟，於赤壁之戰中擊敗曹操，奠定三國鼎立的基礎。建安二十四年（二一九），孫權派大將呂蒙成功襲取劉備的荊州，殺關羽，使其領土面積大大增加。黃龍元年（二二九），正式稱帝。黃龍二年（二三〇），孫權派衛溫、諸葛直到達夷州（今臺灣）。太元元年（二五二）病逝。

魏武以荊州遺黎及屯田在潁川者逼近南寇①，皆欲徙之。帝曰：「荊楚輕脫，易動難安。關羽新破，諸為惡者藏竄觀望。今徙其善者，既傷其意，將令去者不敢復還。」從之。其後諸亡者悉復業。

【注釋】

①南寇：張熷《讀史舉正》（以下簡稱《舉正》）：「『南寇』謂吳，潁川未為逼近，《資治通鑑》（以下簡稱《通鑑》）卷六十八作「漢川」，是也。

及魏武薨於洛陽，朝野危懼。帝綱紀喪事，內外肅然。乃奉梓宮還鄴。魏文帝即位①，封河津亭侯，轉丞相長史。會孫權帥兵西過，朝議以樊、襄陽無穀，不可以禦寇。時曹仁鎮襄陽，請召仁還宛。帝曰：「孫權新破關羽，此其欲自結之時也，必不敢為患。襄陽水陸之沖，禦寇要害，不可棄也。」言竟不從。仁遂焚棄二城，權果不為寇，魏文悔之。

【注釋】

①魏文帝：即曹丕（一八七—二二六），字子桓，沛國譙（今安徽亳州）人。三國時期著名政治家、文學家，曹魏的開國皇帝（二二〇—二二六在位）。在位期間，採納吏部尚書陳群的建議，於黃初元年（二二〇）定九品中正制，成為魏晉南北朝時期主要的選官制度。於詩、賦、文學皆有成就，尤擅長於五言詩，與其父曹操和弟曹植，並稱「建安三曹」。著《典論・論文》是我國文學史上第一部系統的文學批評專論作品。

及魏受漢禪①，以帝為尚書。頃之，轉督軍、御史中丞，封安國鄉侯。

【注釋】

①延康元年（二二〇）十月，曹丕逼迫漢獻帝退位，並將皇位「禪讓」給自己。為了保住性命，漢獻帝不得不把皇帝的玉璽交給曹丕。十月二十九日，曹丕登壇受禪稱帝，立國號大魏，史稱曹魏，改元黃初，定都洛陽。

黃初二年，督軍官罷，遷侍中、尚書右僕射。

五年，天子南巡，觀兵吳疆。帝留鎮許昌，改封向鄉侯，轉撫軍、假節，領兵五千，加給事中、錄尚書事。帝固辭。天子曰：「吾於庶事，以夜繼晝，無須臾寧息。此非以為榮，乃分憂耳。」

六年，天子復大興舟師征吳，覆命帝居守，內鎮百姓，外供軍資。臨行，詔曰：「吾深以後事為念，故以委卿。曹參雖有戰功，而蕭何為重。使吾無西顧之憂，不亦可乎！」天子自廣陵還洛陽，詔帝曰：「吾東，撫軍當總西事；吾西，撫軍當總東事。」於是帝留鎮許昌。

及天子疾篤，帝與曹真①、陳群等見於崇華殿之南堂，並受顧命輔政。詔太子曰：「有間此三公者，慎勿疑之。」明帝即位，改封舞陽侯。

【注釋】

①曹真（？—二三一）：字子丹，沛國譙（今安徽亳州）人。三國時期曹魏名將，曹操族子。曹丕襲封魏王後，為鎮西將軍、都督雍州及涼州諸軍事。曹丕病重時，曹真受遺詔輔政。魏明帝曹叡即位後，拜大將軍，進爵邵陵侯。太和四年（二三〇），代曹休為大司馬。次年因病去世，謚號「元侯」。

及孫權圍江夏，遣其將諸葛瑾、張霸並攻襄陽，帝督諸軍討權，走之。進擊，敗瑾，斬霸，並首級千餘。遷驃騎將軍。

太和元年六月，天子詔帝屯於宛，加督荊、豫二州諸軍事。

初，蜀將孟達之降也①，魏朝遇之甚厚。帝以達言行傾巧不可任，驟諫不見聽，乃以達領新城太守，封侯，假節。達於是連吳固蜀，潛圖中國。蜀相諸葛亮惡其反覆，又慮其為患。達與魏興太守申儀有隙，亮欲促其事，乃遣郭模詐降，過儀，因漏泄其謀。達聞其謀漏泄，將舉兵。帝恐達速發，以書喻之曰：「將軍昔棄劉備，託身國家，國家委將軍以疆埸之任②，任將軍以圖蜀之事，可謂心貫白日。蜀人愚智，莫不切齒於將軍。諸葛亮欲相破，惟苦無路耳。模之所言，非小事也，亮豈輕之而令宣露，此殆易知耳。」達得書大喜，猶與不決。帝乃潛軍進討。諸將言達與二賊交構，宜觀望而後動。帝曰：「達無信義，此其相疑之時也，當及其未定促決之。」乃倍道兼行，八日到其城下。吳蜀各遣其將向西城安橋、木闌塞以救達，帝分諸將以距之。

【注釋】

①孟達（？—二二八）：字子度，扶風郡郿（今陝西眉縣東北）人。本為劉璋屬下，後降劉備。關羽圍樊城、襄陽時因不發兵救關羽而觸怒劉備，投奔曹魏，在魏官至散騎常侍、建武將軍，封平陽亭侯。此後又欲反曹魏而歸蜀漢，事敗而死。②疆埸：邊界、邊境。

初，達與亮書曰：「宛去洛八百里，去吾一千二百里，聞吾舉事，當表上天子，比相反覆，一月間也，則吾城已固，諸軍足辦。則吾所在深險，司馬公必不自來；諸將來，吾無患矣。」及兵到，達又告亮曰：「吾舉事八日，而兵至城下，何其神速也！」上庸城三面阻水，達於城外為木柵以自固①。帝渡水，破其柵，直造城下。八道攻之，旬有六日，達甥鄧賢、將李輔等開門出降。斬達，傳首京師。俘獲萬餘人，振旅還於宛。乃勸農桑，禁浮費，南土悅附焉。

【注釋】

①為木柵以自固：何超《晉書音義》（以下簡稱《音義》）「木柵」作「水柵」。

初，申儀久在魏興，專威疆埸，輒承制刻印，多所假授。達既誅，有自疑心。時諸郡守以帝新克捷，奉禮求賀，皆聽之。帝使人諷儀，儀至，問承制狀，執之，歸於京師。又徙孟達餘眾七千餘家於幽州。蜀將姚靜、鄭他等帥其屬七千餘人來降。

時邊郡新附，多無戶名，魏朝欲加隱實①。屬帝朝於京師，天子訪之於帝。帝對曰：「賊以密網束下，故下棄之。宜弘以大綱，則自然安樂。」又問二虜宜討，何者為先？對曰：「吳以中國不習水戰，故敢散居東關。凡攻敵，必扼其喉而揕其心。夏口②、東關③，賊之心喉。若為陸軍以向皖城，引權東下，為水戰軍向夏口，乘其虛而擊之，此神兵從天而墮，破之必矣。」天子並然之，覆命帝屯於宛。

【注釋】

①隱實：審核、核實。②夏口：位於漢水下游入長江處，由於漢水自沔陽（今湖北仙桃）以下古稱夏水，故名。夏口在江北，三國吳置夏口督屯於江南，北築城於武漢（今武昌）黃鵠山上，與夏口隔江相對。③東關：故址在今安徽含山西南濡須山上。三國吳諸葛恪築，隔濡須水與七寶山上的西關相對，北控巢湖，南扼長江，為吳、魏間的要衝。

四年，遷大將軍，加大都督、假黃鉞，與曹真伐蜀。帝自西城斫山開道，水陸並進，泝沔而上，至於朐䏰，拔其新豐縣。軍次丹口，遇雨，班師。

明年，諸葛亮寇天水，圍將軍賈嗣、魏平於祁山。天子曰：「西方有事，非君莫可付者。」乃使帝西屯長安，都督雍、梁二州諸軍事①，統車騎將軍張郃、後將軍費曜、征蜀護軍戴凌、雍州刺史郭淮等討亮。張郃勸帝分軍往雍、郿為後鎮，帝曰：「料前軍獨能當之者，將軍言是也。若不能當，而分為前、後，此楚之三軍所以為黥布禽也。」遂進軍隃麋。亮聞大軍且至，乃自帥眾將芟上邽之麥。諸將皆懼，帝曰：「亮慮多決少，必安營自固，然後芟麥。吾得二日兼行足矣。」於是卷甲晨夜赴之。亮望塵而遁。帝曰：「吾倍道疲勞，此曉兵者之所貪也。亮不敢據渭水，此易與耳。」進次漢陽，與亮相遇，帝列陣以待之。使將牛金輕騎餌之，兵才接而亮退，追至祁山。亮屯鹵城，據南、北二山，斷水為重圍。帝攻拔其圍，亮宵遁。追擊，破之，俘斬萬計。天子使使者勞軍，增封邑。

【注釋】

①都督雍、梁二州諸軍事：據《三國志・魏書・陳留王紀》（以下僅稱《魏書》）、《蜀書》或《吳書》），梁州置於景元四年十二月，在此後三十餘年。司馬懿督二州係代曹真，景初三年趙儼代懿，《魏書・曹真傳》、〈趙儼傳〉都作「雍、涼」。疑當從《魏書》。

時軍師杜襲、督軍薛悌皆言明年麥熟，亮必為寇，隴右無穀，宜及冬豫運。帝曰：「亮再出祁山，一攻陳倉，挫衄而反。縱其後出，不復攻城，當求野戰，必在隴東，不在西也。亮每以糧少為恨，歸必積穀，以吾料之，非三稔不能動矣。」於是表徙冀州農夫佃上邽，興京兆、天水、南安監冶。

青龍元年，穿成國渠①，築臨晉陂，溉田數千頃，國以充實。

【注釋】

①成國渠：古代陝西渭北平原上著名灌溉工程，西漢中期始建，渠首位於郿縣（今陝西眉縣東北）東北，引渭水，東北流，下經武功（今陝西眉縣東）、槐里（今陝西興平東南），至上林苑（今陝西咸陽及戶縣、周至一帶）入蒙龍渠。曹魏青龍元年（二三三）向西延伸至陳倉（今陝西寶雞東），並增辟千水作為水源，下游自今興平北向東延伸，至今咸陽東回入渭水。灌溉面積擴展至二十平方千米。

二年，亮又率眾十餘萬出斜谷，壘於郿之渭水南原。天子憂之，遣征蜀護軍秦朗督步騎二萬，受帝節度。諸將欲住渭北以待之，帝曰：「百姓積聚皆在渭南，此必爭之地也。」遂引軍而濟，背水為壘。因謂諸將曰：「亮若勇者，當出武功，依山而東。若西上五丈原①，則諸軍無事矣。」亮果上原，將北渡渭，帝遣將軍周當屯陽遂以餌之。數日，亮不動。帝曰：「亮欲爭原而不向陽遂，此意可知也。」遣將軍胡遵、雍州刺史郭淮共備陽遂，與亮會於積石，臨原而戰，亮不得進，還於五丈原。會有長星墜亮之壘，帝知其必敗，遣奇兵掎亮之後，斬五百餘級，獲生口千餘，降者六百餘人。

【注釋】

①五丈原：位於今陝西岐山縣，為秦嶺北麓黃土臺原的一部分，地勢平坦，面積南北長約四千米，東西寬約一點八千米。南靠秦嶺，北臨渭水，東西皆深溝，形勢險要。三國時期，諸葛亮屯兵於此與司馬懿隔渭河對陣，後因積勞成疾病逝此地。

時朝廷以亮僑軍遠寇，利在急戰，每命帝持重，以候其變。亮數挑戰，帝不出，因遺帝巾幗婦人之飾。帝怒，表請決戰，天子不許，乃遣骨鯁臣衛尉辛毗杖節為軍師以制之。後亮復來挑戰，帝將出兵以應之，毗杖節立軍門，帝乃止。

初，蜀將姜維聞毗來①，謂亮曰：「辛毗杖節而至，賊不復出矣。」亮曰：「彼本無戰心，所以固請者，以示武於其眾耳。將在軍，君命有所不受，苟能制吾，豈千里而請戰邪！」

【注釋】

①姜維（二〇二—二六四）：字伯約，天水冀縣（今甘肅甘谷東南）人。原為魏將，

建興六年（二二八）投蜀漢，後為蜀漢名將，官至大將軍。諸葛亮去世後，獨力支撐蜀漢軍事。劉禪投降，姜維假意投降魏將鍾會，打算利用鍾會反叛曹魏以實現恢復漢室的願望，因謀事不密，兵敗被殺。

帝弟孚書問軍事，帝覆書曰：「亮志大而不見機，多謀而少決，好兵而無權，雖提卒十萬，已墮吾畫中，破之必矣。」與之對壘百餘日，會亮病卒，諸將燒營遁走，百姓奔告，帝出兵追之。亮長史楊儀反旗鳴鼓，若將距帝者。帝以窮寇不之逼，於是楊儀結陣而去。經日，乃行其營壘，觀其遺事，獲其圖書、糧穀甚眾。帝審其必死，曰：「天下奇才也。」辛毗以為尚未可知。帝曰：「軍家所重，軍書密計、兵馬糧穀，今皆棄之，豈有人捐其五藏而可以生乎？宜急追之。」關中多蒺藜，帝使軍士二千人著軟材平底木屐前行，蒺藜悉著屐，然後馬步俱進。追到赤岸，乃知亮死審問。時百姓為之諺曰：「死諸葛走生仲達。」帝聞而笑曰：「吾便料生，不便料死故也。」

先是，亮使至，帝問曰：「諸葛公起居何如，食可幾米①？」對曰：「三四升。」次問政事，曰：「二十罰已上皆自省覽。」帝既而告人曰：「諸葛孔明其能久乎！」竟如其言。亮部將楊儀、魏延爭權②，儀斬延，並其眾。帝欲乘隙而進，有詔不許。

【注釋】

①食可幾米：《太平御覽》（以下簡稱《御覽》）卷三七八引魏明帝詔曹植云「食幾許米」，幾許即幾何，為漢魏常語，「幾」下疑當有「許」字。②魏延（?—二三四）：字文長，義陽人。三國時期蜀漢名將，鎮守漢中近十年，屢次隨諸葛亮北伐，功績顯著。諸葛亮死後，與長史楊儀爭權，敗逃，為馬岱所追斬，並被夷滅三族。

三年，遷太尉，累增封邑。蜀將馬岱入寇，帝遣將軍牛金擊走之，斬千餘級。武都氐王苻雙、強端帥其屬六千餘人來降①。

【注釋】

①武都氐王苻雙、強端帥其屬六千餘人來降：據《三國志・蜀書・張嶷傳》、《華陽國志》卷七，武都氐王苻健降蜀，其弟率眾就魏。苻雙並非氐王，疑「王」字衍。

關東饑，帝運長安粟五百萬斛輸於京師。

四年，獲白鹿，獻之。天子曰：「昔周公旦輔成王，有素雉之貢。今君受陝西之任，有白鹿之獻，豈非忠誠協符，千載同契，俾乂邦家，以永厥休邪！」

及遼東太守公孫文懿反①，徵帝詣京師。天子曰：「此不足以勞君，事欲必克，故以相煩耳。君度其作何計？」對曰：「棄城預走，上計也。據遼水以距大軍，次計也。坐守襄平②，此成擒耳。」天子曰：「其計將安出？」對曰：「惟明者能深度彼己，豫有所棄，此非其所及也。今懸軍遠征，將謂不能持久，必先距遼水而後守，此中、下計也。」天子曰：「往還幾時？」對曰：「往百日，還百日，攻百日，以六十日為休息，一年足矣。」

【注釋】

①公孫文懿：即公孫淵（？—二三八），字文懿，遼東襄平（今遼寧遼陽）人。遼東太守公孫度之孫，三國時遼東地方割據軍閥。太和二年（二二八），為遼東太守。後遣使南通孫權，孫權立其為燕王。景初元年（二三七），叛魏，自立為燕王，年號紹漢。景初二年（二三八），為司馬懿攻殺。②襄平：戰國燕置，即今遼寧遼陽。

是時大修宮室，加之以軍旅，百姓饑弊。帝將即戎，乃諫曰：「昔周公營洛邑，蕭何造未央，今宮室未備，臣之責也。然自河以北，百姓困窮，外內有役，勢不並興，宜假絕內務，以救時急。」

景初二年，帥牛金、胡遵等步騎四萬，發自京都。車駕送出西明門，詔弟孚、子師送過溫，賜以穀帛牛酒，敕郡守典農以下皆往會焉。見父老故舊，宴飲累日。帝歎息，悵然有感，為歌曰：「天地開闢，日月重光。遭遇際會，畢力遐方。將掃群穢，還過故鄉。肅清萬里，總齊八荒。告成歸老，待罪舞陽。」遂進師，經孤竹，越碣石，次於遼水。文懿果遣步騎數萬，阻遼隧，堅壁而守，南北六七十里，以距帝。帝盛兵多張旗幟出其南，賊盡銳赴之。乃泛舟潛濟以出其北，與賊營相逼，沉舟焚梁，傍遼水作長圍，棄賊而向襄平。諸將言曰：「不攻賊而作圍，非所以示眾也。」帝曰：「賊堅營高壘，欲以老吾兵也。攻之，正入其計，此王邑所以恥過昆陽也①。古人曰，敵雖高壘，不得不與我戰者，攻其所必救也。賊大眾在此，則巢窟虛矣。我直指襄平，則人懷內懼，懼而求戰，破之必矣。」遂整陣而過。賊見兵出其後，果邀之。帝謂諸將曰：「所以不攻其營，正欲致此，不可失也。」乃縱兵逆擊，大破之，三戰皆捷。賊保襄平，進軍圍之。

【注釋】

①此王邑所以恥過昆陽也：西漢更始元年（二三），綠林起義軍攻打宛城，王莽派大司空王邑會同嚴尤等率軍四十二萬往救宛城。綠林軍根據劉秀建議，採取堅守昆陽（今河南葉縣），遲滯、消耗南下之王邑軍，掩護主力攻取宛城，然後伺機內外夾擊殲滅敵人的作戰方針。王邑憑藉其優勢兵力，拒絕嚴尤「亟進大兵」繞過昆陽堅城、先救宛城的正確建議，指揮數十萬大軍強攻昆陽，結果在綠林軍內外夾擊之下，幾乎全軍覆沒，實由王邑恥過昆陽而強攻之所致。

初，文懿聞魏師之出也，請救於孫權。權亦出兵遙為之聲援，遺文懿書曰：「司馬公善用兵，變化若神，所向無前，深為弟憂之。」

會霖潦，大水平地數尺，三軍恐，欲移營。帝令軍中敢有言徙者斬。都督令史張靜犯令，斬之，軍中乃定。賊恃水，樵牧自若。諸將欲取之，皆不聽。司馬陳珪曰：「昔攻上庸，八部並進，晝夜不息，故能一旬之半，拔堅城，斬孟達。今者遠來而更安緩，愚竊惑焉。」帝曰：「孟達眾少而食支一年，吾將士四倍於達而糧不淹月，以一月圖一年，安可不速？以四擊一，正令半解，猶當為之。是以不計死傷，與糧競也。今賊眾我寡，賊饑我飽，水雨乃爾，功力不設，雖當促之，亦何所為。自發京師，不憂賊攻，但恐賊走。今賊糧垂盡，而圍落未合，掠其牛馬，抄其樵采，此故驅之走也。夫兵者詭道，善因事變。賊憑眾恃雨，故雖饑困，未肯束手，當示無能以安之。取小利以驚之，非計也。」朝廷聞師遇雨，咸請召還。天子曰：「司馬公臨危制變，計日擒之矣。」既而雨止，遂合圍。起土山地道，楯櫓鉤橦，發矢石雨下，晝夜攻之。

時有長星，色白，有芒鬣，自襄平城西南流於東北，墜於梁水，城中震慴。文懿大懼，乃使其所署相國王建、御史大夫柳甫乞降，請解圍面縛。不許，執建等，皆斬之。檄告文懿曰：「昔楚、鄭列國，而鄭伯猶肉袒牽羊而迎之。孤為王人，位則上公，而建等欲孤解圍退舍，豈楚、鄭之謂邪！二人老耄，必傳言失旨，已相為斬之。若意有未已，可更遣年少有明決者來。」文懿復遣侍中衛演乞克日送任。帝謂演曰：「軍事大要有五，能戰當戰，不能戰當守，不能守當走，餘二事惟有降與死耳。汝不肯面縛，此為決就死也，不須送任。」文懿攻南圍突出，帝縱兵擊敗之，斬於梁水之上星墜之所。既入城，立兩標以別新舊焉。男子年十五已上七千餘人皆殺之，以為京觀。偽公卿已下皆伏誅，戮其將軍畢盛等二千餘人。收戶四萬，口三十餘萬。

初，文懿篡其叔父恭位而囚之。及將反，將軍綸直、賈範等苦諫，文懿皆殺之。帝乃釋恭之囚，封直等之墓，顯其遺嗣。令曰：「古之伐國，誅其鯨鯢而已，諸為文懿所詿誤者，皆原之。中國人欲還舊鄉，恣聽之。」

時有兵士寒凍，乞襦，帝弗之與。或曰：「幸多故襦，可以賜之。」帝曰：「襦者官物，人臣無私施也。」乃奏軍人年六十已上者罷遣千餘人，將吏從軍死亡者致喪還家。遂班師。天子遣使者勞軍於薊，增封食昆陽，並前二縣。

初，帝至襄平，夢天子枕其膝，曰：「視吾面。」俯視有異於常，心惡之。先是，詔帝便道鎮關中；及次白屋，有詔召帝，三日之間，詔書五至。手詔曰：「間側息望到，到便直排閤入，視吾面。」帝大遽，乃乘追鋒車晝夜兼行①，自白屋四百餘里，一宿而至。引入嘉福殿臥內，升御床。帝流涕問疾，天子執帝手，目齊王曰②：「以後事相託。死乃復可忍，吾忍死待君，得相見，無所復恨矣。」與大將軍曹爽並受遺詔輔少主③。

【注釋】

①追鋒車：古代一種輕便的驛車，因車行疾速，故名。常指朝廷用以徵召的疾馳之車，也稱「鋒車」。《晉書．輿服志》：「追鋒車，去小平蓋，加通，如軺車，駕二。追鋒之名，蓋取其迅速也，施於戎陣之間，是為傳乘。」②齊王：即曹芳（二三二—二七四），字蘭卿，三國時魏第三代皇帝，為魏明帝義子。魏青龍三年，封為齊王，二三九年

被立為太子，當年登基即帝位，年僅八歲，改年號景初。二四〇年，改年號為正始。即位後，由大將軍曹爽、太尉司馬懿共同輔政。魏正始十年（二四九），司馬懿發動高平陵事變，罷廢曹爽（之後滅三族），獨掌軍國大權，改年號為嘉平。③曹爽（？—二四九）：字昭伯，沛國譙（今安徽亳州）人。大司馬曹真長子，三國時期曹魏宗室、權臣。太和五年（二三一），襲其父曹真卲陵侯爵位。景初三年（二三九），魏明帝曹叡病危，被拜為大將軍、假節鉞，與司馬懿並為託孤大臣。正始十年（二四九）正月甲午（初六）日，司馬懿發動高平陵事變，被解除大將軍職務。不久因謀反罪被族誅。

及齊王即帝位，遷侍中、持節、都督中外諸軍、錄尚書事，與爽各統兵三千人，共執朝政。更直殿中，乘輿入殿。爽欲使尚書奏事先由己，乃言於天子，徙帝為大司馬。朝議以為前後大司馬累薨於位，乃以帝為太傅。入殿不趨，贊拜不名，劍履上殿，如漢蕭何故事。嫁娶喪葬取給於官，以世子師為散騎常侍，子弟三人為列侯，四人為騎都尉。帝固讓子弟官不受。

魏正始元年春正月①，東倭重譯納貢②，焉耆③、危須諸國④，弱水以南，鮮卑名王⑤，皆遣使來獻。天子歸美宰輔，又增帝封邑。

【注釋】

①正始元年：「正始」上各本皆有「魏」字。《周家祿晉書校勘記》（以下簡稱《周校》）：「『魏』字衍文，蓋前有『魏國既建』『魏文帝即位』，黃初以下皆蒙上為文。」今據刪。②東倭：古代指日本。③焉耆：地名來自《漢書．西域傳》的焉耆國，又稱烏夷、阿耆尼，在今新疆維吾爾自治區焉耆回族自治縣附近。④危須：古西域國名，地域在博斯騰湖北岸，治所在今新疆維吾爾自治區焉耆回族自治縣東北之和碩。⑤鮮卑：是繼匈奴之後在蒙古高原崛起的古代遊牧民族，興起於大興安嶺。為魏晉南北朝對中國影響最大的遊牧民族，起源於東胡族。秦漢之際，東胡被匈奴冒頓單于打敗，分為兩部，分別退保烏桓山和鮮卑山，均以山名作為族名，形成烏桓族和鮮卑族，受匈奴奴役。二三三年，鮮卑軻比能，統一漢南。

初，魏明帝好修宮室，制度靡麗，百姓苦之。帝自遼東還，役者猶萬餘人，雕玩之物動以千計。至是皆奏罷之，節用務農，天下欣賴焉。

二年夏五月，吳將全琮寇芍陂，朱然、孫倫圍樊城，諸葛瑾、步騭掠柤中，帝請自討之。議者咸言，賊遠來圍樊，不可卒拔。挫於堅城之下，有自破之勢，宜長策以禦之。帝曰：「邊城受敵而安坐廟堂，疆埸騷動，眾心疑惑，是社稷之大憂也。」

六月，乃督諸軍南征，車駕送出津陽門。帝以南方暑濕，不宜持久，使輕騎挑之，然不敢動。於是休戰士，簡精銳，募先登①，申號令，示必攻之勢。吳軍夜遁走，追至三州口，斬獲萬餘人，收其舟船軍資而還。天子遣侍中常侍勞軍於宛。

【注釋】

①先登：原指先於眾人而登，後指行軍先鋒。

秋七月，增封食郾、臨潁，並前四縣，邑萬戶，子弟十一人皆為列侯。帝勛德日盛，而謙恭愈甚。以太常常林鄉邑舊齒①，見之每拜。恆戒子弟曰：「盛滿者道家之所忌，四時猶有推移，吾何德以堪之。損之又損之，庶可以免乎？」

【注釋】

①舊齒：老臣、舊臣。《三國志・吳書・陸績傳》：「虞翻舊齒名盛，龐統荊州令

士，年亦差長，皆與績友善。」

三年春，天子追封諡皇考京兆尹為舞陽成侯。

三月，奏穿廣漕渠，引河入汴，溉東南諸陂，始大佃於淮北。

先是，吳遣將諸葛恪屯皖，邊鄙苦之，帝欲自擊恪。議者多以賊據堅城，積穀，欲引致官兵，今懸軍遠攻，其救必至，進退不易，未見其便。帝曰：「賊之所長者水也，今攻其城，以觀其變。若用其所長，棄城奔走，此為廟勝也。若敢固守，湖水冬淺，船不得行，勢必棄水相救，由其所短，亦吾利也。」

四年秋九月，帝督諸軍擊諸葛恪，車駕送出津陽門。軍次於舒，恪焚燒積聚，棄城而遁。

帝以滅賊之要，在於積穀，乃大興屯守，廣開淮陽、百尺二渠，又修諸陂於潁之南、北萬餘頃①。自是淮北倉庾相望，壽陽至於京師②，農官屯兵連屬焉。

【注釋】

①又修諸陂於潁之南、北萬餘頃：吳仕鑑《晉書斠注》（以下簡稱《斠注》）：〈食貨

志〉作「大治諸陂於潁南、潁北，穿渠三百餘里，溉田二萬頃」。《紀》文「萬餘頃」上似脫「溉田」二字。②壽陽：《食貨志》作「壽春」。按：東晉時始改壽春為壽陽，此處當作「壽春」。

五年春正月，帝至自淮南，天子使持節勞軍。

尚書鄧颺、李勝等欲令曹爽建立功名，勸使伐蜀。帝止之，不可，爽果無功而還。

六年秋八月，曹爽毀中壘中堅營，以兵屬其弟中領軍羲，帝以先帝舊制禁之，不可。

冬十二月，天子詔帝朝會乘輿升殿。

七年春正月，吳寇柤中，夷夏萬餘家避寇北渡沔。帝以沔南近賊，若百姓奔還，必復致寇，宜權留之。曹爽曰：「今不能修守沔南而留百姓，非長策也。」帝曰：「不然。凡物致之安地則安，危地則危。故兵書曰『成敗，形也；安危，勢也』。形勢，御眾之要，不可以不審。設令賊以二萬人斷沔水，三萬人與沔南諸軍相持，萬人陸梁柤中，將何以救之？」爽不從，卒令還南。賊果襲破柤中，所失萬計。

八年夏四月，夫人張氏薨。

曹爽用何晏、鄧颺、丁謐之謀，遷太后於永寧宮①，專擅朝政，兄弟並典禁兵，多樹親黨，屢改制度。帝不能禁，於是與爽有隙。

【注釋】

①為專擅朝政，正始八年（二四七），曹爽聽從何晏、鄧颺、丁謐建議，把郭太后（非曹芳親母）遷到永寧宮。司馬懿由於漸漸被架空，很多政事不能參與，於是稱病迴避，韜光養晦，等待良機。

五月，帝稱疾不與政事。時人為之謠曰：「何鄧丁，亂京城。」

九年春三月，黃門張當私出掖庭才人石英等十一人，與曹爽為伎人。爽、晏謂帝疾篤，遂有無君之心，與當密謀，圖危社稷，期有日矣。帝亦潛為之備，爽之徒屬亦頗疑帝。會河南尹李勝將蒞荊州，來候帝。帝詐疾篤，使兩婢侍，持衣衣落，指口言渴，婢進粥，帝不持杯飲，粥皆流出霑胸。勝曰：「眾情謂明公舊風發動，何意尊體乃爾！」帝使聲氣才屬，說「年老枕疾，死在旦夕。君當屈并州，并州近胡，善為之備。恐不復相見，以子師、昭兄弟為託。」勝曰：「當還忝本州，非并州。」帝乃錯亂其辭曰：「君方到并州。」勝覆曰：「當忝荊州。」帝曰：「年老意荒，不解君言。今還為本州，盛德壯烈，好建功勳！」勝退告爽曰：「司馬公屍居餘氣，形神已離，不足慮矣。」他日，又言曰：「太傅不可復濟，令人愴然。」故爽等不復設備。

嘉平元年春正月甲午，天子謁高平陵①，爽兄弟皆從。是日，太白襲月。帝於是奏永寧太后，廢爽兄弟。時景帝為中護軍②，將兵屯司馬門。帝列陣闕下，經爽門。爽帳下督嚴世上樓，引弩將射帝，孫謙止之曰：「事未可知。」三注三止，皆引其肘不得發。大司農桓範出赴爽③，蔣濟言於帝曰：「智囊往矣。」帝曰：「爽與範內疏而智不及，駑馬戀短豆④，必不能用也。」於是假司徒高柔節，行大將軍事，領爽營，謂柔曰：「君為周勃矣。」命太僕王觀行中領軍，攝羲營。帝親帥太尉蔣濟等勒兵出迎天子，屯於洛水浮橋，上奏曰：「先帝詔陛下、秦王及臣升於御床，握臣臂曰『深以後事為念』。今大將軍爽背棄顧命，敗亂國典，內則僭擬，外專威權。群官要職，皆置所親；宿衛舊人，並見斥黜。根據槃互，縱恣日甚。又以黃門張當為都監，專共交關，伺候神器。天下洶洶，人懷危懼。陛下便為寄坐，豈得久安？此非先帝詔陛下及臣升御床之本意也。臣雖朽邁，敢忘前言。昔趙高極意，秦是以亡；呂、霍早斷，漢祚永延。此乃陛下之殷鑑，臣授命之秋也。公卿群臣皆以爽有無君之心，兄弟不宜典兵宿衛；奏皇太后，皇太后敕如奏施行。臣輒敕主者及黃門令罷爽、羲、訓吏兵，各以本官侯就第。若稽留車駕，以軍法從事。臣輒力疾將兵詣洛水浮橋，伺察非常。」爽不通奏，留車駕宿伊水南，伐樹為鹿角，發屯兵數千人以守。桓範果勸爽奉天子幸許昌，移檄徵天下兵。爽不能用，而夜遣侍中許允、尚書陳泰詣帝，觀望風旨。帝數其過失，事止免官。泰還以報爽，勸之通奏。帝又遣爽所信殿中校尉尹大目諭爽，指洛水為誓，爽意信之。桓範等援引古今，諫說萬端，終不能從。乃曰：「司馬公正當欲奪吾權耳。吾得以侯還第，不失為富家翁。」範拊膺曰：「坐卿，滅吾族矣！」遂通帝奏。既而有司劾黃門張當，併發爽與何晏等反事，乃收爽兄弟及其黨與何晏、丁謐、鄧颺、畢軌、李勝、桓範等誅之。蔣濟曰：「曹真之勛，不可以不祀。」帝不聽。

【注釋】

①高平陵：魏明帝曹叡的陵寢，位於今河南汝陽大安鄉工茹店村東南部。正始十年（二四九）正月，司馬懿乘曹爽兄弟隨魏帝祭掃高平陵之機，發動政變。又迫郭太后（明帝后）下令廢曹爽兄弟官職。派人送奏章給魏帝，要求罷免曹爽兄弟。曹爽猶豫不決，最終為求活命而同意交出大權，以侯還第。數日後，司馬懿以謀反罪名族誅曹爽兄弟及親信何晏、丁謐、畢軌等人。自此以後，曹魏政權實際落入司馬氏手中。②景帝：即司馬師（二〇八—二五五），字子元，河內溫縣（今河南溫縣西）人。三國時期曹魏權臣司馬昭的兄長，西晉開國皇帝司馬炎的伯父。與其父司馬懿謀劃誅殺曹爽。司馬懿死後，以撫

軍大將軍輔政，獨攬朝廷大權。正元二年（二五五），親率兵平定毌丘儉、文欽之亂，途中病死。西晉建立後，被追尊為景皇帝，廟號世宗。③桓範（？—二四九）：字元則，沛國龍亢（今安徽懷遠西龍亢鎮北）人。三國時期曹魏大臣、文學家。建安末年，與王象等共撰《皇覽》。魏明帝時，任中領軍、尚書、征虜將軍、東中郎將、兗州刺史等。正始年間，任大司農，為曹爽謀劃，號稱「智囊」。司馬懿起兵討伐曹爽時，力勸曹爽挾魏帝到許昌，曹爽不聽。高平陵事變後，被司馬懿誅殺。④駑馬戀短豆：武英殿本（以下簡稱殿本）及《魏書・曹爽傳》注引干寶《晉紀》、《資治通鑑》卷七十五「短豆」作「棧豆」，《御覽》卷八九五引干寶《晉紀》作「芻豆」。

初，爽司馬魯芝、主簿楊綜斬關奔爽。及爽之將歸罪也，芝、綜泣諫曰：「公居伊、周之任，挾天子，杖天威，孰敢不從？舍此而欲就東市，豈不痛哉！」有司奏收芝、綜科罪，帝赦之，曰：「以勸事君者。」

二月，天子以帝為丞相，增封潁川之繁昌、鄢陵、新汲、父城，並前八縣，邑二萬戶，奏事不名。固讓丞相。

冬十二月，加九錫之禮①，朝會不拜。固讓九錫。

【注釋】

①九錫：錫，通「賜」，是古代皇帝賜給諸侯、大臣有殊勛者的九種禮器，為最高禮遇。《後漢書．袁紹傳》注引《禮含文嘉》曰：「九錫，一曰車馬，二曰衣服，三曰樂器，四曰朱戶，五曰納陛，六曰虎賁之士百人，七曰斧鉞，八曰弓矢，九曰秬鬯。」

二年春正月，天子命帝立廟於洛陽，置左右長史，增掾屬、舍人滿十人，歲舉掾屬任御史、秀才各一人，增官騎百人，鼓吹十四人，封子肜平樂亭侯，倫安樂亭侯。帝以久疾不任朝請，每有大事，天子親幸第以諮訪焉。

兗州刺史令狐愚、太尉王凌貳於帝，謀立楚王彪①。

【注釋】

①楚王彪：即曹彪（一九五—二五一），字朱虎，三國時期曹魏皇族，曹操之子。二一六年，曹彪被封為壽春侯。二二二年，升為弋陽王，同年又升為吳王。二二六年，魏明帝即位，升遷，徙封地於白馬。二三二年，改封楚王。嘉平三年（二五一），因與王凌密

謀廢帝事敗，被賜死，享年五十七歲。

三年春正月，王凌詐言吳人塞塗水，請發兵以討之。帝潛知其計，不聽。夏四月，帝自帥中軍，泛舟沿流，九日而到甘城。凌計無所出，乃迎於武丘①，面縛水次，曰：「凌若有罪，公當折簡召凌，何苦自來邪！」帝曰：「以君非折簡之客故耳。」即以凌歸於京師。道經賈逵廟，凌呼曰：「賈梁道！王凌是大魏之忠臣，惟爾有神知之。」至項，仰鴆而死。收其餘黨，皆夷三族，並殺彪。悉錄魏諸王公置於鄴，命有司監察，不得交關。

【注釋】

①武丘：《魏書・王凌傳》、《通鑑》卷七十五作「丘頭」。《魏書・文帝紀》甘露三年「魏帝命改丘頭曰武丘」，《高貴鄉公紀》同。改名在後，此時當作「丘頭」。

天子遣侍中韋誕持節勞軍於五池①。帝至自甘城，天子又使兼大鴻臚、太僕庾嶷持節，策命帝為相國，封安平郡公，孫及兄子各一人為列侯，前後食邑五萬戶，侯者十九人。固讓相國、郡公不受。

【注釋】

①節：代表皇帝的身分，古代使臣奉命出行，必執符節以為憑證，凡持有節的使臣，就代表皇帝親臨，象徵皇帝與朝廷，可行使權利。如持節分封諸侯、持節收捕罪犯、持節鎮壓起兵叛亂、持節出使外國及持節簽約議和等事。另外假節之「假」為短期代理，非為真假之意。

六月，帝寢疾，夢賈逵、王淩為祟，甚惡之。秋八月戊寅，崩於京師，時年七十三。天子素服臨吊，喪葬威儀依漢霍光故事①，追贈相國、郡公。弟孚表陳先志，辭郡公及轀輬車。

【注釋】

霍光（？—前六八）：字子孟，河東平陽（今山西臨汾）人。西漢權臣、政治家，麒麟閣十一功臣之首，大司馬霍去病異母弟、漢昭帝皇后上官氏的外祖父、漢宣帝皇后霍成君之父。霍光死後，漢宣帝與上官太后一同到場治喪，將之與蕭何相比，以皇帝級別的葬儀葬於茂陵。其葬禮上，有玉衣、梓宮、便房、黃腸題湊等葬具，以轀輬車、黃屋送葬，謚號「宣成」。

九月庚申，葬於河陰，謚曰文貞，後改謚宣文①。先是，預作終制，於首陽山為土藏，不墳不樹；作《顧命》三篇，斂以時服，不設明器，後終者不得合葬。一如遺命。晉國初建，追尊曰宣王。武帝受禪②，上尊號曰宣皇帝，陵曰高原，廟稱高祖。

【注釋】

①謚曰文貞，後改謚宣文：各本皆作「謚曰文貞，後改謚文宣」。《考異》：「按《禮志》，魏朝初謚宣帝為文侯，景帝為武侯。文王表不宜與二祖同，於是改謚宣文、忠武。然則初謚文，無『貞』字也。《禮志》及《文帝紀》並稱舞陽宣文侯，《宋書・禮志》同。此云『文宣』，亦轉寫之誤。」今據改。②武帝：即西晉武帝司馬炎（二三六—二九〇），字安世，河內溫縣（今河南溫縣）人。晉宣帝司馬懿之孫，晉朝開國皇帝（二六

五—二九〇在位）。咸熙二年（二六五），襲父晉王爵，數月後逼迫魏元帝曹奐禪讓給自己，國號晉，建都洛陽。咸寧五年（二七九），司馬炎命杜預、王濬等人分兵伐吳，次年滅吳，統一天下。受禪：即禪讓制，是上古時期推舉部落首領的一種方式，即部落通過表決，以多數決定。相傳堯為部落聯盟領袖時，四嶽推舉舜為繼承人，堯對舜進行三年考核後以為繼承人。舜用同樣推舉方式，經過治水考驗，以禹為繼承人。

帝內忌而外寬，猜忌多權變。魏武察帝有雄豪志，聞有狼顧相，欲驗之。乃召使前行，令反顧，面正向後而身不動。又嘗夢三馬同食一槽①，甚惡焉。因謂太子丕曰：「司馬懿非人臣也，必預汝家事。」太子素與帝善，每相全佑，故免。帝於是勤於吏職，夜以忘寢，至於芻牧之間，悉皆臨履，由是魏武意遂安。及平公孫文懿，大行殺戮。誅曹爽之際，支黨皆夷及三族，男女無少長，姑姊妹女子之適人者皆殺之，既而竟遷魏鼎云。

【注釋】

①三馬同食一槽：隱指司馬懿父及其子司馬師、司馬昭三人將篡奪魏的政權。也泛指陰謀篡權。

明帝時①，王導侍坐②。帝問前世所以得天下，導乃陳帝創業之始，及文帝末高貴鄉公事③。明帝以面覆床曰：「若如公言，晉祚復安得長遠！」跡其猜忍，蓋有符於狼顧也。

【注釋】

①明帝：即東晉明帝司馬紹（二九九—三二五），字道畿，晉元帝司馬睿長子，東晉第二位皇帝，三二二年至三二五年間在位。②王導（二七六—三三九）：字茂弘，小字赤龍、阿龍。琅玡臨沂（今山東臨沂）人。東晉時期著名政治家、書法家，東晉政權的奠基人之一，歷仕東晉元帝、明帝和成帝三朝。與其從兄王敦一內一外，形成「王與馬，共天下」的格局。③高貴鄉公：即曹髦（二四一—二六〇），字彥士，魏文帝曹丕之孫，東海定王曹霖之子，三國曹魏的第四位皇帝，二五四年至二六〇年在位。曹髦即位前為高貴鄉公，司馬師廢齊王曹芳後，身為宗室的曹髦被立為新君，但曹髦對司馬氏兄弟的專橫跋扈十分不滿，二六〇年召見王經等人，對他們說「司馬昭之心，路人所知也」，帶領冗從僕射李昭、黃門從官焦伯等，率領僮僕數百餘人討伐，兵敗，被司馬昭心腹賈充所弒。

制曰①：夫天地之大，黎元為本；邦國之貴，元首為先。治亂無常，興亡有運。是故五帝之上②，居萬乘以為憂；三王已來③，處其憂而為樂。競智力，爭利害，大小相吞，強弱相襲。逮乎魏室，三方鼎峙，干戈不息，氛霧交飛。宣皇以天挺之姿，應期佐命，文以纘治，武以棱威。用人如在己，求賢若不及；情深阻而莫測，性寬綽而能容。和光同塵，與時舒卷，戢鱗潛翼，思屬風雲。飾忠於已詐之心，延安於將危之命。觀其雄略內斷，英猷外決，殄公孫於百日，擒孟達於盈旬，自以兵動若神，謀無再計矣。既而擁眾西舉，與諸葛相持。抑其甲兵，本無鬥志，遺其巾幗，方發憤心。杖節當門，雄圖頓屈，請戰千里，詐欲示威。且秦、蜀之人，勇懦非敵，夷險之路，勞逸不同，以此爭功，其利可見。而返閉軍固壘，莫敢爭鋒，生怯實而未前，死疑虛而猶遁，良將之道，失在斯乎！文帝之世，輔翼權重，許昌同蕭何之委，崇華甚霍光之寄。當謂竭誠盡節，伊、傅可齊④。及明帝將終，棟梁是屬，受遺二主，佐命三朝，既承忍死之託，曾無殉生之報。天子在外，內起甲兵，陵土未乾，遽相誅戮，貞臣之體，寧若此乎！盡善之方，以斯為惑。夫征討之策，豈東智而西愚？輔佐之心，何前忠而後亂？故晉明掩面，恥欺偽以成功；石勒肆言⑤，笑奸回以定業。古人有云：「積善三年，知之者少；為惡一日，聞於天下。」可不謂然乎！雖自隱過當年，而終見嗤後代。亦猶竊鐘掩耳，以眾人為不聞；銳意盜金，謂市中為莫睹。故知貪於近者則遺遠，溺於利者則傷名；若不損己以益人，則當禍人而福己。順理而舉易為力，背時而動難為功。況以未成之晉基，逼有餘之魏祚？雖復道格區宇，德被蒼生，而天未啟時，寶位猶阻，非可以智競，不可以力爭，雖則慶流後昆，而身終於北面矣⑥。

【注釋】

①制：古代帝王的命令、作品或文章。唐太宗很重視《晉書》的修撰工作，並親自為《晉書》的《宣帝紀》、《武帝紀》、〈陸機傳〉、〈王羲之傳〉分別寫了史論。②五帝：指上古時代中國傳說中的五位部落首領，主要有三種說法：一說指黃帝、顓頊、帝嚳、堯、舜。第二種說法指大皞（伏羲）、炎帝、黃帝、少皞（少昊）、顓頊。第三種說法指少昊（皞）、顓頊、高辛（帝嚳）、堯、舜。③三王：夏、商、周三朝的第一位帝王大禹、商湯王、周武王及周文王的合稱。三王常和五帝並稱「五帝三王」，也常和堯、舜並稱「二帝三王」，加上三皇合稱「三皇五帝三王」。④伊、傅：伊尹和傅說的合稱，均為商代的賢相。伊尹，伊姓，名摯，輔助商湯滅夏，為商朝建立立下汗馬功勞。歷事商朝商湯、外丙、仲壬、太甲、沃丁五代君主五十餘年。相傳傅說曾板築於傅岩之野，武丁訪得，舉之為相。⑤石勒（二七四—三三三）：字世龍，小字匐勒，羯族，上黨武鄉（今山西榆社）人。十六國時期後趙建立者，史稱後趙明帝。⑥北面：古禮，臣拜

君、卑幼拜尊長，皆面向北行禮，故以北面代替臣下、晚輩之地位。《周禮．夏官司馬．司士》：「正朝儀之位，辨其貴賤之等，王南向，三公北面東上。」

歷代對司馬懿的評價

〔東漢〕崔琰

尚書清河崔琰與帝兄朗善，亦謂朗曰：「君弟聰亮明允，剛斷英特，非子所及也。」

（見《晉書．宣帝紀》）

〔三國魏〕曹操

帝內忌而外寬，猜忌多權變。魏武察帝有雄豪志，聞有狼顧相，欲驗之。乃召使前行，令反顧，面正向後而身不動。又嘗夢三馬同食一槽，甚惡焉。因謂太子丕曰：「司馬懿非人臣也，必預汝家事。」

（見《晉書・宣帝紀》）

〔三國魏〕曹植

魁傑雄特，秉心平直，威嚴允憚，風行草靡。在朝則匡贊時俗，百僚儀一；臨事則戎昭果毅，折衝厭難者，司馬驃騎也。

（見《全三國文》卷十八《陳王植》六）

〔三國魏〕曹叡

明帝嗣位，欲用孚，問左右曰：「有兄風不？」答云：「似兄。」天子曰：「吾得司馬懿二人，復何憂哉！」

（見《晉書・宗室列傳・安平獻王孚》）

〔三國魏〕曹芳

太尉體道正直，盡忠三世，南擒孟達，西破蜀虜，東滅公孫淵，功蓋海內。

（見《三國志・魏書・三少帝紀》）

〔三國吳〕張悌

魏伐蜀，吳人問悌曰：「司馬氏得政以來，大難屢作，智力雖豐，而百姓未服也。今又竭其資力，遠征巴蜀，兵勞民疲而不知恤，敗於不暇，何以能濟？昔夫差伐齊，非不克勝，所以危亡，不憂其本也，況彼之爭地乎！」悌曰：「不然。曹操雖功蓋中夏，威震四海，崇詐仗術，征伐無已，民畏其威，而不懷其德也。丕、叡承之，系以慘虐，內興宮室，外懼雄豪，東西馳驅，無歲獲安，彼之失民，為日久矣。司馬懿父子，自握其柄，累有大功，除其煩苛而布其平惠，為之謀主而救其疾，民心歸之，亦已久矣。故淮南三叛而腹心不擾；曹髦之死，四方不動。摧堅敵如折枯，蕩異同如反掌，任賢使能，各盡其心，非智勇兼人，孰能如之？其威武張矣，本根固矣，群情服矣，奸計立矣。」

（見〔晉〕習鑿齒《襄陽耆舊記》）

〔三國吳〕張儼

諸葛、司馬二相，遭值際會，託身明主，或收功於蜀漢，或冊名於伊、洛。丕、備既沒，後嗣繼統，各受保阿之任，輔翼幼主，不負然諾之誠，亦一國之宗臣、霸王之賢佐也。歷前世以觀近事，二相優劣，可得而詳也。孔明起巴、蜀之地，蹈一州之土，方之大國，其戰士人民，蓋有九分之一也，而以貢贄大吳，抗對北敵，至使耕戰有伍，刑法整齊，提步卒數萬，長驅祁山，慨然有飲馬河、洛之志。仲達據天下十倍之地，仗兼併之眾，據牢城，擁精銳，無禽敵之意，務自保全而已，使彼孔明自來自去。若此人不亡，終其志意，連年運思，刻日興謀，則涼、雍不解甲，中國不釋鞌，勝負之勢，亦已決矣。昔子產治鄭，諸侯不敢加兵，蜀相其近之矣。方之司馬，不亦優乎！或曰，兵者凶器，戰者危事也，有國者不務保安境內，綏靜百姓，而好開闢土地，征伐天下，未為得計也。諸葛丞相誠有匡佐之才，然處孤絕之地，戰士不滿五萬，自可閉關守險，君臣無事。空勞師旅，無歲不征，未能進咫尺之地，開帝王之基，而使國內受其荒殘，西土苦其役調。魏司馬懿才用兵眾，未易可輕，量敵而進，兵家所慎；若丞相必有以策之，則未見坦然之勛，若無策以裁之，則非明哲之謂，海內歸向之意也。余竊疑焉，請聞其說。答曰：蓋聞湯以七十里、文王以百里之地而有天下，皆用征伐而定之。揖讓而登王位者，惟舜、禹而已。

今蜀、魏為敵戰之國，勢不俱王，自操、備時，強弱縣殊，而備猶出兵陽平，禽夏侯淵。羽圍襄陽，將降曹仁，生獲于禁，當時北邊大小憂懼，孟德身出南陽，樂進、徐晃等為救，圍不即解，故蔣子通言彼時有徙許渡河之計，會國家襲取南郡，羽乃解軍。玄德與操，智力多少，士眾眾寡，用兵行軍之道，不可同年而語，猶能暫以取勝，是時又無大吳掎角之勢也。今仲達之才，減於孔明，當時之勢，異於曩日，玄德尚與抗衡，孔明何以不可出軍而圖敵邪？昔樂毅以弱燕之眾，兼從五國之兵，長驅強齊，下七十餘城。今蜀漢之卒，不少燕軍，君臣之接，信於樂毅，加以國家為脣齒之援，東西相應，首尾如蛇，形勢重大，不比於五國之兵也，何憚於彼而不可哉？夫兵以奇勝，制敵以智，土地廣狹，人馬多少，未可偏恃也。余觀彼治國之體，當時既肅整，遺教在後，及其辭意懇切，陳進取之圖，忠謀謇謇，義形於主，雖古之管、晏，何以加之乎？

（見《三國志．蜀書．諸葛亮傳》注引張儼《默記》）

〔東晉〕明帝

時王導侍坐。帝問前世所以得天下，導乃陳帝創業之始，及文帝末高貴鄉公事。明帝以面覆床曰：「若如公言，晉祚復安得長遠！」

（見《晉書‧宣帝紀》）

〔東晉〕虞預

服膺文藝，以儒素立德，而雅有雄霸之量。值魏氏短祚，內外多難，謀而鮮過，舉必獨克，知人拔善，顯揚側陋。王基、鄧艾、州泰、賈越之徒，皆起自寒門，而著績於朝，經略之才，可謂遠矣。

（見《全晉文》卷八十二〈晉書宣帝述〉）

〔唐〕李世民（見前文《晉書‧宣帝紀‧制曰》）

〔唐〕杜牧

周有齊太公，秦有王翦，兩漢有韓信、趙充國、耿弇、虞詡、段熲，魏有司馬懿，吳有周瑜，蜀有諸葛武侯，晉有羊祜、杜公元凱，梁有韋叡，元魏有崔浩，周有韋孝寬，隋有楊素，國朝李靖、李勣、裴行儉、郭元振。如此人者，當其一時，其所出計畫，皆考古校今，奇祕長遠，策先定於內，功後成於外。

（見《樊川文集》卷十）

〔北宋〕何去非

至於曹公之與司馬仲達，則忌憚之情不得不生矣。非仲達不足以致曹公之忌，非曹公不足以致仲達憚。天下之士，不應曹公之命者多矣，而仲達一不起，已將收而治之矣。仲達之不起，固疑其不為己容；曹公之欲治，固疑其不為己用。此相期於其始者，固已不盡君臣之誠矣，則忌、憚何從而不生也？雖然仲達處之，卒至乎曹公無所甚忌，仲達無所甚憚者，此所以為人豪以成乎取魏之資也。人之挾數任術若荀文若者幾希矣，蓋曹公之策士而倚之為蓍龜者也。公之欲遷漢祚也，於其始萌諸心，而仲達啟之以中其欲；於其既形於跡，而文若沮之以悖其情。已而，文若出於直言，而不能救其誅；仲達卒為之腹心，而遂去其憚。方曹公之鞭笞天下，求集大業也，將師四出，無一日而釋甲。而仲達獨以其身雍容治務而已，未嘗一求將其兵，雖公亦不以為能而欲使之。迨公之亡，始制其兵，出奇應變，奄忽若神，無往不殄，雖曹公有所不逮焉。魏文固已無忌，仲達固已無憚，天下始甚畏之，猶公之不亡也。由是觀之，仲達之以術略自將其身者，可得而窺哉。奈何諸葛孔明欲以其至誠大義之懷，數出其兵求與之決於一戰以定魏、蜀之存亡哉？

仲達、孔明皆所謂人傑者也。渭南之役，人皆惜亮之死，以為不見夫二人者決勝負於此舉也。亮之僑軍利在速戰，仲達持重不應以老其師，而求乘其弊。亮以巾幗遺之，欲激其應。仲達表求決戰，魏君乃遣辛毗杖節制之。亮以仲達無意於戰，其請於君，徒示武於眾耳。嗟夫！謂仲達之請戰以示武於眾者，則或有之；謂其有所終畏，而無意於一決者，亦非也。雖然，使辛毗不至，則仲達固將不戰也。仲達之所求者，克敵而已。今以一辱，不待其可戰之機，乃悻然輕用其眾為忿憒之師，安足為仲達也？晉之朱伺號為善戰，人或問之，伺曰：「人不能忍，而我能忍，是以勝之。」豈以仲達而無朱伺之量耶？察其所以誅曹爽者，足見其能忍而待也。故其策亮曰：「亮志大而不見機，多謀而少決，好兵而無權，雖提卒十萬，已墮吾畫中，破之必矣。」此仲達之志也。亮之始出也，仲達語諸將曰：「亮若勇者，當出武功，依山而東；若西上五丈原，則諸軍無事矣。」昔曹公攻鄴，袁尚以兵救之，諸將皆以歸師勿遏，當避之。公曰：「尚從大道來且避之，若循西山則成擒耳。」尚果循西山，一戰擒之。盧循反攻建鄴，宋武策之曰：「賊若新亭直上，且當避之；回泊蔡州，則成擒耳。」循果泊蔡州，一戰而走之。亮之趨原，與袁尚之循西山、盧循之泊蔡州等耳。蓋銳氣已奪，固將畏而避人，不足為人之所畏避。此三君者，所以易而吞之也。亮常歲之出，其兵不過數萬，不以敗還，輒以饑退。今千里負糧，餉師十萬，坐而求戰者，十旬矣。仲達提秦、雍之勁卒，以不應而老其師者，豈徒然哉！將求全於一勝也。然而，孔明既死，蜀師引還，而仲達不窮追之者，蓋不虞孔明之死，其士尚飽而軍未有變，蜀道阻而易伏，疑其偽退以誘我也。向使孔明之不死，而弊於相持，則仲達之志得矣。或者謂仲達之權詭，不足以當孔明之節制，此腐儒守經之談，不足為曉機者道也。

（見《何博士備論．司馬仲達論》）

〔明〕毛宗崗

今人將曹操、司馬懿並稱。及觀司馬懿臨終之語，而懿之與操則有別矣。操之事，皆懿之子為之，而懿則終其身未敢為操之事也。操之忌先主，是欲除宗室之賢者；懿之謀曹爽，是誅殺宗室之不賢者。至於弒主後，害皇嗣，僭皇號，受九錫，但見之於操，而未見之於懿。故君子於懿有恕辭焉。

（見毛宗崗評本《三國演義》第一百八回總批，內蒙古人民出版社一九八一年版）

亂世終結者司馬懿：大陰謀家？國之柱石？真實歷史中的司馬懿！

2018年6月初版
2023年9月二版
2023年12月二版二刷

定價：新臺幣350元

編　　者　羅華彤
　　　　　陳虎
叢書編輯　張擎
內文排版　極翔企業有限公司
校　　對　蘇暉筠
封面設計　陳文德

出版者　聯經出版事業股份有限公司
地址　新北市汐止區大同路一段369號1樓
叢書主編電話　(02)86925588轉5305
台北聯經書房　台北市新生南路三段94號
電話　(02)23620308
郵政劃撥帳戶第0100559-3號
郵撥電話　(02)23620308
印刷者　文聯彩色製版印刷有限公司
總經銷　聯合發行股份有限公司
發行所　新北市新店區寶橋路235巷6弄6號2F
電話　(02)29178022

副總編輯　陳逸華
總編輯　涂豐恩
總經理　陳芝宇
社長　羅國俊
發行人　林載爵

行政院新聞局出版事業登記證局版臺業字第0130號

本書如有缺頁，破損，倒裝請寄回台北聯經書房更換。
ISBN 978-957-08-7103-6 (平裝)
聯經網址 http://www.linkingbooks.com.tw
電子信箱 e-mail:linking@udngroup.com

本書中文繁體字版由中華書局（北京）授權出版

國家圖書館出版品預行編目資料

亂世終結者司馬懿：大陰謀家？國之柱石？
真實歷史中的司馬懿！/羅華彤、陳虎編．二版．
新北市．聯經．2023.09．376面．
14.8×21公分（歷史大講堂）
ISBN 978-957-08-7103-6（平裝）
[2023年12月二版二刷]

1. CST：（三國）司馬懿 2. CST：傳記

782.823 112013876